말씀 안에 계신 하나님

설교자와 성경공부 인도자를 위한 성경연구

말씀 안에 계신 하나님

설교자와 성경공부 인도자를 위한 성경연구

하 경 택

비블리카 아카데미아

목차

머리말 · 7

제1부 본문연구

꿈꾸는 요셉과 애굽으로 팔려간 요셉 (창세기 37:1-4, 12-28) · 13

생명을 택하라 (신명기 30:15-20) · 28

모세의 죽음 (신명기 34:1-12) · 43

여호와만 섬기라 (여호수아 24:1-2a, 14-18) · 53

유다의 세 왕들: 여호람, 아하시야, 요아스 (역대하 21-23장) · 67

지혜의 삶에 대한 아버지의 교훈 (잠언 4:1-9) · 81

사람은 꾀하고, 하나님은 이룬다 (잠언 16:1-9) · 89

한 아기가 우리에게 났고 (이사야 9:2-7) · 99

예루살렘의 회복 (이사야 62:6-12) · 116

예레미야의 환상과 예언 (예레미야 24-25장) · 125

너희는 전파하며 말하라 (예레미야 31:7-14) · 138

온 땅의 통치자, 하나님 (에스겔 17-18장) · 154

제2부 구약과 기독교 신앙

구약에 나타난 절기 이해(1) · 171
  − 안식일 대신 주일을 지키는 이유

구약에 나타난 절기 이해(2) · 174
  − 유월절을 지키는 것이 구원의 조건인가?

구약에 나타난 질병 이해 · 178
  − 모든 질병의 원인은 귀신인가?

구약에 나타난 예언 이해 · 182
  − 오늘날 예언은 존재하는가?

구약에 나타난 계시 이해 · 187
　　－ 오늘날 계시는 존재하는가?
구약에 나타난 회개 이해 · 191
　　－ 한 번 구원받은 사람은 회개할 필요가 없는가?
구약에 나타난 율법 이해 · 196
　　－ 율법 준수 여부가 구원의 조건인가?
구약에서 말하는 동방은 어디인가? · 201
　　－ 이사야가 예언한 동방의 의인은 누구인가?
구약에 나타난 죄 이해 · 206
　　－ 성경에서 말하는 죄에 대한 올바른 이해
구약에 나타난 하나님 이해 · 210
　　－ 어머니 하나님은 성경적인가?

제3부 주제연구
구약성경과 위경 · 215
잠언에 나타난 '말' · 225
전도서의 <헤벨>(הֶבֶל) 연구 · 240
시가서(시편, 욥기, 잠언, 전도서)에 나타난 재물사상 · 253
시가서에 나타난 '소망' · 269
지혜서에 나타난 '그리스도인, 세상의 소금과 빛' · 283

참고문헌 · 305
편집된 글의 출처 · 309

머리말

이 책의 제목은 필자의 박사논문을 지도하신 위르겐 에바흐 교수님(Prof. Dr. Jürgen Ebach)의 책 제목을 그대로 가져온 것이다(J. Ebach, *Gott im Wort*,『말씀 안에 계신 하나님: 성서적 주석과 해석학에 관한 세 편의 연구』, 하경택 옮김. 서울: 한들, 2002.). 이것은 하나님이 말씀 '뒤'(behind/hinten)나 '위'(ober/über)가 아니라 말씀 '안'(in)에 계신다는 사실을 강조하는 것이며, 기록된 계시의 말씀인 성경 본문에 대한 정확한 인지와 청취를 통해 이루어지는 하나님과의 만남을 부각시키고자 함이다. 이 책의 제목인 '말씀 안에 계신 하나님'(Gott im Wort)은 필자가 유학가서 공부하는 동안 그리고 지금까지 성서학자로서 활동하는 동안 내내 깊은 영향을 끼쳤다. 이보다 더 분명하게 '말씀을 통한 계시'를 보여주는 표현은 없으며, 성경해석을 본분으로 알고 살아가는 성서학자에게 그 역할의 중요성을 일깨워 주기에 이보다 더 좋은 말은 없다. 하나님의 말씀은 우리에게 '공허한 말'이 아니라 우리의 '생명'이며(신 32:47), 기록된 말씀은 어떤 기적이나 이적보다도 우선되는 계시의 통로이다(눅 16:31).

이 책은 그 동안 여러 기회를 통해 발표한 글들을 묶은 것이다. 여기에 모인 글들은 각기 다른 정황과 간행물에 발표된 글이기 때문에 형식이나 구성의 다양함이 독서에 불편함을 줄 수 있다는 사실에 대해 먼저 독자들에게 양해를 구한다. 하지만 필자는 다양한 글들을 하나의 책으로 묶으면서 특히 본문연구에 대한 글들이 통일성 있는 체계를 갖출 수 있도록 많은 부분을 다듬었다. 이 책은 크게 3부로 구성되어 있다. 제1부는 본문연구에 대한 글들이다. 여기에는 특별히 『그 말씀』과 『교회력에 따른 예배와 강단』에 실렸던 글들이 모아져 있다. 구약성경 전반에 걸쳐 12개의 본문에 대한 분석과 설명이 시도되어 있다. 제2부는 구약과 기독교 신앙에 관한 글들이다. 이것은 2012년 1월부터 12월까지 『현대종교』에 발표된 10개의 글들을 모은 것이다. 많은 오해를 낳고 잘못 해석되어 왔던 기독교 신앙 안에 있는 중요한 문제와 주제들이 구약성경 안에서 어떻게 나타나고 있으며 어떻게 이해되어야 하는지를 살펴 올바른 기독교 신앙을 갖게 하고자 하는 목적에서 쓰여진 글들이다. 제3부는 다양한 주제 연구에 관한 글들이다. 외경에 관한 글 외에 시가서를 중심으로 '말', '헤벨'(הֶבֶל), '재물', '소망', '그리스도인' 등이 어떤 의미를 갖는지를 살핀 글들이 모아져 있다.

이 책을 통해 보여주고자 하는 필자의 의도는 분명하다. 그것은 성경연구와 해석이 본문에 대한 정확한 인지와 분석을 통해 이뤄져야 하고 그것에 기초하여 본문의 메시지가 도출되어야 한다는 사실이다. 특히 구약성경을 해석하면서 본문의 '일차적인 의미'(what it meant)를 도외시한 채 본문의 '이차적인 의미'(what it means)인 적용에 몰두하는 경우를 많이 보게 된다. 이 책을 통해 본문 자체에 대한 분명한 이해 없이는 그 다음 단계의 해석과 적용이 제대로 이루어질 수 없다는 사실이 다시금 분명하게 드러나길 바란다. 이러한 바람은 다시 '본문을 정당하게 대하라'는 말로 요약될 수 있다.

이 책을 펴내면서 감사드려야 할 분들이 많다. 먼저 '김상현 목사 가족 석좌기금'을 출현하시고, 이 책이 출판될 수 있도록 여러 모로 도움을 주신 김재형 장로님(동신교회)께 깊이 감사드린다. 또한 연구과제 선정에서 출판에 이르는 전 과정이 원활히 진행되도록 도움을 주신 장로회신학대학교 연구지원처 처장 김도훈 교수님과 직원들께도 감사드린다. 하나님 말씀을 향한 열정으로 연구자들을 후원하며 흔쾌히 출판을 맡아 주신 비블리카 원장 이영근 목사님께도 감사드린다. 마지막으로 필자에게 가장 큰 후원자이자 동역자인 아내 김혜경(가나안교회 교육목사)과 믿음의 여정 가운데 끝없는 위로와 소망을 주는 아름다운 딸 동은, 동주, 동연에게 감사의 마음을 전한다.

2015년 8월
광나루에서 하경택

제1부
본문 연구

꿈꾸는 요셉과
애굽으로 팔려간 요셉

(창세기 37:1-4, 12-28)

1. 들어가는 말

창세기는 열 개의 '계보'(히브리어로 <톨레도트>, תּוֹלֵדוֹת)로 구성되어 있고, 오늘 본문은 37장 2절에서 시작하여 50장 26절까지 이어지는 야곱의 계보가 시작되는 부분이다.[1] 야곱의 계보는 '이것이 야곱의 계보다'라는 언급으로 시작하여 야곱의 죽음과 그 후손의 대표자인 요셉의 죽음으로 마무리된다. 야곱의 계보에 나타나는 중심인물은 야곱의 후손 가운데 요셉이다. 따라서 야곱의 계보 이야기는 주로 요셉의 일생을 다루고 있으며, 야곱과 요셉의 죽음에 대한 보도로 마무리 된다. 그러는 가운데 요셉의 꿈이 어떻게 실현되며 야곱의 가족이 어떻게 애굽에 정착하게 되는지가 잘 나타난다. 오늘 본문은 요셉의 꿈이 실현되는 과정의 첫 단계를 묘사한다. 요셉의 꿈은 어떻게 시작되었는지, 요셉은 어떤 과정을 통해 애굽에 팔려가게 되었는지를 소개하고 있다. 이러한 본문

---

[1] 열 개의 '톨레도트'로 구성되어 있는 창세기의 구조에 관하여 필자의 졸저를 참조하라. 하경택, 『정경적 관점에서 본 창세기 1 (1-12장)』 (서울: 장로회신학대학교출판부, 2013), 104-106.

내용에서 요셉의 두 가지 모습이 대조적으로 나타난다. 꿈꾸는 요셉과 애굽으로 팔려가는 요셉의 모습이다. 이 두 가지 모습이 각인되어 있는 본문을 통해 오늘날 우리가 교훈으로 삼을 수 있는 점이 무엇인지 알아보도록 하자.

2. 문학적 · 역사적으로 읽기

2.1. 본문 사역(1-4절)

[1]야곱은 자신의 아버지가 거류하였던 땅, 가나안 땅에 거주하였다. [2]이것이 야곱의 계보다. 요셉이 십칠 세 되어 그의 형들과 함께 양떼를 쳤다. 그가 아직 소년으로서 그의 부친의 아내들인 빌하와 실바의 아들들과 함께 있었는데, 요셉이 그들의 나쁜 이야기를 그들의 부친에게 알렸다. [3]그때 이스라엘이 요셉을 그의 모든 자녀들보다도 더 사랑하였는데, 이는 그가 늙어서 얻은 아들이었기 때문이다. 그가 그를 위해 채색옷을 만들었다. [4]그의 형들은 그들의 아버지가 모든 형제들보다 그를 더 사랑함을 보고 그를 미워하였고, 그에게는 말을 다정하게 할 수 없었다.

2.2. 본문의 구조

창세기 37장의 구조는 크게 두 부분으로 나눠진다. 전반부(1-11절)는 요셉의 가족 관계와 꿈 사건을 기록하고 있고, 후반부(12-36절)는 요셉이 애굽으로 팔려가는 과정을 기록하고 있다. 그 가운데서 전반부는 아래와 같이 분석된다.

1) 1-4절: 야곱의 정착과 요셉의 가족 관계
      ① 야곱의 정착
      ② 요셉과 형들과의 관계: 형들의 잘못을 일러바침
      ③ 야곱과 요셉과의 관계: 편애

④ 야곱의 편애의 결과: 형들이 요셉을 미워함

2) 5-11절: 요셉의 꿈 사건

야곱의 정착과 요셉의 가족관계를 다루는 첫 번째 문단은 주어에 따라서 네 부분으로 나누어진다. 야곱과 요셉과 형들이 각각 주어로 등장한다. 두 번째 문단에서는 요셉의 꿈 사건이 보도되는데, 요셉이 꿈을 꾸었고 그 일로 인해 형들이 요셉을 더욱 미워했다는 서론(37:5)에 이어서 두 번에 걸쳐 요셉의 꿈 이야기가 서술된다.

2.3. 본문사역(12-28절)

[12]그의 형들이 세겜으로 그들 부친의 양떼를 치러 갔다. [13]이스라엘이 요셉에게 말했다. "네 형들이 세겜에서 양을 치지 않느냐? 가라, 내가 너를 그들에게 보내겠다." 그가 그에게 말했다. "제가 여기 있습니다." [14]그가 그에게 말했다. "부디 가서 네 형들의 안부와 양떼의 안부를 살피고 내게 소식을 가지고 오너라." 그리고 그를 헤브론 골짜기에서 보내니 그가 세겜으로 갔다. [15]어떤 사람이 그를 만났는데, 보니 그가 들판에서 방황하고 있었다. 그 사람이 그에게 물어 말했다. "당신은 무엇을 찾고 있소?" [16]그가 말했다. "내가 나의 형들을 찾고 있습니다. 부디 나에게 그들이 어디서 양떼를 치는지 말해 주시기 바랍니다." [17]그 사람이 말했다. "그들이 여기서 떠났소. 참으로 내가 그들이 '우리가 도단으로 가자.'고 말하는 것을 들었소." 그러자 요셉이 그의 형들의 뒤를 따라갔고, 마침내 그가 도단에서 그들을 찾았다. [18]그들은 그가 그들에게 가까이 오기 전에 그를 멀리서 보았다. 그때 그들은 그를 죽이기로 공모하였다. [19]그들이 서로에게 말했다. "보라, 이 꿈의 소유자가 오고 있다. [20]그러니 이제 가서 우리가 그를 죽여 구덩이 가운데 던져 넣고 '어떤 나쁜 짐승이 그를 잡아먹었다.'고 말하자. 그리고 그의 꿈들이 어떻게 되는지 우리가 지켜보자." [21]르우벤이 듣고 그들의 손에서 그를 구해 내려고 말했다. "우리가 생명을 해치지는 말자." [22]르우벤이 그들에게 말했다. "피를 흘리지 말라. 그를 광야에 있는 이 구덩이에 던져

넣고 그에게 손을 대지 말라." 그는 그를 그들의 손에서 구해 내어 그의 부친에게 돌려보내고자 하였다. ²³요셉이 그의 형들에게 왔을 때, 그들이 요셉에게서 그의 옷, 곧 그가 입고 있던 채색옷을 벗겼다. ²⁴그리고 그들은 그를 데려다가 구덩이에 던졌다. 그때 그 구덩이는 비어 있었고 그 안에는 물이 없었다. ²⁵그들이 음식을 먹으려고 앉았다가 눈을 들어 바라보니, 보라, 이스마엘인들 한 무리가 길르앗에서부터 오고 있었다. 그들은 향료와 유향과 몰약을 낙타에 싣고 이집트로 내려가는 중이었다. ²⁶그때 유다가 자기 형제들에게 말했다. "우리가 우리의 동생을 죽이고 피를 감춘다는 것이 무슨 유익이 있겠는가? ²⁷가서 그를 이스마엘인들에게 팔고 우리 손을 그에게 대지 말자. 그는 우리의 형제이며 우리의 골육이다." 그러자 그의 형제들이 들었다. ²⁸그때 미디안 상인들이 지나갔다. 그러자 그들은 요셉을 구덩이에서 끌어 올려서 요셉을 이스마엘인들에게 은 이십에 팔았고, 그들은 요셉을 이집트로 데리고 갔다.

2.4. 본문의 구조

창세기 37장 후반부(12-36절)의 내용은 다음과 같이 분석된다.[2)

A. 서론적 배경	37:12
B. 요셉이 헤브론을 떠나 형에게 감	37:13-17
C. 형들이 요셉을 죽이기를 꾀함	37:18-20
D. 르우벤이 요셉을 구원하려고 계획함	37:21-22
E. 요셉이 구덩이에 던져짐	37:23-24
F(E'). 요셉이 애굽으로 팔려감	37:25-28
G(D'). 르우벤이 요셉을 구하지 못함	37:29-30
H(C'). 형들이 염소를 죽여 요셉의 옷에 피를 묻힘	37:31
I(B'). 요셉의 옷이 헤브론으로 돌아옴	37:32-35
J(A'). 결론적 언급	37:36

2) 정석규, 『구조로 읽는 창세기』 (서울: 프리칭아카데미, 2006), 326.

창세기 37장의 후반부 내용은 서론적인 배경을 설명하는 것(12절)으로 시작하여 요셉이 애굽으로 팔려갔다는 결론적 언급(36절)이 그 틀(inclusio)을 형성하고 있다. 그 가운데 일어나는 사건이 위와 같이 교차대구적인 구조로 나타난다.

두 번째 단락(단락 B)은 아홉 번째 단락(단락 I)과 상응관계를 이룬다. 야곱의 지시에 따라 요셉이 양을 치는 형들을 찾아가 그들과 만나는 것과 야곱이 형들에게 보낸 요셉 대신 그의 옷이 헤브론에 있는 야곱에게로 돌아오는 것이 대조적으로 나타난다. 세 번째 단락(단락 C)과 여덟 번째 단락(단락 H)에서는 요셉을 죽이기를 꾀하는 형들의 모습과 염소를 죽여 요셉의 죽음을 가장하는 형들의 행동이 서로 대응된다. 이때 '죽이다'는 동사가 낱말 자체는 다르게 나타나지만(20절: <하라그> הרג, 31절: <솨하트> שחט) 같은 뜻을 통해 두 단락을 연결시킨다. 네 번째 단락(단락 D)과 일곱 번째 단락(단락 G)은 르우벤의 행동이 부각된다. 앞에서는 요셉을 구하기 위해 피를 흘리지 말고 구덩이에 던지자고 제안한다. 하지만 나중에 요셉이 구덩이에서 사라진 모습을 보고 자신의 계획이 실패로 돌아갔다고 탄식한다. 이 가운데 중앙에 위치한 다섯 번째 단락(단락 E)과 여섯 번째 단락(단락 F)은 요셉이 채색옷이 벗겨져 구덩이에 빠뜨려지고 애굽으로 가는 상인들에게 팔리는 장면이 서술된다. 이것은 후반부의 중심되는 내용으로서 결국 애굽으로 팔려가 깊은 심연으로 추락하는 상황에 처하게 될 요셉의 운명을 앞서 보여준다. 이 가운데 우리가 본문연구의 대상이 되는 것은 요셉이 애굽으로 팔려가는 장면이 묘사된 여섯 번째 단락(단락 F)까지다.

3. 본문해설

3.1. 요셉의 가족관계(1-4절)

야곱의 정착(1절): 1절은 야곱이 어디에 살고 있었는가를 말해준다. '야곱은 가나안 땅, 즉 그의 부친이 거류하던 땅에 살았다.' 이것은 에서가 살았던 지역과 달랐던 야곱의 삶을 보여준다. 그는 부친의 대를 이어 가나안 땅에 거주했다. 이러한 언급을 통해 창세기 36장에서 소개하고 있는 에서의 계보가 마무리된다. 이것은 에서의 첫 번째 계보(36:1-8)에서 에서가 세일산에 거주하게 되었다는 언급으로 끝나는 것처럼(36:8), 두 번째 계보(36:9-37:1)에서도 야곱이 가나안 땅에 거주하였다는 말로 마치고 있는 것이다(37:1).[3]

요셉과 형들과의 관계: 형들의 잘못을 일러바침(2절): 2절부터 야곱의 계보를 소개한다. 요셉은 십 칠세였고 그의 형들, 실바와 빌하의 아들들(단, 납달리, 갓, 아셀)과 함께 양떼를 쳤다. 하지만 요셉은 형들의 나쁜 행동을 아버지에게 일러바쳤다. 그는 빌하와 실바의 아들들의 행동을 감시하는 역할을 한 것이다. 이런 요셉의 모습이 형들에겐 결코 고울 리 없었다.

야곱과 요셉과의 관계: 편애(3절): 하지만 야곱은 요셉을 특별히 사랑했다. 그 이유는 그가 늙어서 얻은 아들이었기 때문이라고 소개된다. 하지만 요셉을 사랑한 데에는 그 이상의 이유를 생각할 수 있다. 특별히 야곱은 요셉의 어머니 라헬을 매우 사랑했다. 그래서 라헬을 얻기 위한 기간이었던 칠 년이 '며칠처럼'(כְּיָמִים אֲחָדִים) 여겨졌다(창 29:20). 요셉은 그러한 아내가 오랜 기다림 끝에 얻은 아들이었다(창 30:1-2, 22-24). 그러한 요셉이 사랑스럽지 않을 수 없었을 것이다. 그러한 요셉의 의미를 다음과 같은 야곱의 행동을 통해 엿볼 수 있다. 야곱은 요셉이 출생하였을 때 처음으로 라반

---

3) 정석규, 『구조로 읽는 창세기』, 316.

에게 자신을 고향으로 돌아가게 해 달라고 요청한다(창 30:25-26). 아마도 야곱에게는 요셉의 출생이 자신의 인생에서 새로운 전환기 라고 생각될 만큼 큰 의미를 지녔던 것 같다.4) 요셉은 이렇게 야 곱에게 특별한 존재였기 때문에 그에 대한 사랑도 컸던 것이다. 그 래서 야곱은 요셉에게 '채색옷'(<케토넷 파심> כְּתֹנֶת פַּסִּים)을 만들 어 주었다.5) 이것은 막 입고 다니는 옷이 아니었다. 형들이 입었 던 것과 같은 양치기의 옷도 아니었다. 요셉이 입었던 '채색옷'이 어떤 옷이었느냐의 문제는 동일한 표현이 나오는 다른 본문을 통 해서 알 수 있다. 그것은 다윗의 큰 아들 암논이 욕보였던 다말이 입었던 옷이었다(삼하 13:18-19). 여기에서는 출가하지 않은 공주 나 입을 수 있는 특별한 옷이다. 그래서 <케토넷 파심>은 다음과 같이 평가할 수 있다. 요셉이 입었던 '채색옷'은 일종의 예복으로 서 옷의 길이와 소매의 길이를 통해 다른 옷들과 구별되었고, 일 을 하지 않아도 되는 사람들이 입을 수 있었던 사치스러운 옷이었 다.6) 요셉은 이 옷을 형들을 찾아갈 때도 입는다(참조. 31-32절). 따라서 요셉은 이 옷을 평상시에도 입었던 것으로 보인다. 그만큼 요셉은 고된 육체노동과는 동떨어진 생활을 했으며, 아버지의 사 랑과 신뢰를 받으면서 형들의 안부를 살피고 알리는 아버지의 전 령 역할을 했던 것이다.

---

4) 차준희,『창세기 다시 보기』(서울: 대한기독교서회, 1998), 185.

5) 브루거만은 요셉에게 옷 입혀주는 모습을 특별히 상속자로서 지명하는 모습 을 보여준다고 평가하면서 왕의 즉위식에 버금가는 내용을 담고 있다고 말한다 (참조. 사 47:2-3, 마 26:65, 27:17-31). W. Brueggemann,『창세기』, 강성열 역 (서울: 한국장로교출판사, 2008), 448, 456.

6) G. von Rad,『창세기』(국제성서주석) (서울: 한국신학연구소, 1981), 394. 이 가운데 <케토넷>이란 말은 하나님이 아담과 그의 아내를 위해 지어주었던 '가 죽옷'을 표현하는 데 쓰였고(창3:21), 제사장들이 입었던 의복 가운데 하나로 나 타난다(출28:4).

야곱의 편애의 결과: 형들이 요셉을 미워함(4절): 이러한 야곱의 행동을 보고 요셉의 형들은 요셉을 미워했다. 요셉이 자신의 좋지 않은 행동들을 아버지에게 고자질하여 아버지의 사랑을 독차지하고 있는 것 같이 보였기 때문이다. 따라서 그들은 요셉에게 다정하게 대할 수 없었다. '다정하게 대하다'는 표현이 히브리말로는 <답베로 레샬롬> (דַּבְּרוֹ לְשָׁלֹם)이라고 되어 있다. 이것은 요셉의 형들이 화평하게, 친절하게, '샬롬'을 위해 말할 수 없었다는 사실을 말한다. 하지만 두 번째 단락(5-11절)에서는 형들의 더 큰 미움을 사게 되는 이야기가 펼쳐진다. 그것은 요셉이 꾼 꿈 때문이었다. 그는 자기가 꾼 꿈을 형들에게 말한다. 하지만 그 꿈의 내용은 형들뿐만 아니라 아버지까지 화를 낼 만큼 그냥 봐주기 어려운 것이었다.

3.2. 애굽으로 팔려가는 요셉(12-28절)

서론적 배경(12절): 12절은 새로운 상황의 도입구 역할을 한다. 형들이 세겜으로 양을 치러 갔다. 세겜은 헤브론에서 북쪽으로 약 80Km 떨어진 곳이다. 양떼에게 좋은 꼴을 먹이기 위해서 상당히 먼 거리를 이동했던 것이다.

요셉이 헤브론을 떠나 형에게 감(13-17절): 야곱(이스라엘)은 요셉을 불러 심부름을 시킨다. 세겜에 있는 양들을 찾아가 그들과 양떼의 안부를 살피고 돌아오라는 것이다(14절). 하지만 요셉은 세겜에서 형들을 만나지 못한다. 들판에서 방황하고 있을 때 어떤 사람의 도움을 받아 형들이 도단으로 이동하였음을 알게 된다. 그래서 요셉은 형들을 찾아 세겜에서 다시 북쪽으로 약 24Km 떨어진 도단으로 올라갔다. 그곳은 시리아에서 애굽으로 가는 무역로 가까이에 있는 지역이었다.

형들이 요셉을 죽이기를 꾀함(18-20절): 요셉의 형들은 가까이 오고 있는 요셉을 보고 그를 죽이자고 공모 한다. 그들은 요셉을 죽여 구덩이에 던져 넣고 '어떤 나쁜 짐승이 그를 잡아먹었다'고 말하자고 뜻을 모은다. 거기에는 '꿈의 소유자' 요셉을 죽게 하여 그의 꿈이 어떻게 되는지 지켜보자는 의도가 깔려 있다. 이러한 모습은 형들이 요셉의 꿈에 대해서 얼마나 크게 분노하고 있었는지를 잘 보여주는 대목이다. 그러나 그들의 공모는 두 사람에 의해서 실현되지 못한다.

르우벤이 요셉을 구원하려고 계획함(21-22절): 그때 르우벤이 나섰다. 르우벤은 '생명을 해치지 말자'고 조언한다. 그리고 '피를 흘리지 말고 광야에 있는 구덩이에 던져 넣고 손을 대지 말라'고 말한다. 그것은 형제들에게 요셉을 없애는 계획에는 동의하지만 자신들이 직접 생명을 해치는 범죄를 저지르지는 말자는 말로 들렸을 것이다. 하지만 르우벤의 속마음은 달랐다. 그는 그렇게 함으로 지금의 위험한 상황은 모면하게 하되, 궁극적으로는 그를 살려내어 아버지에게 돌려보내고자 하는 의도를 가지고 있었다. 모든 동생들의 상황을 배려하는 장자다운 모습이다.

요셉이 구덩이에 던져짐(23-24절): 그래서 형들은 요셉이 가까이 오자 그에게서 '채색옷'을 벗기고 구덩이에 던져 넣었다. 하지만 구덩이는 물이 없는 빈 것이었다. 이들이 요셉을 던져 넣은 곳은 겨울 우기에 내린 빗물을 저장하기 위해 파 놓은 물 저장시설이었다. 구덩이가 '빈'(<레크> רֵק)은 형들의 시도가 제대로 이루지지 않을 것임을 암시한다.7) 그들의 시도는 허사로 끝나고 마침내 요셉의 꿈이 성취될 것을 예감하게 하는 것이다.

---

7) 여기에서와 동일하게 <레크>라는 낱말이 사용된 신명기 32:47절을 참조하라. 거기에서는 하나님의 말씀이 '빈 말'이 아니라 '생명'임을 강조하고 있다.

요셉이 애굽으로 팔려감(25-28절): 그들이 음식을 먹으려고 앉았을 때 한 무리를 보았다. 그들은 이스마엘인들로 길르앗에서부터 향료와 유향과 몰약을 가지고 애굽으로 내려가고 있는 대상이었다. 이때 유다가 나선다. '동생을 죽이고 피를 감춘다는 것이 무슨 유익이 있겠는가?'라고 말하면서 이스마엘인들에게 팔고 그에게 손을 대지 말자는 제안이었다. 왜냐하면 그가 자신들의 형제이며 골육이기 때문이라는 것이다. 유다의 제안은 훨씬 논리적이고 현실적이었다. 동생을 죽이지 않으면서 죽인 것과 다름없는 효과를 얻기 때문이다. 그래서 그들은 요셉을 상인들에게 은 이십을 주고 팔았다. 은 이십은 노예 거래에서 정해진 몸값이었다(참조. 레 27:5). 여기에서 상인들에 대한 상이한 언급이 고찰된다. 한편에서는 요셉이 이스마엘 상인들에게 팔렸다고 말하고 있으며(37:25, 27-28), 다른 한편에서는 요셉이 미디안 상인들에게 팔렸다는 말하고 있는 것이다(37:28, 36). 하지만 이스마엘인과 미디안인은 모두 아브라함의 후손들로 나타난다. 이스마엘은 하갈에서 비롯된 아브라함의 후손이었고(16:15), 미디안은 아브라함의 첩 그두라에게서 난 후손 가운데 하나였다(25:2). 이러한 차이에 대해서 유대 학자들은 흥미로운 해석을 하였다. 라쉬(Rashi)라는 유대 학자는 요셉이 여러 상인을 거쳐서 팔려갔을 것이라고 추정했고, 이브 에스라(Ibn Ezra)는 사사기 8장 24절을 근거로 이스마엘 사람과 미디안 사람은 같은 사람이라고 주장 하였다.8) 어찌 되었든 창세기의 최종 편집자는 이 두 부류의 사람이 사막지방에 거하는 아브라함의 후손들이기 때문에 큰 차이가 없다고 여기고 서로 다른 언급을 문제 삼지 않고 하나의 이야기에 그대로 놓아 둔 것으로 보인다.9)

---

8) N. M. Sarna, *Genesis* (The JPS Torah Commentary) (Philadelphia: Jewish Publication Society, 1989), 260.

9) 강성열, 『현대인을 위한 창세기 강해』 (서울: 한국장로교출판사, 1998), 291.

4. 위기적.회개적으로 읽기

야곱의 계보 이야기는 요셉의 꿈이 성취되는 과정을 보여준다. 하지만 그 과정은 우리네 일상사와 크게 다르지 않다. 특별히 37장에서 보여주는 등장인물들의 행동은 오늘날 우리들의 모습과 유사하다.

요셉과 형들 사이에 있었던 갈등에는 이유가 있었다. 야곱의 편애와 요셉의 철없음이 있었다. 야곱은 요셉이 오랜 기다림 끝에 늙어서 얻은 아들이었기에 특별히 더 사랑했고(3절; 창 30:1-2, 22-24), 자신이 크게 사랑했던 라헬이 낳은 아들이었기 때문에 더욱 사랑했다(창 29:20). 이러한 사랑에 요셉은 철없는 모습으로 대응했다. 형들의 잘못을 고자질했고(2절), 자신이 꾼 꿈을 여과 없이 전달했다(5-11절). 이런 두 사람의 모습은 형들의 미움을 사기에 충분했다. 그래서 형들은 아버지 심부름으로 자신들을 찾아 온 '꿈꾸는 자' 요셉을 죽이고자 했다. 하지만 큰 형 르우벤의 설득으로 직접 죽이지 않게 되고, 유다의 제안으로 애굽에 종으로 팔려가게 된다.

이러한 등장인물들의 행동에서 우리가 교훈으로 삼아야 할 내용은 많다. 부모로서 어떻게 자녀들에게 대해야 할지에 대한 교훈을 얻을 수 있으며, 형제관계에서 처신을 어떻게 해야 할지에 대한 교훈을 얻을 수 있다. 편애하거나 자기중심적 행동은 형제 사이의 갈등을 유발시킨다. 가족 공동체 안에서 사랑과 평화의 모습을 유지하려면 부모와 자식 모두에게 상대방의 입장을 고려한 성숙한 행동과 사고가 요구된다. 하지만 본문은 그러한 개인적-가족적 차원의 교훈만을 제공하지 않는다. 창세기 37장은 요셉 이야기 전체의 틀 안에서 주는 신학적 메시지를 담고 있다.

종합적으로 보면 창세기 37장은 전반부와 후반부가 서로 잘 연결되어 있으면서 요셉 이야기의 전체적인 주제를 엿볼 수 있게 한다. 전반부에 서술된 형들의 미움과 시기는 후반부에서 구체적인 행동으로 나타난다. 요셉의 형들은 자신들을 찾아온 요셉을 구덩이에 빠뜨리고 나중에는 애굽으로 내려가는 상인에게 팔아버린다. 이러한 형들의 행동 이면에는 '그의 꿈들이 어떻게 되는지 우리가 지켜보자'라는 동기가 있었다. 결국 전반부에 묘사된 요셉의 꿈이 후반부에서 형들의 행동을 촉발시킨 것이다. 이처럼 전반부와 후반부는 동기와 행동이라는 인과관계로서 긴밀하게 연결되어 있으면서, 동시에 요셉의 꿈이 어떻게 될 지를 주목하게 한다.

요셉이 꾼 두 꿈에 나타나는 '절하다'(<하바> חוה의 히쉬타펠)는 표현과 '왕 노릇 하고'(<말라크> מלך) '다스린다'(<마샬> משל)는 표현은 요셉이 장차 애굽과 세상의 통치자가 될 것이라는 사실을 암시한다(참조. 42:6, 43:26-28, 50:18). 이것은 야곱의 가족을 살리고 주변 나라의 백성들을 살리는 하나님의 원대한 계획을 실행하는 것이다(45:7-8; 50:19-20). 하지만 창세기 37장에 나타난 요셉은 그러한 통치자가 되기엔 부족하다. 사심 없고 곧이곧대로 행동하는 모습은 순수한 개인으로 평가될 수는 있어도, 나라를 책임지는 통치자로서는 아직 미성숙한 모습이다. 하나님은 여러 과정을 통해 하나님의 지혜를 가진 통치자의 모습으로 성장하고 성숙하게 하신다(창 40:8). 창세기 37장에 등장하는 야곱, 요셉, 형들은 자신들의 입장에서 행동하고 대응하지만, 이 모든 것을 주장하시는 분은 하나님이심을 요셉 이야기는 똑똑히 보여준다(잠 16:1,9). 그렇다고 인간의 면모는 중요하지 않다는 것이 아니다. 요셉에게는 철부지와 같았지만 깨끗한 마음이 있었고, 하나님이 주신 꿈을 간직하고 있었다. 하나님은 그러한 요셉을 통해서 야곱의 가문을 살리고 당대의 생명의 공급자가 되게 하신 것이다. 요셉은 그러한 과정 가운데에서 하나님의 손길을 느낄 수 있었다. 자신의 길을 인도하신 분은 하나님이심을 고백할 수 있었다. 일의 끝을 좋게 하는 하나님의 형통을 체험할 수 있었다. 그래서 그는 자신의 삶을 힘들게 한 사람들에 대한 원망이 아니라 하나님의 인도하심에 대한 감사와 고백으로 형들을 대한다. 이러한 사실은 요셉이 말한 두 번의 발언을 통해서 확인된다. "그런즉 나를 이리로 보낸 이는 당신들이 아니요 하나님이시라"(45:8). "당신들은 나를 해하려 하였으나 하나님은 그것을 선으로 바꾸사 오늘과 같이 많은 백성의 생명을 구원하게 하시려 하셨나니"(50:20).

5. 평행본문 읽기

평행본문인 로마서 10장 5-15절의 내용과 마태복음 14장 22-33절의 내용은 모두 믿음을 강조한다. 바울은 율법으로 말미암는 의와 믿음으로 말미암는 의를 대조시키면서, 믿음은 어떤 거대한 일을 행하는 것이 아니라 가까이 있는 믿음의 말씀을 마음으로 받아들이는 것이라고 교훈한다(8절). '사람은 마음으로 믿어 의에 이르고 입으로 시인하여 구원을 얻는다'고 말한다(9절). 또한 '누구든지 그를 믿는 자는 부끄러움을 당하지 않을 것'이며(11절), '누구든지 주의 이름을 부르는 자는 구원을 받는다'고 말한다(13절).

마태복음 14장 22-33절에 소개된 베드로의 일화도 믿음의 문제를 다루고 있다. 바다 위를 걸으시는 예수님의 모습을 보고 자신도 물 위를 걷기를 희망한다. 하지만 물 위를 걷다가 바람을 보고 무서워하니 물에 빠져 들게 되었다. 이때 베드로는 자신을 구원해 달라고 소리쳤고, 예수님을 그를 구해주시면서 말씀하셨다. "믿음이 작은 자여, 왜 의심하였느냐?"(31절) 베드로가 물 위를 걷겠다는 의욕을 가진 것은 좋았으나, 예수님의 능력을 신뢰하며 그분을 끝까지 붙드는 믿음이 부족했다. 두 본문 모두 위기를 극복하고 하나님의 구원을 경험하는 삶의 비결이 믿음에 있음을 말하고 있다.

창세기 37장이나 그 후 계속 되는 요셉 이야기에서는 명시적으로 드러나지는 않지만 요셉의 행동을 통해 그에게 있었던 믿음을 알 수 있다. 요셉이 억울하게 구덩이에 빠지며 종으로 끌려가고 억울하게 옥살이 하는 삶의 여정 가운데에서도 불평하거나 낙심하지 않도록 그를 붙든 것은 다름 아닌 그의 믿음이었다. 자신의 꿈을 하나님이 주신 꿈으로 생각하고 자신의 삶을 인도하시는 하나님을 신뢰하지 않았더라면 그런 행동을 보일 수 없었을 것이다. 그러한 믿음이 있었기 때문에 모든 것을 하나님이 하신 일이라 고백하며 형들을 용서하고 그들을 보살피는 참 사랑을 나눌 수 있었다.

6. 본문의 메시지

오늘 본문은 인간이 가지는 약점을 그대로 노출 시키고 있다. 야곱은 아내 라헬에 대한 사랑과 늙어서 얻은 아들이라는 이유로 요셉을 편애했다. 다른 형제들에게는 주지 않았던 '채색옷'을 지어주기까지 했다. 요셉은 형들의 잘못을 그대로 고자질해서 형들의 미움을 샀고, 가족들이 자신에게 절하는 꿈을 자랑이라도 하듯이 이야기함으로 형들의 마음에 불을 질렀다. 형들은 눈에 가시와 같던 요셉을 없애고자 구덩이에 던지기도 하고 애굽으로 가는 상인에게 팔아 넘겼다. 동생에 대한 미움을 앙갚음으로 대응한 것이다.

인간들의 행동을 통해 하나님은 자신의 뜻을 이루신다. 철부지와 같았지만 순수했던 요셉을 택하셔서 그를 통해 야곱의 가문을 구하고 이방 나라들의 백성을 구하는 생명의 공급자가 되게 하신다. 이러한 요셉의 삶에는 그의 믿음이 있었다. 17세의 어린 나이에 종의 신분으로 타국에 팔려가는 어처구니없는 현실에도, 죄 없이 누명을

쓰고 감옥에 갇히는 억울한 상황에서도 그는 불평하거나 낙심하지
않고 주어진 일에 최선을 다하는 삶을 살았다. 요셉이 이러한 삶을
살 수 있었던 것은 그에게 믿음이 있었기 때문이다. 자신의 꿈은
하나님이 주신 꿈이요, 이 모든 것을 주장하시는 분은 하나님이심
을 믿었던 믿음이 있었기 때문이다. 이러한 믿음이 있었기에 하나
님은 철부지 같던 그를 훈련시키셔서 마침내 애굽의 총리가 되어
자신뿐 아니라 세상을 구원하는 생명의 공급자가 되게 하셨다.

7. 본문이해를 돕는 글

어떤 어려움의 순간에도 세상보다 크신 하나님을 신뢰하는 믿음
의 중요성을 일깨워주는 시가 있다. 작자미상이고 출처가 불분명하
지만 읽을 때마다 새로운 감동을 주는 좋은 시이다.

> 더 좋은 일
> 사람에게 실망하고 낙심하지 말라.
> 그대는 영원히 실망시키지 않을 그분을 찾게 되리니.
> 사람에게 버림당하고 괴로워하지 말라.
> 그대는 영원히 버리지 않을 그분을 찾게 되리니.
> 사람에게 속고 슬퍼하지 말라.
> 그대는 영원히 속지 않을 그분을 찾게 되리니.
> 사람에게 배신당하고 억울해 하지 말라.
> 그대는 영원히 억울케 하지 않을 그분을 찾게 되리니
> 하여,
> 사람으로 인해 그대 슬픔은 모두 다 더 좋은 일 아닌가?

생명을 택하라
(신명기 30:15-20)

1. 들어가는 말

본문은 신명기 마지막 부분에 나타나는 모세의 교훈을 담고 있다. 본문에서 모세는 생명을 택하라는 결단을 촉구한다. 인간의 삶은 선택의 연속이다. 오늘 어떤 선택을 하느냐에 따라 미래의 운명이 달라진다. 수많은 선택의 상황에 직면하는 우리들에게 본문은 생명의 길을 제시한다. 무엇이 우리에게 생명을 가져다주는 길일까? 잘 살기 원하고 행복한 삶을 살기 원하는 현대인들에게 본문은 생명의 길이 무엇임을 가르쳐주고 있다. 갈 바를 알지 못하고 헤매는 오늘날의 현대인들에게 본문은 나아갈 바를 제시하는 빛이요, 해답을 찾지 못해 목말라하는 구도자들에게 생명수가 될 것이다.

2. 문학적.역사적으로 읽기

2.1. 본문사역

[15]보라 내가 오늘 생명과 선과 사망과 악을 네 앞에 두었나니, [16]곧

내가 오늘 네게 명령하여 네 하나님 야훼를 사랑하고 그 모든 길로 행하며 그의 명령과 규례와 법도를 지키라 는 것이다. 그러면 네가 생존하며 번성할 것이요, 또 네 하나님 야훼께서 네가 들어가서 차지할 땅에서 네게 복을 주실 것이다. ¹⁷그러나 네가 만일 마음을 돌이켜 순종하지 아니하고 빗나가서 다른 신들에게 절하고 그것들을 섬기면, ¹⁸내가 오늘 너희에게 선언하노니 참으로 너희가 망할 것이다. 네가 요단을 건너가서 차지할 땅에서 너희의 날이 길지 못할 것이다. ¹⁹내가 오늘 하늘과 땅을 불러 너희에 대해 증인으로 세운다. 내가 생명과 사망과 복과 저주를 네 앞에 두었은즉 너는 너와 네 자손이 살기 위하여 *생명을 택하라.* ²⁰*네 하나님 야훼를 사랑하고 그의 목소리를 청종하며 그에게 붙어 있으라. 참으로 이것이 너의 생명이요,* 야훼께서 네 조상 아브라함과 이삭과 야곱에게 주리라고 맹세하신 땅에 거주할 네 날들의 기한이다.

2.2. 본문의 구조

신명기는 특별히 주전 20세기 헷 족속의 종주계약형식과 매우 유사한 구조를 갖고 있다.[1] 전문(1:1-5)과 역사적인 서문(1:6-4:43)에 이어 언약에 담긴 법 규정들(4:44-26:19)이 서술되며, 언약실행 여부에 따른 축복과 저주가 선포되고(27:1-28:69) 모세의 마지막 교훈의 연설이 기록되어 있다(29:1-30:20). 그 뒤에 있는 31-34장은 부록으로서 모세의 노래, 축복과 죽음이 기록되어 있다.[2]

본문은 신명기 안에서 모세의 마지막 교훈의 말로서 등장한다. 29장 1절부터 30장 20절은 하나의 통일체로 간주된다. 여러 개의 부분으로 나눌 수 있지만 주제와 스타일과 목적에 있어서 일치와 일관성을 보여주고 있다.[3] 29장 1절이 보여주는 바와 같이 모압에

1) M. Dreytza 외 공저,『구약성서연구방법론』, 하경택 옮김 (서울: 비블리카 아카데미아, 2005), 159.

2) Peter C. Craigie, *The Book of Deuteronomy* (NICOT) (Grand Rapids, Michigan: Eerdmans Publishing, 1976), 67-69.

서 맺은 언약은 호렙산에서 맺은 것과 다른 '새로운 언약'이다. 새로운 출발점에 선 이스라엘과 맺은 언약이다. 하지만 이것은 새로운 명령을 추가한 것이라기보다 호렙산(시내산) 언약의 명령들을 재진술한 것이다.[4] 다시 말하면 이것은 호렙산(시내산) 언약에 대한 갱신이다. 본문이 속해 있는 신명기 30장은 다음과 같이 세 단락으로 구분된다.

1) 1-10절: 이스라엘 회복에 대한 약속
2) 11-14절: 가까이에 있는 하나님의 명령
3) 15-20절: 생명을 위한 선택

이러한 신명기 30장 가운데서 우리가 다룰 본문은 다시 아래와 같이 두 개의 작은 단락으로 나누어진다.

i) 15-18절: 두 가지 길
ii) 19-20절: 생명을 택하라

2.3 본문의 배경

본문을 이해하기 위해서는 본문의 배경에 대한 이해가 필수적이다. 본문 앞에 있는 신명기 30장의 두 단락이 본문의 이해를 위한 배경을 제공한다. 본문 이해를 위해 두 가지 점이 중요하게 부각된다.

첫째로, 신명기 30장은 이스라엘의 포로상황을 전제하고 있다는 사실이다. 그러한 의미에서 신명기 30장 1-10절은 신명기 4장 29-31절의 내용과 매우 유사하다. 포로민으로서 열방에 흩어져 있는 이스라엘에게 요구되는 핵심적인 교훈은 야훼께로 돌아오는 것이다.

---

3) R. E. Clements, *Deuteronomy. The New Interpreter's Bible: A Commentary in Twelve Volumes. Vol. II* (Nashville, TN: Abingdon Press, 1998), 511.
4) R. E. Clements, *Deuteronomy* (NIB), 511.

이것은 신명기 신학의 중심이라고 말할 수 있다.5) 따라서 신명기 30장 1-10절에는 포로상황에 있는 이스라엘이 경험하게 될 구원의 과정이 잘 드러나 있다: 기억(1절)-돌이킴(2절)-청종(2절)-포로에서 운명을 돌이킴(3절)-조상들이 차지한 땅으로 돌아오게 하심(5절).6) 이 때 이스라엘의 행동이나 하나님의 행동을 묘사하면서 <슈브>라는 동사가 다양한 의미로 사용되었다. 마음에 생각나는 것(슈브), 야훼께서 마음을 돌이키시고(슈브) 돌아오게 하는 것(슈브), 그리고 이스라엘의 운명을 돌이키는 것(슈브)이 모두 <슈브>라는 동사를 통해 표현되고 있다.7)

폰라트는 신명기 30장 1-10절의 내용을 권고나 교훈으로 보기보다는 이스라엘 미래에 대한 확언적인 주장이라고 평가한다. 그의 말은 예언자적인 예고의 스타일로 덧입혀져 있다는 것이다.8) 모세의 시선은 미래에 모아져 있다. 그는 마음의 할례에 대해서 말한다. 하지만 본문은 이스라엘에 대한 요구사항이 아니라 하나님이 그 일을 하실 것이라고 약속한다. 이러한 점에서 신명기 30장 1-10절은 예레미야 31장 31-34절이나 32장 37-41절 또는 에스겔 36장 24-28절과 유사하다. 이것은 이전에 묘사된 신명기의 상황과 사뭇 다르다. 불순종과 심판의 시대가 화자의 뒤에 놓여 있다.9) 이러한 시점에서 화자는 미래를 보고 있으며, 하나님이 이스라엘의 순종을 위해 필수적인 것을 창조하시는 하나님의 구원행동을 선포한다. 그

5) G. von Rad, *Das fünfte Buch Mose. Deuteronomium* (ATD) (Göttingen: Vandenhoeck & Ruprecht, 1968), 131.
6) Peter C. Craigie, *The Book of Deuteronomy* (NICOT), 362-264.
7) 왕대일,『다시 듣는 토라』(서울: 한국성서학, 1998), 458-459. <슈브>의 중요성과 다양한 의미에 관하여 R. Rendtorff 저,『구약정경신학』, 하경택 옮김 (서울: 새물결플러스, 2009), 414-417을 참조하라.
8) G. von Rad, *Das fünfte Buch Mose*, 131.
9) G. von Rad, *Das fünfte Buch Mose*, 131.

러므로 29장 4절의 '오늘'이 다층적인 의미를 가지고 있음을 확인할 수 있다. 그것은 다양한 시대의 청중들을 겨냥하고 있다. 특별히 약속의 땅을 목전에 둔 모압 평지의 이스라엘과 심판을 당해 열방에 흩어져 있는 이스라엘이 동시에 고려된다.[10)]

둘째로, 신명기 30장은 하나님 명령의 용이성과 근접성을 강조한다. '내가 오늘 네게 명령한 이 명령은 너에게 놀라운 것도 아니요 먼 것도 아니다'(11절). 이것을 12-13절에서 부연 설명한다. 그것은 하늘에 있거나 바다 건너에 있는 것도 아니라는 것이다. 이것은 하나님의 명령이 가까이 있다는 사실에 대한 반어적 표현이다. 길가메쉬 서사시와 같은 고대 중동의 문헌에서처럼 생명을 얻기 위해 먼 거리를 여행해야 할 필요가 없다. 하나님의 명령이 하늘이나 바다 건너에 있지 않다는 말은 동시에 하나님의 명령이 초월적이거나 신비적인 것이 아니라 이스라엘에게 열려 있고 명백하게 드러나 있음을 강조하는 것이다.[11)] 이를 통해 알 수 있는 사실은 하나님의 명령은 명료하게 이해할 수 있는 것이며 행하기에도 어렵지 않는 것임을 말해 준다. 이러한 하나님 명령의 용이성과 근접성은 14절에서 다시 한 번 강조된다: '참으로 그 말씀이 네게 매우 가까이 있다. 네 입과 네 마음에 있어 네가 그것을 행할 수 있다.'

이스라엘은 새로운 출발점에 서 있다. 그것이 가나안 땅을 목전에 둔 출애굽의 상황이든 열방에 흩어져 귀환과 회복을 꿈꾸던 상황이든 동일한 선택과 결단이 요구된다. 이러한 선택과 결단을 위해 두 가지가 전제되어 있다.

첫째는 이스라엘의 실패 경험이다. 그들이 광야 유랑시에 하나

---

10) R. E. Clements, *Deuteronomy* (NIB), 511.

11) 이것을 바울은 새로운 정황에 적용시킨다(로마서 10:6-8). 여기에서 바울은 율법으로 말미암는 의와 믿음으로 말미암는 의를 구별한다.

님의 시험과 이적과 기사를 제대로 깨닫지 못하고 반역했던 경험
이든지(신 29:3-4) 아니면 하나님 명령을 지키지 않아 열방에 흩음
을 당하는 패망의 역사를 겪어야 했던 경험이든지(왕하 17:13-17)
이스라엘은 하나님의 명령을 준행하는 데 실패한 역사를 가지고 있
다. 이러한 실패의 역사는 오늘 결단을 위한 좋은 교훈이 된다. 과
거의 실패 경험을 거울삼아 올바른 선택을 하면 실패의 역사를 반
복하지 않을 수 있다.

둘째로 하나님의 명령은 행하기 어렵지 않다. 이해하기도 쉽고
접근하기도 쉽다. 그것은 이스라엘이 행할 수 있도록 그들의 입과
마음에 놓여 있다. 이스라엘은 이제 자신들에게 주어진 명령과 율
법을 행하기만 하면 된다. 그러한 의미에서 명령의 수행여부는 '능
력'의 문제가 아니라 '의지'의 문제이다.12) 이러한 전제들 속에서
본문은 이스라엘의 결단을 촉구한다. 이러한 전제들이 제대로 이해
되기만 한다면 생명을 위한 이스라엘의 선택은 그리 어려운 일이
아닐 것이다.

3. 본문해설

3.1. 두 가지 길(15-18절)

15절: 본문은 '보라'라는 말로 시작된다. 이것은 청중의 주의를
환기시키는 말이다. 이것은 다음에 나오는 내용이 중요한 것임을
시사한다.13) 그리고 앞으로 말하게 되는 내용을 잘 분별하여 올바

---

12) Mark E. Biddle, *Deuteronomy* (Smyth & Helwys Bible Commentary)
(Macon, Georgia: Smyth & Helwys Publishing, 2003), 447.

13) Timothy A. Lenchak, *"Choose Life!" A Rhetorical-Critical Investigation
of Deuteronomy 28,69-30,20* (AnBib 129) (Roma: Editrice Pontificio Istituto
Biblico, 1993), 201.

른 선택을 하라는 도입구 역할을 한다. 모세는 이스라엘 앞에 두 가지 길이 놓여 있음을 말한다. 두 가지 길은 각각 두 개의 동의어로 표현되어 있다. 먼저는 생명('하임')과 선('토브')이다. 이것은 이스라엘이 택해야 할 길이다. 다음으로는 사망('마베트')과 악('라아')이다. 이것은 이스라엘이 피해야 할 길이다.

16절: 여기에서는 이스라엘이 택해야 할 길을 구체적으로 제시한다. 그것은 세 가지 내용으로 구성되어 있다. 이스라엘 하나님 야훼를 사랑하는 것과 그 모든 길로 행하는 것, 그리고 그의 명령과 규례와 법도를 지키는 것이다. 세 가지 내용으로 구성된 요구 사항은 흥미롭게도 하나님의 법에 대한 용어와 생명의 길을 택했을 때 이스라엘이 맞게 될 결과에도 동일하게 적용된다. 이스라엘은 명령('미츠바')과 규례('후카')와 법도('미쉬파트')를 지켜야 한다. 그렇게 했을 때 이스라엘은 생존하게 되고 번성하게 될 것이며, 이스라엘이 들어가 차지하게 될 땅에서 복을 받을 것이다.

위에서 말한 이스라엘이 택해야 할 길 가운데 가장 우선적인 것은 이스라엘의 하나님 야훼를 사랑하는 것이다. 야훼 사랑은 이어지는 행위에 대한 기초가 된다. 야훼에 대한 사랑이 있을 때 그가 제시한 모든 길로 행할 수 있으며, 그의 명령과 규례와 법도를 지킬 수 있게 된다. 그러한 의미에서 본다면 세 가지 행동에 대한 묘사는 별개의 것이 아니라 야훼 사랑에 대한 연속적 결과들이다. 이러한 중요성 때문에 야훼를 사랑하라는 명령이 신명기 30장에서 여러 차례 등장한다(6절, 20절).

17-18절: 여기에서는 앞의 내용과 대조적으로 모세가 이스라엘이 택하지 말아야 할 길에 대해서 교훈한다. 그것은 하나님을 떠나 다른 신들을 섬기는 것이다. 이러한 이스라엘의 반역적 행동이 다섯 가지 동사를 통해서 표현되고 있다. 여기에서 이스라엘이 마

음을 돌이켜('파나') 순종하지 아니하고('로 샤마') 빗나가서('나다흐' 동사의 니팔형) 다른 신들에게 절하고('히쉬타하바') 그것들을 섬기는('아바드') 상황이 가정된다. 이러한 이스라엘의 반역 행위는 그것에 상응하는 끔찍한 결말을 맞게 될 것이다. 이 준엄한 심판은 엄숙한 법적 선언의 형태로 진술된다.14) 이스라엘은 참으로 망하게 될 것이며, 그들이 요단을 건너가 차지할 땅에서 그들의 날이 길지 못할 것이라는 사실이다.

여기에서 주목할 것은 이스라엘 반역의 행동이 어디에서 시작되는가 하는 점이다. 그것은 마음의 돌이킴에서 시작된다(롬 12:2 참조). 마음을 돌이키면 불순종이 촉발되고 곁길로 나아가 다른 신들을 섬기게 된다는 사실이다. 문제의 시발점은 마음에 있다. 어떤 마음을 갖느냐가 중요하다. 마음먹기에 따라 행동이 달라지는 것이다. 그러므로 하나님을 섬기는 데 우선적으로 지켜야 할 것이 마음이다(잠 4:23 참조).

3.2. 생명을 택하라(19-20절)

19절: 모세는 다시금 선택을 촉구한다. 이번에는 자신의 명령이 법적 효력을 가지는 언약체결의 상황에 있음을 분명히 밝히기 위해서 증인을 언급한다. 하늘과 땅이 증인으로 요청된다. 하늘과 땅은 우주를 대표하는 명칭으로서 증인으로서 자주 언급된다(신 4:26; 31:28; 32:1; 사 1:2). 고대중동의 종주계약 양식에서는 다른 신(神)들이 증인으로서 언급되는데 하늘과 땅이 그러한 증인의 역할을 하는 것이다.15) 이러한 증인에 대한 언급은 언약의 중대성과 명확성을 보여준다. 모세를 통해 선포된 말씀은 우주적인 효력을 지니

---

14) Timothy A. Lenchak, *"Choose Life!"*, 201.
15) M. Dreytza 외 공저, 『구약성서연구방법론』, 159.

는 확고부동한 하나님의 언약이라는 사실이다.

증인에 대한 언급에 이어 앞선 단락에서처럼 두 가지 길을 말한다. 여기에는 15절과 비교할 때 차이점이 드러난다. 우선 용어가 달라졌다. 생명과 사망은 동일하나 선과 악 대신 복('베라카')과 저주('켈라라')라는 말이 사용되었다. 언급하는 순서도 달라졌다. 15절에서는 택해야 할 길과 피해야 할 길이 두 개의 단어로 묶여서 제시되었는데, 여기에서는 긍정과 부정의 길이 각각 쌍으로 대비되어 나타난다. 이러한 차이는 변화와 반복을 통해 발언의 효과를 증대시키기 위한 수사적인 기법으로 여겨진다.

더 나아가 살펴볼 수 있는 차이점은 이 단락에서는 하나의 길에 집중한다는 사실이다. 모세는 '생명을 택하라'고 명령한다. 두 가지 선택의 가능성을 두고 각각의 선택에 대한 결과를 서술하는 방식이 아니라 하나의 길에 집중함으로써 이스라엘이 선택해야 할 길이 무엇인지 명확하게 보여준다. '생명'이란 말은 모세의 교훈에서 핵심 낱말이다. 다양한 형태로 반복되어 나타난다. 신명기 30장 15-20절에서 명사로 네 번(15절, 19절[2회], 20절), 동사로 두 번(16절, 19절), 장수에 관한 표현이 두 번(18절과 20절) 사용되었다. '생명'은 이스라엘이 택해야 할 길이며 이스라엘에게 약속된 축복의 삶이다.

20절: 이 절의 시작은 '생명을 택하라'는 명령에 대한 부연설명이다. 여기에서도 세 가지 동사를 통해서 설명된다. 생명의 길은 '야훼를 사랑하고 그의 목소리를 청종하며 그에게 붙어 있는 것'이다. 여기에서도 이스라엘의 하나님 야훼를 사랑하는 것이 가장 우선적으로 나타나야 할 행동으로 묘사된다. 특별히 마지막에 언급된 '그에게 붙어 있다'는 표현은 야훼를 떠나지 않는 신실한 이스라엘의 모습에 대한 은유적 표현이다. 야훼를 향한 사랑과 신실함이 이스라엘의 미래를 결정한다.

야훼를 사랑할 때 이스라엘이 경험하게 될 결과는 두 가지로 표현된다. 첫째는 생명('하이')이다. 야훼를 사랑하고 그의 목소리를 청종하며 그에게 붙어 있는 것이 생명의 길인 것이다. 둘째는 이스라엘의 조상 아브라함과 이삭과 야곱에게 주리라고 맹세하신 땅에 거주할 날들이 길게 될 것이다. 여기에서 알 수 있는 사실은 언약의 백성이 누려야할 복은 약속의 땅을 차지하는 것으로 끝나지 않는다. 약속의 땅을 차지하여 그곳에서 누리는 삶이 있어야 한다. 약속의 땅에서 생명의 삶을 누리는 것은 야훼를 사랑하고 그의 명령을 지키는 것에 달려 있다.

4. 위기적.회개적으로 읽기

신명기 30장은 기독교 신학의 긴 전통 속에서 논쟁의 대상이 되는 본문이다. 바울을 시작으로 중세의 어거스틴이나 종교개혁자 마틴 루터를 지나 불트만이나 바르트와 같은 현대 신학자들에 이르기까지 율법은 인간이 충족시킬 수 없는 것으로 여겨졌기 때문이다. 율법에 집착하는 것은 인간의 교만으로 여겨졌다. 인간은 불완전하고 죄에 빠지기 쉬운 연약성을 지니고 있기 때문에 율법의 요구를 충족시킨다는 것은 불가능하다는 것이다(롬 4:13-15 참조).16) 그렇다면 신명기 30장의 요구는 무엇을 의미하는가? 율법을 지키고 행하라는 요구에 대한 이해는 관점의 차이에서 비롯된다. 바울을 비롯한 종교개혁과 그 이후 개신교 신학자들은 구원론의 관점에서 율법을 말하고 있다. 구원을 위해서 율법의 요구를 충족시키는 것은 불가능하다. 그러한 점에서 구원론의 관점에서 보면 그들의

---

16) Mark E. Biddle, *Deuteronomy*, 448-449.

견해가 옳다. 하지만 신명기나 복음서의 예수, 더 나아가 종종 바울에게서까지도 율법을 지켜 행하라고 권면한다(롬 6:1-14; 7:7-25; 12:1-2). 이것은 교회론적인 관점 혹은 윤리적인 관점에서 말할 때 그렇다. 이때 분명히 알아야 할 사실은 권면의 대상이 그리스도인이라는 점이다. 다시 말하면 이러한 교훈이 적용되어야 대상은 이미 언약의 백성이 된 그리스도인들이라는 사실이다.

신명기에서도 구원의 문제에 있어서는 하나님의 '은혜'를 말하고 있다. 신명기에서도 바울과 같이 이스라엘이 구원의 백성이 된 것은 하나님의 은혜로운 선택에 기초하고 있다(신 7:6-8; 또한 9:4-5). 신명기에서도 율법은 하나님의 호의를 얻게 하는 수단이 아니다. 율법은 하나님의 백성으로서의 삶을 위한 원칙을 제시하는 것이다. 그러므로 언약의 요구들을 충족시킴으로 하나님의 백성이 되는 것은 불가능하다. 다만 하나님의 백성이 하나님의 뜻에 맞는 삶을 사는 것이 필요한 것이다.17) 여기에서 우리는 신명기와 바울(과 신약성서 전반)에게서 공통적으로 나타나는 관계의 유비를 고찰할 수 있다. 신명기는 이집트의 종살이로부터 구원하시고 약속의 땅을 허락하신 하나님께 이스라엘은 언약에 순종하는 삶을 통해 표현되는 사랑으로 응답해야 한다고 요청한다. 이에 반해 바울은 로마 교인들에게 그리스도 안에서 거룩한 삶을 살아야 한다고 교훈한다(롬6:1-4). 모두가 구원받은 백성들을 향하고 있음을 알 수 있다.

신약성서의 다른 본문들에서 신명기의 교훈과 좀더 분명하게 일치하는 진술들을 찾아볼 수 있다. 믿음을 통해 은혜로 오게 된 구원은 신자들의 행동 자체 안에서 구현된다는 사실이다(예컨대, 마 7:20; 마 5:17-21; 요일 2:3-6).18) 이러한 구절들은 아브라함의 믿음

---

17) Mark E. Biddle, *Deuteronomy*, 450.

에 대한 바울의 교훈(롬 4:1-5; 갈 3:10-14)에 대한 오해를 교정하기 위해서 계획된 것처럼 보인다. 야고보서는 진정한 믿음은 눈에 보이는 열매를 맺는다고 강력하게 주장한다(약 2:18-26).

그러므로 신명기와 신약성서 모두 하나님은 은혜의 행동으로써 구원하신다는 사실에 동의한다. 하지만 하나님의 구원 은혜는 효과를 나타낸다. 그것은 거룩한 삶을 낳는다. 거룩한 삶이 구원받은 자의 삶을 증명한다. 그러므로 그리스도인들의 윤리는 은혜와 행위 사이의 양자택일이 아니다. 은혜에 기초한 윤리적 삶인 것이다. 그리스도인과 이스라엘이 생동하는 '제사장 나라'로서 존재하려고 한다면, 언약의 삶에 대한 성서의 요청을 외면하지 말아야 한다.

이러한 사실은 '마음에 할례를 행하는 것'에서도 확인된다. 신명기 30장 6절에서 '마음에 할례를 행하는 것'의 주체가 하나님으로 나타난다. 이것은 신명기 10장 16절의 상황과 다른 것이다. 그러한 의미에서 신명기 30장 6절은 예레미야의 '새 언약'(렘31:31-34)이나 에스겔의 '새 마음'(겔36:24-32)에 대한 교훈과 맥을 같이한다. 하나님이 직접 이스라엘에게 마음의 할례를 행하여 마음과 뜻을 다하여 야훼를 사랑하게 하사 생명을 얻게 하실 것이라고 약속한다. 하지만 이것은 율법을 청종하는 이스라엘의 응답을 배제하지 않는다. 이스라엘이 받을 미래의 축복은 율법에 대한 이스라엘의 순종에 달려있다(10절).[19]

야훼의 이스라엘 하나님 되심과 그분의 능력은 한 순간도 의심되지 않는다. 하지만 책임적 행동은 이스라엘 백성 자신들에게 놓여 있다. 사랑과 순종, 그의 길로 행하는 것이 이스라엘이 보여야 할 응답이다. 이스라엘은 자유를 가지고 있다. 야훼의 구원과 공급

---

18) Mark E. Biddle, *Deuteronomy*, 450.
19) Peter C. Craigie, *The Book of Deuteronomy*, 364.

을 받아들일 것인가 아니면 거부할 것인가? 아직 선택의 기회는 남아 있다. 야훼의 특별한 소유로서 또한 제사장 나라로서 그들이 택해야 할 것은 생명이다.[20]

5. 평행 본문 읽기

신명기 30장 15-20절의 본문은 야훼를 사랑하라는 말로 요약된다. 그것이 생명의 길이라는 사실이다. 평행본문인 누가복음 14장 25-33절의 말씀은 예수를 따르는 제자들이 가져야 할 태도에 대해서 교훈한다. 예수는 자기에게 오는 자들을 향하여 '자기 부모와 처자와 형제와 자매와 더욱이 자기 목숨까지 미워하지 아니하면 능히 내 제자가 되지 못하고 누구든지 자기 십자가를 지고 나를 따르지 않는 자도 능히 내 제자가 되지 못하리라'(26-27절)고 말씀하신다. 이것은 우리의 삶의 방향과 우선순위가 어디에 있어야 하는가를 가르쳐준다. 예수를 따르는 삶에는 그 어떤 것도 우선할 수 없다는 것이다. 이것은 사랑의 대상이 오직 하나님이어야 하는 것과 같다.

하지만 이것은 부모나 형제나 이웃을 외면하라는 말씀은 아니다. 하나님을 사랑하는 것과 이웃을 사랑하는 것이 별개라거나 배타적인 것이 아니기 때문이다. 누가복음 10장 25-28절에 기록된 대로 '하나님 사랑'과 '이웃 사랑'이 하나의 계명으로 통합될 수 있다. 영생의 길에 대한 율법교사의 질문과 답변에 대해서 예수는 이렇게 답변하신다. "네 대답이 옳도다. 이를 행하라. 그러면 살리라"(28절). 이것은 하나님 사랑과 이웃 사랑이 생명의 길임을 다시금 확인시켜 준다.

---

20) Mark E. Biddle, *Deuteronomy*, 446-447.

6. 본문의 메시지

오늘 본문은 모압 평지에서 약속의 땅을 눈앞에 두고 있던 사람들이나 포로민으로서 이방 땅에 흩어져 있는 이스라엘 백성이나 혹은 21세기를 사는 현대인들에게나 똑같이 적용될 수 있다. 그것은 생명과 사망의 길 가운데 무엇을 택할 것인가에 대한 질문이다. 이와 같이 두 가지 길에 대한 교훈은 성서 본문 가운데 여러 곳에서 발견된다(렘 21:8; 시 1편; 잠 1:1-7; 마 7:13-14).

본문은 두 번 반복해서 생명을 택할 것을 교훈한다(15-18절; 19-20절). 생명의 길에 대한 교훈의 중심에는 야훼 사랑이 있다. 사랑에 대해서 여러 가지 정의가 있을 수 있지만 그 중에 하나를 말하면 다음과 같다: 사랑이란 사랑의 대상이 기뻐하는 일을 하는 것이다. 따라서 야훼를 사랑하는 것은 그의 명령을 듣고 그대로 순종하는 것을 의미한다(롬 12:1). 또한 사랑은 사랑의 대상에 대한 마음이 나뉘지 않는 것을 의미한다. 사랑의 대상이 오직 하나이어야 한다(신 6:4; 아 6:9). 두 주인을 섬기지 않는 것이다(마 6:24). 딴 마음을 품지 않고 그분만을 하나님으로 섬기는 것이다. 그럴 때 생명의 삶을 살 수 있다. 조상들에게 맹세하신 약속의 땅을 차지할 뿐만 아니라 그곳에서 번성하며 그곳에서 하나님이 약속하신 복을 누리며 사는 날이 길게 될 것이다.

7. 본문 이해를 돕는 글

선택의 중요성을 일깨워주는 시가 하나 있다. 로버트 프로스트 (R. Frost)의 '가지 않은 길'(The Road Not Taken)이다. 읽을 때마다 새로운 감동을 주는 좋은 시이다.

노란 숲 속에 길이 두 갈래로 났었습니다.
나는 두 길을 다 가지 못하는 것을 안타깝게 생각하면서
오랫동안 서서 한 길이 굽어 꺾여 내려간 데까지
바라다볼 수 있는 데까지 멀리 바라다보았습니다.

그리고, 똑같이 아름다운 다른 길을 택했습니다.
그 길에는 풀이 더 있고 사람이 걸은 자취가 적어
아마 더 걸어야 될 길이라고 나는 생각했었던 게지요.

그 길을 걸으므로, 그 길도 거의 같아질 것이지만
그 날 아침 두 길에는 낙엽을 밟은 자취는 없었습니다.
아, 나는 다음 날을 위하여 한 길은 남겨 두었습니다.

길은 길에 연하여 끝없으므로 내가 다시 돌아올 것을 의심하면서
훗날에 훗날에 나는 어디선가 한숨을 쉬며 이야기할 것입니다.
숲 속에 두 갈래 길이 있었다고
나는 사람이 적게 간 길을 택하였다고
그리고 그것 때문에 세상의 모든 것이 달라졌다고.

모세의 죽음
(신명기 34:1-12)

1. 들어가는 말

본문은 모세의 죽음을 보도한다. 모세의 죽음은 많은 것을 함축한다. 모세의 죽음은 이스라엘 삶의 기초가 된 율법을 하나님께로 받아 이스라엘 백성에게 전달했던 절대적 권위자가 사라지는 것을 의미한다. 또한 모세의 죽음은 이스라엘의 출애굽을 이끌었던 제1세대 지도자가 사라지고 가나안 정착의 임무를 완수할 제2세대 지도자가 등장하는 것을 의미한다. 지도자의 세대교체와 함께 새로운 과제수행을 요청하는 모세의 죽음은 지도자가 어떻게 자신의 무대에서 퇴장해야 하는가에 대해 많은 것을 시사한다.

2. 본문의 상황과 배경

신명기(申命記)는 이스라엘 백성이 약속의 땅 가나안에 들어가기 전 요단 저편(동편) 모압 평지에서 모세를 통해서 전달된 '두 번째 율법'(deutero-nomium)을 중심내용으로 하고 있다. 신명기는 언약체결 과정에 상응하게 구성되어 있다. 전문(1:1-5)과 역사적인 서문(1:6-4:40)에 이어 언약규정들(5-11장은 원칙적인 규정, 12-26장은 개별규정)이 서술된 후 언약이행 여부에 따라 결과로서 나타날 축복과 저주에 대한 선포와 권고(27-30장)가 나오고 모세의 작별인사와 죽음(31-34장)에 대한 서술로 끝이 난다. 모세의 입을 통해서 전달된 신명기의 율법은 이스라엘 백성이 가나안 땅에서 쫓겨날 상황까지 전제하고 있다. 이것은 신명기가 기록될 당시 이스라엘 백성의 상황과 깊은 관련이 있을 것이다. 신명기는 이제 이스라엘 백성이 시내산에서 주어진 율법을 새로운 시대에 적용하는 형태로 나타난다.

신명기 34장은 신명기의 마지막 장으로서 신명기의 마침표와 같은 역할을 한다. 여기에서 오경의 핵심적인 인물인 모세의 죽음이 다루어지고 있다. 이렇게 함으로써 오경의 모든 내용이 마무리된다.

3. 본문의 구조와 내용

본문은 다음과 같이 세 단락으로 구분할 수 있다: 야훼께서 모세에게 약속의 땅을 보여주심(1-4절); 모세의 죽음(5-8절); 모세에 대한 평가(9-12절).

3.1. 야훼께서 모세에게 약속의 땅을 보여주심(1-4절)

[1]모세가 모압 평원에서 여리고 맞은 편에 있는 느보 산의 비스가 봉우리에 오르니, 야훼께서 그에게 온 땅을 보여주셨다. 그것은 곧 단까지 이르는 길르앗과 [2]온 납달리와 에브라임과 므낫세의 땅과 서해까지 이르는 유다의 모든 땅과 [3]네겝과 소알까지 이르는 종려나무의 성읍 여리고 골짜기 평지였다. [4]그리고 야훼께서 그에게 말씀하셨다. "이것은 내가 아브라함과 이삭과 야곱에게 '내가 네 씨에게 그것을 줄 것이다'고 맹세한 땅이다. 내가 네 눈으로 그것을 보게는 하였으나 그리로 네가 들어가지는 못할 것이다."

야훼께서는 느보산의 비스가 봉우리에 올라와 있는 모세에게 눈앞에 펼쳐진 온 땅을 보여주신다(1-3절). 먼저 요단 동편 땅("단까지 이르는 길르앗")을 보여주신다. 그것은 이미 이스라엘 백성이 점령한 땅이다. 다음으로 요단 서편의 땅을 보여주시는데 북쪽 지역("납달리")으로부터 시작하여 서쪽 끝까지 포함한 중부지역("에브라임과 므낫세")을 거쳐 남부지역("유다와 네겝과 소알")까지 장차 이스라엘이 차지할 땅을 보게 하신다. 이것은 롯이 떠난 후 아브람에게 야훼께서 동서남북의 땅을 바라보게 하신 후 '보이는 땅'을 주리라고 약속하신 장면을 생각나게 한다(창 13:14-15; 참조. 신 3: 26-27).[1] 실제로 야훼께서는 방금 모세에게 보게 하신 땅이 아브라함과 이삭과 야곱에게 주리라고 맹세한 땅이라고 말씀하신다(4절). 그렇지만 그 땅은 모세가 눈으로 볼 수는 있었지만, 직접 들어가지는 못하는 곳이다.

모세가 가나안 땅에 들어가지 못하는 이유를 오경에서 여러 차례 밝히고 있다. 민수기에 반영된 제사장 전통의 본문에서는 모세와 아론이 이스라엘 백성 앞에서 야훼의 '거룩함'을 나타내지 아니했기 때문에 가나안 땅에 들어가지 못한다고 기록하고 있다(민 20:12; 27:14; 참조. 신 32:48-52). 그러나 신명기에서는 '이스라엘 때문에' 모세에게도 진노하셔서 그가 가나안 땅에 들어가지 못하게 되었다고 기록하고 있다(1:37; 4:21). 야훼의 크심과 권능에 의지하여 '아름다운 땅'을 보게 해 달라고 모세가 간청했어도 야훼께서는 거절하신다. 여기에서도 똑같은 이유가 제시된다. 즉, '이스라엘 백성 때문에' 야훼께서 진노하셨다는 것이다(3:23-27).[2] 제사장

---

1) E. Nielsen, *Deuteronomium* (HAT I/6) (Tübingen: Mohr, 1995), 310.
2) 모세가 약속에 땅에 들어가지 못한 이유에 관하여 다음을 참조하라. P. D. Miller, Deuteronomy (Interpretation) (Louisville: John Knox Press, 1990), 241-244 (=『신명기』 [현대성서주석], 김회권 역 [서울: 한국장로교출판사,

전통의 본문에서는 이스라엘 백성 앞에서 마땅히 보여야 했던 야훼의 '거룩함'을 보이지 못했다고 지적하고 있지만, 신명기에서는 지도자로서 모세가 감당해야 할 대리적 책임을 강조한다. 비록 백성들이 잘못 했다 하더라도 그것에 대한 궁극적인 책임을 지도자가 져야 함을 일깨워 준다.

3.2. 모세의 죽음(5-8절)

[5]그러므로 야훼의 종 모세가 야훼의 말씀대로 모압 땅에서 죽었다. [6]그분께서 그를 벧브올 맞은편 모압 땅에 있는 골짜기에 장사하셨고, 오늘까지 그의 무덤을 아는 자가 아무도 없다. [7]모세가 죽을 때에 일백이십 세였으나 그의 눈이 흐리지 않았고 그의 기력도 쇠하지 않았다. [8]이스라엘 자손은 모압 평원에서 삼십 일 동안 모세를 위해 애곡했다. 그렇게 해서 모세의 죽음을 애도하며 곡하는 기간이 끝났다.

야훼의 말씀대로 모세는 가나안 땅에 들어가지 못하고 모압 땅에서 죽었다(5절). 6절의 주어가 히브리어 원문에는 그냥 '그'(he)라고만 지칭되어 있어서 모세를 모압 땅에 있는 골짜기에 장사한 사람이 누구인가가 확실치 않다. 여기에서 '그'가 여호수아를 의미한다거나 백성을 집단적으로 이해하여 단수로 취급했다고 볼 수도 있다. 그렇지만 본문의 전후 맥락을 살펴볼 때 그를 '야훼' 하나님이라고 보는 것이 가장 자연스럽다. 5절에서 '야훼'가 두 번 등장하면서 모세의 죽음이 '야훼의 입'에서 나온 말씀대로 이루어졌음을 명시하고 있기 때문이다. 이러한 본문의 진술은 '야훼의 종' 모세의 죽음과 장사지냄이 야훼 하나님과 모세와 만의 은밀한 문제였음을 암시한다.3) 따라서 모세의 무덤이 어디에 있는지 누구도

2000], 372-375).

3) P. C. Craigie, *The Book of Deuteronomy* (NICOT) (Grand Rapids, Mich.: William B. Eerdmans Publishing Company, [2]1992), 405.

모르게 되었다(6절). 이 땅에서 죽음을 보지 않고 올리움을 받은 에녹이나 엘리야처럼 이 땅에 남겨진 흔적이 없다. 이렇게 해서 모세는 하나님 품에 안긴 존재로서 땅이 아니라 이스라엘 백성의 마음속에 새겨진 지도자가 되었다.

　모세는 죽을 때 120세였다(참조. 31:2). 그러나 그는 이삭과 달리 (참조. 창27:1) '눈이 흐리지 않았고 기력(신선함)도 쇠하지 않았다' 고 기록하고 있다(7절). 모세가 총명이나 힘이 없어서 죽은 것이 아 니라는 사실을 보여준다. 그에게 정해진 기한과 목적이 다 되어서 하나님이 데려가신 것이다. 이스라엘 백성들은 아론이 죽었을 때 그런 것처럼(민 20:29) 모세의 죽음을 슬퍼하며 30일 동안 애곡했 다(8절). 위대한 민족의 지도자가 죽은 만큼 이스라엘 백성은 애도 의 기간을 길게 가졌다.

3.3. 모세에 대한 평가(9-12절)

[9]모세가 눈의 아들 여호수아에게 안수하였으므로, 여호수아에게 지혜의 영 이 넘쳤다. 이스라엘 자손은 야훼께서 모세에게 명하신 대로 그(여호수아) 의 말에 순종하고 행했다. [10]그리고 다시는 이스라엘에 모세와 같은 예언자 가 일어나지 않았다. 그는 야훼께서 얼굴과 얼굴을 마주 대고 아시던 자였 다. [11]또한 야훼께서 그를 보내시어 이집트 땅에서 바로와 그의 모든 종들 과 그의 온 땅에 모든 표적들과 이적들을 행하게 하셨고, [12]온 이스라엘의 눈 앞에서 모든 권능과 모든 크고 놀라운 일을 행하게 하셨다.

　모세가 죽음으로 그의 뒤를 이은 후계자는 여호수아였다. 모세 는 야훼께 약속에 땅에 들어가지 못하리라는 말씀을 듣고 이스라 엘 백성이 '목자 없는 양'과 같이 되지 않게 하기 위해 한 사람을 세워 달라고 간청한다(민 27:12-17). 이때 하나님께서는 여호수아 를 지목하셨다. 그리고 눈의 아들 여호수아는 그 안에 영이 머무는 자라고 평가하신다(민 28:18). 모세는 야훼의 말씀대로 여호수아에

게 안수하여 그를 자신의 뒤를 이어 이스라엘을 인도할 지도자로
세웠다(9절; 민 27:22-23). 그러자 여호수아에게 '지혜의 영'이 넘
쳤다.

이스라엘 백성은 야훼께서 모세에게 명하신 대로 지혜의 영으로
가득 찬 여호수아를 잘 따랐다. 여호수아의 권위가 사람이 아니라
하나님께로부터 나온 것이었기 때문이다. 그러나 여호수아는 모세
와 비교할 수 없는 사람이었다. 구약성서는 두 사람을 분명하게
구별하여 평가한다. 여호수아도 가나안 정복 과정에서 이스라엘을
이끈 훌륭한 지도자이긴 했으나 모세의 그늘을 벗어나지 못했다.
그는 '야훼의 종' 모세의 수종드는 자에 불과했고(수 1:1), '야훼의
종'이라는 칭호를 얻지 못한다.4)

모세의 죽음은 새로운 시대가 시작되었음을 의미한다. 이제는
하나님이 직접 얼굴과 얼굴을 대면하셔서 자신의 뜻을 알리던 모
세와 같은 예언자를 통해서 이스라엘 백성을 이끌지 않으신다(10
절; 참조. 민 12:6-8). 야훼와 긴밀한 관계에 있었고 그분으로부터
모세처럼 명백하게 말씀을 전해 받는 사람은 다시는 일어나지 않을
것이다(참조. 신 18:15; 호 12:14). 모세가 역사의 무대에서 사라진
이후에는 모세를 통해서 전해 받은 '토라'(율법)가 그 자리를 대신
한다. 모세의 뒤를 잇는 지도자는 무엇보다도 모세의 율법을 잘
이해하고 지킬 수 있는 '지혜'가 필요하다. 그러므로 야훼께서 이제
이스라엘 백성을 이끌게 된 지도자 여호수아에게 '나의 종 모세가
네게 명령한 그 율법을 다 지켜 행하고 좌로나 우로나 치우치지 말
라'(수 1:7)고 명령하신다. 모세가 죽음으로 자칫 '목자 없는 양'과
같은 처지에 놓일 이스라엘 백성에게 하나님께서는 하나님의 분명
한 계시의 말씀인 '토라'를 준비해주셨고, 충만한 '지혜의 영'으로

---

4) P. D. Miller, *Deuteronomy*, 244 (=『신명기』, 376).

그것을 충실히 따라 주어진 과업을 수행할 여호수아를 예비해 주
셨다.

10-12절은 모세의 비명(碑銘)과 같다.5) 그의 무덤은 없지만 그
의 비명은 남아서 그의 삶을 요약한다. 모세는 여러모로 특별한
사람이었다. 예언자들이 하나님의 말씀을 받고 전달한다는 점에서
'모세와 같았다.'고 말할 수 있지만, 하나님께서 모세를 '얼굴과 얼
굴을 대면하여 알았다'(jāda')고 말씀할 만큼 그와 하나님과의 관
계에서 보여주는 직접성은 유일하고 독특하다(10절). 또한 그는 이
집트 바로와 신하들에게 하나님의 표적과 이적들을 행하고, 이스
라엘 백성 앞에서 하나님의 권능과 크고 놀라운 일을 행한 하나님
의 '능력의 도구'이었다(11-12절). 그는 이스라엘 백성이 언약의
백성으로 형성되는 과정에서 그 중심에 있었던 인물이었다: 출애
굽과 시내산 언약과 약속의 땅 문 앞까지의 광야유랑에서. 그러한
점에서 모세와 같은 인물은 이스라엘 역사에서 다시는 일어날 수
가 없었다.

4. 본문의 메시지

이 본문에서는 특별히 모세를 통한 '지도자(leadership) 문제'가
부각되어 있다. 따라서 위와 같은 본문 연구를 통해서 지도자에 관
한 설교를 구상할 수 있는데, 다음과 같은 핵심주제들이 파악된다.

첫째, 지도자는 물러날 때를 알아야 한다. 하나님께서는 모세에
게 이스라엘 백성들이 앞으로 차지하게 될 약속의 땅을 모두 보여
주신다. 그런데 그곳은 자신이 들어가지 못할 땅이다. 출애굽의 지
도자로서 이스라엘 백성을 이끌면서 최종 목적지인 가나안 땅을 갈

---

5) P. C. Craigie, *The Book of Deuteronomy*, 406.

망하며 지내왔을 모세의 입장을 생각하면 얼마나 속상하고 안타까운 일일까? 실제로 모세는 '아름다운 땅' 가나안에 들어가게 해달라고 간청하기도 했다(신 3:23-27). 그러나 하나님의 대답은 안 된다는 것이었다. 그리고 여호수아에게 명령하고 그를 담대하게 하며 그를 강하게 하여 그를 통해서 이스라엘 백성이 가나안 땅을 기업으로 얻게 하라고 말씀하신다(신 3:28). 이 말씀을 듣고 모세는 여호수아를 안수하여 후계자로 임명하고 지도권을 그에게 물려준다.

흥미롭게도 그가 죽을 때 '눈이 흐리지 않았고 기력이 쇠하지 않았다.'고 기록하고 있다. 그의 힘이 아직 남아 있었다는 증거다. 그러나 그는 억지로 자신의 지도권을 고집하지 않고 하나님의 말씀대로 자신의 후계자에게 넘겨주고 역사의 뒤안길로 사라졌다. 이 얼마나 아름다운 모습인가? 자신의 때와 기한을 안 모세의 모습이며, 하나님의 목적과 섭리를 잘 깨달은 사람의 모습이다. 요즈음 우리 주위에 자신의 자리를 아름답게 물려주지 못하고 그 자리에 연연함으로써 평생 자신이 힘써온 귀중한 사역을 한순간에 물거품이 되게 하는 경우가 얼마나 많은가? 모세와 여호수아로 이어지는 지도권 교체의 아름다운 모습을 보며 물러날 때를 아는 지도자들이 많이 나타나야 하겠다.

둘째, 지도자는 자신에게 맡겨진 공동체를 위해 헌신해야 한다. 모세는 광야유랑 가운데 두 번이나 '자신의 마음을 비운 중보자'요, '백성을 위해 희생하는 지도자'의 모습으로 각인되어 나타난다. 이스라엘 백성이 금송아지 사건과 가나안 정탐꾼 사건에서 믿음 없는 모습으로 범죄하였을 때, 하나님께서는 이스라엘 백성을 쳐서 멸하고 모세로 그들보다 크고 강한 나라를 이루게 할 것이라고 말씀하신다(출 32:10; 민 14:12). 모세를 통해서 언약백성의 역사를 새롭게 시작하시겠다는 말씀이다. 모세가 아브라함과 같은 족장의 반

열에 올라갈 수 있는 절호의 기회다. 그러나 모세는 전자의 경우에 족장들과의 언약을, 후자의 경우에는 야훼의 인자하심을 근거로 뜻을 돌이키시기를 간청한다. 전자의 경우에는 내가 보응하는 날에는 그들의 죄를 보응하리라는 말씀으로(33:34), 후자의 경우에는 그들이 가나안땅에 들어가지 못할 것이라는 말씀으로(14:23) 하나님이 응답하시며 이스라엘 멸망에 대한 뜻을 돌이키신다.

모세는 이때 이러한 간청이 수용되지 않는다면 차라리 자신의 이름이 생명책에서 기록이 지워지게 해달라고 목숨을 건 기도를 한다(출 32:32). '자신의 형제, 곧 골육의 친척을 위해서는 자신이 저주를 받아 그리스도에게서 끊어질지라도 원하는 바라'(롬 9:3)는 사도 바울의 고백을 떠올리게 한다. 이와 같이 자신의 공동체를 위해는 자기 자신의 개인적인 영광과 안위를 돌보기보다는 공동체의 영예와 안전을 걱정하며 자신을 기꺼이 희생할 각오가 되어 있는 사람이 참 지도자이다.

셋째, 지도자는 하나님의 관계에서 성공해야 한다. 신명기 34장에서는 민 12:8에서 이미 언명된 모세의 특별한 지위가 다시 한 번 강조된다: 하나님은 모세를 '얼굴과 얼굴을 대면하여 알았다'(*jāda'*). 예언자들이 하나님의 말씀을 받고 그것을 전달한다는 점에서는 '모세와 같다.'고 할 수 있지만, 모세와 같이 하나님과 직접적인 만남을 가졌던 예언자는 없었다. 그만큼 모세가 하나님과 긴밀한 관계에 있었고, 하나님과 동행하는 삶을 살았다는 말이다. 하나님과의 관계가 바로 되지 못한 지도자는 자신이 맡은 공동체를 생명의 길로 인도하지 못한다. 결국 자신의 유익을 위해 공동체를 버리거나 공동체를 파멸의 길로 몰아가는 모습을 보인다.

이러한 점에서 하나님과의 관계가 모세가 보여주었던 수준이면 좋겠지만, 다시는 모세와 같은 예언자가 일어나지 않을 것이라는 말씀에 비추어 볼 때 모세와 같은 수준의 하나님과의 관계를 기대하기는 어렵다. 그렇다면 우리는 누구에게서 '역할모델'(role model)을 찾을 수 있겠는가? 우리는 그것을 모세의 후계자 여호수아에게서 찾을 수 있을 것이다. 여호수아는 모세와 같이 직접적인 계시는 받지 못하지만, 모세를 통해 전해 받은 '율법'(토라)을 통해서 하나님의 뜻을 헤아릴 수 있었고, 하나님의 음성을 경험할 수 있었다. '나의 종 모세가 네게 명령한 그 율법을 다 지켜 행하고 좌로나 우로나 치우치지 말라'(수 1:7; 참조. 시 1편)고 여호수아에게 말씀하신 하나님의 명령을 기억하면서, 여호수아와 같이 '지혜의 영'이 충만하여 기록된 말씀을 통한 계시를 잘 이해하고 말씀 안에서 하나님과 만나 온전한 관계를 유지함으로 형통한 삶과 복 있는 자의 삶을 사는 지도자의 모습이 있어야 할 것이다.

여호와만 섬기라

(여호수아 24:1-2a, 14-18)

1. 들어가는 말

본문은 여호수아서의 마지막 장의 내용으로서 세겜에서의 언약 체결 장면을 보여주고 있다. 여호수아서의 대단원의 막을 내리면서 세겜의 언약사건이 나타나는 곳이기 때문에 많이 주목했던 본문이다. 특별히 죽음을 앞두고 이스라엘 백성을 향해 생사를 가르는 결단을 촉구하는 여호수아의 비장한 태도와 그의 요청에 순순히 응하며 결단하는 이스라엘 백성의 모습이 생생하게 드러나 있다. 이러한 본문 내용을 통해 특별히 설교자에게 들려오는 음성은 생의 마지막 순간에 남길 말이 있다면 무엇인가 하는 질문이었다. 나의 인생을 결산하며 남아 있는 사람들에게 유언으로 남겨 줄 교훈은 무엇인가 하는 질문을 가지고 본문을 살펴보고자 한다.

2. 문학적.역사적으로 읽기

2.1. 본문사역

¹여호수아가 이스라엘 모든 지파를 세겜에 모으고, 이스라엘 장로들과 그들의 우두머리들과 재판관들과 관원들을 부르니, 그들이 하나님

앞에 나와 섰다. [2a]그러자 여호수아가 온 백성에게 말했다. "이스라엘 하나님 야훼께서 이렇게 말씀하신다…"

[14]"그러므로 이제 야훼를 두려워하고 온전함과 진실함으로 그 분을 섬기라. 너희 조상들이 강 저편과 이집트에서 섬기던 신들을 떠나 야훼를 섬기라. [15]만일 야훼를 섬기는 것이 너희 눈에 악하게 보이거든, 강 건너편에서 너희 조상이 섬기던 신들이든지 또는 너희가 그들의 땅에 거하고 있는 아모리인의 신들이든지 너희가 오늘 섬길 자를 택하라. 그러나 나와 내 집은 야훼를 섬길 것이다." [16]그러자 백성이 대답하여 말했다. "우리가 야훼를 버리고 다른 신들을 섬기는 일을 결코 하지 않을 것입니다. [17]이는 우리와 우리 조상을 종살이 하던 집 이집트 땅에서 인도하여 내신 분이 야훼 우리 하나님이시기 때문입니다. 그가 우리 목전에서 그런 큰 표적들을 행하시고 우리가 간 모든 길에서와 우리가 지나간 모든 백성 가운데서 우리를 보호하셨습니다. [18]그리고 야훼께서 모든 백성들과 그 땅에 거한 아모리인들을 우리 앞에서 몰아 내셨습니다. 그러므로 우리도 야훼를 섬길 것입니다. 그분은 정말 우리의 하나님이십니다."

2.2. 본문의 구조

본문이 속해 있는 여호수아 24장은 다음과 같이 분석된다.[1]

1) 세겜에서의 총회(1절)
2) 하나님의 1인칭 발언으로 나타나는 예언자적 선포: 이스라엘 선택과 인도(2-13절)
3) 여호수아와 이스라엘 백성의 1차 대화
   a) 예언자의 1인칭 발언으로 나타나는 순종에 대한 요청(14-16절)
   b) 백성들의 응답 I: 순종에 대한 맹세(17-18절)
4) 여호수아와 이스라엘 백성의 2차 대화
   a) 결정의 결과에 대한 경고(19-20절)
   b) 백성들의 응답 II: 순종에 대한 맹세(21절)

---

1) R. C. Butler, *Joshua* (WBC) (Waco, TX: Word Books, 1983), 266.

5) 여호수아와 이스라엘 백성의 3차 대화
  a) 이스라엘의 결정에 대한 재확인(22-23절)
  b) 백성들의 응답 III: 순종에 대한 맹세(24절)
6) 언약체결의식: 율법의 기록과 돌을 세움(25-27절)
7) 총회해산: 각자의 기업으로 돌아감(28절)

위와 같이 세겜의 언약체결 사건이 보도된다. 이 가운데 오늘 본문은 총회가 소집되는 장면(1-2a절)과 더불어 여호수아의 순종에 대한 요청(14-15절)에 순종적으로 응답하는 이스라엘 백성을 모습(16-18절)을 보여준다. 여러 절차들 가운데 가장 주목되는 장면이다. 하지만 그것은 언약체결 전 과정 가운데 한 부분임을 기억해야 한다.

2.3. 본문의 배경

여기에서 본문이해를 위해 중요하게 작용하는 배경적 지식 두 가지만 소개하고자 한다.

첫째, 여호수아 24장의 성격에 대한 규정문제이다. 여호수아 24장은 여호수아 23장의 고별사와 많은 점에서 일치하고 있다.2) 먼저 역사를 회고하고(23:3-5; 24:2-13) 현재의 상황에서 이스라엘 백성이 취할 행동에 대해 교훈(23:6-13; 24:14-15)하는 구조가 같다. 또한 두 본문에서 모두 불순종의 결과에 대한 묘사가 나타난다(23:13, 15-16; 24:19-20). 이뿐 아니라 양 본문이 이방신을 버리고 야훼께만 충성할 것을 요청하고 있다는 점에서 일치한다(23:7, 12, 16; 24:2, 14-24, 27).

하지만 동시에 두 본문은 차이점도 보여준다. 23장에서는 백성의 대표자들, 즉 장로들, 수령들, 재판장들, 관리들에게만 말을 한다

---

2) R. C. Butler, *Joshua*, 265.

(23:1). 하지만 24장은 백성 전체에게 말을 한다(24:2a). 또한 24장에는 여호수아와 백성 사이에 대화가 나타나지만, 23장에는 그러한 요소가 없다. 오직 여호수아가 일방적으로 말을 할 뿐이다. 그러한 의미에서 여호수아 23장은 여호수아의 고별사라고 말할 수 있다. 이것은 신명기 32장의 모세나 사무엘상 12장의 사무엘의 고별사와 유사하다. 또한 창세기 49장의 야곱의 축복과도 같은 성격을 지닌다. 이에 반해 여호수아 24장은 언약체결 의식이 나타난다. 그것은 단순한 고별사가 아니라 시내산 언약이나 모압 언약과 같이 모세를 대신하는 중재자 여호수아를 통해 이스라엘 백성이 야훼 하나님에 대한 충성을 맹세하는 언약체결 과정을 상세하게 보도한다.

둘째, 세겜의 의미에 관한 문제이다. 세겜은 현재 나블우스(Nablus) 입구에 있는 텔 발라타(tell balāṭa)와 동일시된다. 하지만 이 시대에 이스라엘이 어떻게 이 지역을 확보하게 되었는지 구약성서에서 보도되지 않는다(창 34장은 훨씬 오래된 자료이다. 하지만 거기에서도 시므온과 레위가 세겜을 점령했다고 볼 수는 없다). 고고학적으로도 이 시기에 전쟁이나 파괴의 흔적을 찾아볼 수 없다. 구약성서는 매우 이른 시기에는 세겜이 므낫세의 영토에 포함시킨다(참조. 민 26:31이하; 수 17:2). 그러나 그것은 에브라임과 접경지역에 있었다. 이 때문에 때때로 세겜이 에브라임의 도시로 간주되기도 하였다(수 20:17; 21:21; 왕상 12:25). 특히 솔로몬의 통치 때에 에브라임과 므낫세의 국경지역은 급속도로 하나의 지역으로 합병되었다(왕상 4:7 이하).3)

하지만 세겜은 족장시대부터 중요한 제의 장소였다. 아브라함이 가나안 땅에 들어와 첫 번째로 제단을 쌓은 곳이 세겜이다(창12:6).

---

3) J. A. Soggin, *Joshua* (OTL) (London: SCM Press, 1971), 229.

야곱은 자신의 일행이 장막친 밭을 일백 크시타를 주고 세겜의 아
비 하몰의 아들들에게서 사서 그곳에 제단을 세우고 '엘엘로헤이
스라엘'이라고 불렀다(창 33:18-20). 이처럼 유서 깊은 곳이기 때문
에 세겜이 언약체결 장소로 선택되었을 것이다.4) 이뿐 아니라 도
피성(수 20:7)으로서 그리고 레위 성읍(수 21:21)으로서 구별되었다.

이렇게 중요한 의미가 있는 세겜은 가나안 땅의 중앙에 위치하
고 있다. 요셉지파에게 할당된 지역으로서 가나안 정복의 과정에
서 중요한 역할을 할 것으로 기대되었지만 여호수아서에서는 그렇
게 부각되지 않는다. 여호수아가 에브라임 지파 출신임에도 불구하
고 말이다. 왜 그럴까? 아마도 세겜이 그렇게 주목을 받지 못하는
이유는 다윗왕조 신학의 영향일 것이다. 실제로 세겜은 초창기를
제외하고는 모든 시대에 걸쳐 어떤 식으로든 다윗왕조의 영역 밖
에 있었다.5)

그럼에도 불구하고 세겜의 중요성은 간과할 수 없다. 신명기에
서 모세가 내린 지시에서 잘 나타나 있다. 요단강을 건너거든 에
발산에 단을 쌓고 번제와 화목제를 드리고, 율법을 돌들 위에 새
길 뿐만 아니라 그리심산과 에발산에서 축복과 저주를 선포하라고
말한다(신 27:1-8, 11-13; 11:29). 이러한 지시사항을 따라 여호수아
는 세겜 북쪽에 있는 에발산에서 제단을 쌓고 모세의 율법을 돌에
기록한 후, 이스라엘 백성을 그리심산과 에발산으로 나누어 선포
되는 율법을 듣게 한다(수 8:30-35). 여호수아 24장에는 이러한 지
시사항이 세겜에서 거행된 거대한 언약체결 의식으로 실행된다.

---

4) M. H. Woudstra, *The Book of Joshua* (NICOT) (Grand Rapids: William
B. Eerdmans Publishing, 1981), 341.

5) R. B. Coote, "The Book of Josua," *The New Interpreter's Bible: Vol. II*
(Nashville, TN: Abingdon Press, 1998), 715.

3. 본문해설

1절: 여호수아는 이스라엘 모든 지파를 세겜으로 모은다. 그 중에서 이스라엘을 대표하는 대표자들(장로, 우두머리, 재판관, 관원 등)을 먼저 부른다. 그들은 이스라엘을 대표하여 하나님 앞에 나와 선다.

여기에서 주목을 끄는 것이 '하나님 앞'이라는 표현이다.6) 그것은 무엇보다 언약궤와 성막이 있는 곳을 가리킨다. 그렇다고 실로에 있던 언약궤와 성막이 세겜에 있다고 볼 필요는 없을 것이다. 이러한 어려움 때문에 헬라어 번역본 70인경은 이 사건이 실로에서 일어난 것으로 본다. 하지만 본문은 분명 세겜에서 일어난 사건으로 보도한다. 본문에서 말하는 성소가 도시 안에 있었는지 에벨과 그리심 산과 관련된 도시 밖에 있었는지 명확치 않다(참조. 신 27장; 수 8:30-35). 하지만 여기에서 '하나님 앞'이라는 말은 족장시대까지 그 전통이 소급되는 세겜의 제의적 장소를 가리키는 말일 것이다. 그들은 하나님의 성소로 여겨지는 세겜의 거룩한 장소에 모인 것이다('야훼의 성소 곁 상수리 나무 아래'라는 표현이 나타나는 26절을 보라. 또한 창 12:6; 35:2, 4 참조).

2절: 이 때 여호수아가 온 백성을 향하여 말했다. 그가 말한 내용은 하나님이 이스라엘을 어떻게 택하시고 지금까지 어떻게 함께 하셨는가를 보여주는 역사회고이다. 그는 예언자가 야훼의 말을 전하는 양식을 그대로 사용한다. "이스라엘 하나님 야훼께서 이렇게 말씀하신다"(<코 아마르 아도나이 엘로헤 이스라엘>). 내용적으로

---

6) 이것은 드물게 고찰되는 표현이다. 이스라엘 백성 전체의 모임과 관련이 있다(삼상10:17, 19). 이것이 궁극적으로는 법정용어에서 비롯되었을 것으로 추정된다(참조. 욥 33:5; 41:2; 잠 22:29; 참조. 출 8:16; 9:13). 다음을 참조하라. R. C. Butler, *Joshua*, 270.

보아도 이러한 역사회고는 예언자들이 심판의 메시지를 전달할 때 도입부에서 언급했던 주제와 일치하다(참조. 호11장; 13장; 렘2장; 겔20장; 23장). 이러한 의미에서 여호수아의 말은 궁정에서 내리는 포고나 조약언어가 아니라 예언자적 발언양식에 따른 것이다.[7]

14-15절: 역사회고에 이어 여호수아는 14-15절에서 다시 예언자와 같은 모습으로 결단을 촉구한다. '야훼를 두려워하고 온전함과 진실함으로 그분을 섬기라'고 말한다. 우선 이스라엘은 야훼를 경외해야 한다. 이것은 구약신앙의 요체라고 말할 수 있다. 특별히 신명기에서 자주 등장한다(신 4:10; 6:2, 13, 24). 그리고 야훼를 '온전함'과 '진실함'으로 섬겨야 한다. '온전함'을 뜻하는 히브리말 <타밈>은 하나님과의 관계 속에서 '마음의 나뉘어져 있지 않고 온전히 하나님만을 의지하며 사는 사람의 모습'을 지칭하는 말이다. 그러한 의미에서 '진실함'으로 번역된 <에메트>와 통한다. <에메트>도 '견고하게 서 있다'는 기본 뜻을 가진 동사 <아만>에서 온 말로서 '견고하며 흔들림이 없는 상태'를 말한다. 그러니까 야훼를 섬기는 것이 오직 하나님만을 의지하며 그 마음과 태도가 흔들림 없이 지속되어야 함을 교훈한다. 이처럼 야훼의 섬김은 신실함과 충성스러움으로 실행되어야 한다. 그러한 의미에서 야훼를 섬기는 일은 배타적이다. 그러한 섬김은 다른 어떤 존재에 대한 것과 양립할 수 없기 때문이다. 동일한 요구가 다른 상황에서도 고찰된다(창 35:2; 삼상 7:4).

여호수와의 이러한 요구는 하나님이 지금까지 이스라엘에게 보여주신 행동 그대로이다. 하나님이 보여주신 신실함과 성실함으로 하나님을 섬기라는 말이다("내가 완전하니/거룩하니 너희도 완전하라/거룩하라").[8]

---

7) R. C. Butler, *Joshua*, 270.

여기에서 여호수아는 결단의 촉구로 나아간다(15절). "만일 야훼를 섬기는 것이 너희 눈에 악하게 보이거든, 강 건너편에서 너희 조상이 섬기던 신들이든지 또는 너희가 그들의 땅에 거하고 있는 아모리인의 신들이든지 너희가 오늘 섬길 자를 택하라." 이 결단의 촉구는 몇 세기 후 갈멜산에서 '야훼냐 아니면 바알이냐'라고 물으며 결단을 촉구했던 엘리야의 모습과 유사하다(왕상 18:21). 고대인들은 신들이 자신의 고유한 통치영역을 가지고 있다는 신관을 가지고 있었다.9) 여호수아는 이러한 신관을 배경으로 유프라테스 강 건너편에서 섬기던 신과 이집트에서 섬기던 신을 언급한다. 이러한 신관은 장소를 이동해야 했던 숭배자들에게는 의문을 제기하게 만든다. 이 때문에 방랑생활을 통해 다른 지역으로 이동해야 했던 사람들은 자신이 거주하게 될 지역신들을 숭배하기 위해서 야훼를 배반할 수도 있었다. 좀 더 나은 방식이라고 한다면 야훼를 만신전에 포함시키는 방식으로 야훼를 계속 섬길 수도 있었다.

하지만 야훼는 어떤 지역에 얽매인 신이 아니다. 반대로 말하면 온 세계의 주권의 가지고 계신다. 따라서 가나안을 자신이 택한 백성인 이스라엘에게 주는 것은 자신의 권리이지 자신의 권한 아래 있는 일이다.10) 여기에서 여호수아는 자신들과 함께 하셨던 야훼 하나님을 섬길 것인가 아니면 자신이 들어간 지역을 다스리는 지역신인 바알이나 다른 신들을 택할 것인가를 묻고 있다.

15절 마지막에서 여호수아는 "그러나 나와 내 집은 야훼를 섬길 것이다"라고 말한다. 여기에서 여호수아는 마치 족장과 같다. 가정

---

8) R. C. Butler, *Joshua*, 273.

9) 이러한 사고가 이스라엘에서도 실제적으로 적용되고 있었다는 사실을 확인할 수 있다(삼상 26:19). 거주지를 옮기는 것은 다른 신의 통치 아래 자신을 두는 것을 의미하였다. 다음을 참조하라. J. A. Soggin, *Joshua*, 232.

10) J. A. Soggin, *Joshua*, 236.

의 가장으로서 여호수아는 남자, 여자, 아이들이 포함된 이스라엘
공동체에게 말할 뿐만 아니라 그들이 행할 바를 먼저 행함으로 보
여준다. 여기에 세겜의 언약에 대한 논란이 있다. 이것은 시내산 언
약의 갱신인가? 아니면 시내산 언약의 확대인가? 24장 15절 하반
절에서 두 종족집단이 대립되어 나타난다. 이미 야훼를 선택한 여
호수아와 그의 집, 그리고 그와 동일한 선택으로 초대받은 다른 집
단이다. 따라서 이 언약사건을 시내산 언약의 확대라고 볼 수 있다.
다시 말하면 시내산 언약이 세겜과 그 주변지역 주민들에게로 확산
되는 것이다.11)

상황이 어찌 되었든 분명한 것은 여호수아가 지도자인 그룹은 이
미 자신들의 결단을 내린 상태이며 다른 사람들도 자신들과 같은
선택을 하라고 권유하고 있다. 여호수아의 초대에는 다른 선택의
여지가 없다. 자신들뿐만 아니라 다른 집단의 사람들에게도 동일한
놀라운 구원의 역사를 보여주셨기 때문에 자신들과 같은 선택을
하는 것이 당연하다. 그렇지 않으면 그로써 관계가 끝나는 것이다.

16-18절: 이러한 여호수아의 결단촉구에 백성들은 대답한다(16
절). "우리가 야훼를 버리고 다른 신들을 섬기는 일을 결코 하지
않을 것입니다." 그리고 17-18절에서 그 근거를 제시한다. 야훼 하
나님이 베푸신 구원역사의 세 가지 핵심사항이 나열된다. 첫째, 이
집트 땅 종살이 하던 집에서 올라오게 하셨다는 것이고, 둘째, 지
나온 모든 백성 가운데서 자신들을 보호하셨다는 것이며, 셋째, 모
든 백성들과 이 땅에 거주하던 아모리 족속을 자신들 앞에서 쫓아
내셨다는 것이다. 이러한 이스라엘 백성의 고백은 여호수아를 통
해 전달된 하나님의 구원역사에 그대로 동의하는 것이다. 또한 이
것은 십계명의 서론부를 생각나게 한다(출 20:2). 18절 후반부에서

---

11) J. A. Soggin, *Joshua*, 230.

'야훼를 섬기겠다'는 다짐을 다시금 분명하게 언급하고 있으며, '그분은 정말 우리의 하나님이시다'고 선언한다. 이러한 다짐은 이 어지는 여호수아와의 대화에서 두 번 더 나타난다(21, 24절). 이러 한 응답을 통해 야훼를 섬기겠다는 이스라엘 백성의 적극적인 의 지를 엿볼 수 있다.

이러한 적극적 응답과 함께 이스라엘 백성은 여호수아의 주도 아래 언약체결 의식을 거행한다. 여호수아는 이스라엘 백성의 의지 를 두 번이나 확인하고(19-20, 22-23절), 백성과 언약을 체결한다 (25절). 율례와 법도를 제정하고 율법을 책에 기록하여 남겼을 뿐 만 아니라 돌을 세워 언약의 증거를 삼았다(26-27절). 그런 후 백 성들은 각자의 기업으로 돌아갔다(28절).

4. 위기적.회개적으로 읽기'

이러한 확실한 언약을 맺었어도 시간이 흐름에 따라 이스라엘 백 성은 언약을 잊어버렸고 하나님을 배반하였다(참조. 호 11장; 13장; 렘 2장; 겔 20장; 23장). 그래서 여호수아 24장에 나타난 언약은 계 속되어서 반복되어야 할 사건이 된다. 그러한 의미에서 이 단락이 여호수아서에서 '무시간적'(atemporal)으로 나타난다는 사실은 흥 미롭다. 여호수아 24장은 여호수아 23장에 이어지는 사건이라기보 다 독립된 사건으로서 여호수아서 맨 마지막에 배치되어 있다(22장 1-6절에 의하면 요단 동편에 거주하게 될 두 지판 반은 요단 동편 으로 돌아간 상태이다). 이것은 시간에 구애받지 않는 반복된 사용 을 위해서 의도적으로 현재의 위치에 놓인 것으로 보여진다.12)

세겜언약을 자세히 살펴보면 이 본문의 청중이나 독자가 누구여

---

12) R. C. Butler, *Joshua*, 269.

야 하겠는가에 대한 답을 얻을 수 있다. 사실 가나안에 있는 이스라엘에게는 메소포타미아의 신들이 더 이상 중요하지 않다. 하지만 그들이 바벨론 포로 상태에 있다면 그것은 그들이 매일 내려야 하는 실존적인 결단을 의미한다. 야훼 하나님께 충성할 것인가 아니면 타협할 것인가, 약속의 땅으로 돌아간다는 희망을 가지고 살 것인가 아니면 메소포타미아의 사회에 동화될 것인가 사이의 선택이다.13) 십계명의 제1계명도 마찬가지다. 모압평지에 있는 이스라엘 백성에게는 미래의 일이지만, 바벨론 포로의 상황에서는 매일 현실에서 부딪쳐야 하는 선택의 갈림길인 것이다.

이러한 의미에서 세겜의 언약은 일회적인 사건이 될 수 없다. 백성들이 매 절기 때마다 반복해야 할 응답인 것이다. 그것은 언약의 확인이며, 과거에 보여주신 야훼 하나님의 놀라운 행동에 근거하여 내린 결정이다. 하나님의 구원은 이스라엘의 반응을 요구한다. 그것은 '야훼를 경외하는 것'이며 '온전함'과 '진실함'으로 그분을 섬기는 것이다. 이러한 결정을 내린 사람은 이러한 하나님의 위대한 행동에 대한 증인들이 된다. 이런 결정의 계승자들은 그들의 결정을 통해 과거의 위대한 하나님의 역사를 자신들의 것으로 현재화시킨다.14)

4. 평행본문 읽기

에베소서 6장 10-20절 말씀은 '전신갑주를 입으라'는 교훈으로 잘 알려져 있다. 마귀의 간계를 대적하고 악의 영들을 상대하기 위해서 갖추어야 할 필수적 요소들이다. 이 가운데 공격무기는 단 하나다. 성경의 검인 하나님의 말씀이다. 하나님의 말씀을 무기로 삼

---

13) J. A. Soggin, *Joshua*, 236-237.
14) J. A. Soggin, *Joshua*, 237.

아 악한 날에 대적하여 승리할 수 있다. 요한복음 6장 56-69절 말씀에서도 예수께 '영생의 말씀'이 있다는 베드로의 고백이 중심적인 기능을 한다. 모두가 '말씀'이라는 핵심어로 연결된다. 하나님의 말씀에는 하나님의 마음이 담겨 있다. 하나님의 뜻이 계시된다. 그 말씀은 우리에게 영생을 선물한다. 예수 자신이 하나님의 말씀으로서 길이요, 진리요, 생명이 되셨다(요 14:6).

여호수아 24장은 이중적인 의미에서 말씀의 의미를 강조한다. 먼저 여호수아 24장 자체가 하나님의 말씀으로서 세겜의 언약을 통한 하나님의 뜻을 계시한다. 언약의 백성에게 야훼를 경외하며 온전함과 진실함으로 야훼를 섬길 것을 교훈한다. 다음으로 언약 체결 과정에서 하나님의 말씀을 기록하여 보존하는 모습을 통해 하나님 말씀의 중요성을 깨닫게 한다. 하나님께서는 하나님의 말씀을 율법책에 기록하여 그것을 기억하도록 했다. 하나님의 말씀이 모든 것의 기준이 되게 하신 것이다. 말씀을 통해서 하나님의 뜻을 깨닫고 진리의 길, 생명의 길, 승리의 길을 가게 된다.

6. 본문의 메시지

오늘 본문은 언약의 백성이 하나님을 어떻게 섬겨야 하는가를 교훈한다. 이제 이스라엘 백성은 방랑자가 아니라 약속의 땅에서 언약의 백성으로 살아가야 한다. 그들에게 요청되는 것은 하나님의 섬기는 일이다. 어떻게 섬겨야 하는가? 그것은 야훼를 경외하며 '온전함'과 '진실함'으로 섬겨야 한다. 그것의 근거는 하나님이 지금까지 이스라엘 백성을 그렇게 인도하셨기 때문이다. '온전함'과 '진실함'으로 인도하신 하나님의 구원을 체험하였기 때문이다. 오늘날 우리에게도 동일한 삶의 원칙이 필요하다. 하나님의 구원을 경험한 자로서 하나님의 은혜와 사랑에 응답하는 삶을 살아야 하는 것이다. '마음의 나뉘어져 있지 않고 온전히 하나님만을 의지하며' 살며, 그러한 믿음의 삶이 '견고하며 흔들리지 않고' 지속되어야 한다. 하지만 그러한 결단과 결심이 여러 가지 상황 속에서 흔들릴 때가 많다. 그러기에 반복되는 예배와 의식 속에서 하나님의 구원을 기억하며 언약을 새롭게 하는 것이 중요하다. 이스라엘 백성이 매해 또는 매주 돌아오는 절기와 예배를 통해 그러한 마음을 새롭게 하였듯이 오늘날 우리도 매주 새롭게 경험하는 주일을 통해서, 아니면 매해 새롭게 맞이하는 절기들을 통해서 언약을 새롭게 하고 언약을 넓혀 나가는 삶을 살아야 하겠다.

7. 본문이해를 돕는 글

어떤 목사님의 간증이다. 그가 시무하던 교회에 한 장로님이 있었는데, 그 장로님은 매우 성실하고 신실하였다. 교회 일에 아주 열심이었고 겸손하였다. 매일 새벽기도회도 빠지지 않고 열심히 기도하는 분이었다. 그 장로님은 사업도 잘 되고 1남 3녀의 자녀를 두어 모든 것이 행복해 보였다. 그런데 그분에게도 문제가 있었다. 하나밖에 없던 아들이 중3 때부터 빗나가기 시작하여 급기야 고2 때에는 아버지 회사의 예쁜 여학생을 꼬드겨 사귀다가 아이까지 갖게 하였다. 이 일을 알게 된 부인 권사님은 무슨 집안 망신이냐 하면서 펄펄 뛰었지만, 장로님은 빙글빙글 웃기만 했다. "그놈 재주도 좋네. 아이를 갖게 했으면 일찍 결혼하면 되지" 하면서 태평이었다. 그 목사님은 고3인 아이의 주례를 했다고 한다. 그 일을 겪고 나서 그 목사님은 장로님께 아주 진지하게 물었다. 그런 일에도 그토록 태평할 수 있는 비결이 무엇인가 하는 것이었다. 그러자 장로님은 답이 없고 곁에 있던 부인 권사님이 대답했다. "이 사람이 그랬거든요." 지금 아들의 모습은 아버지의 모습이라는 것이다. 그 장로님도 젊었을 때는 철없이 매우 방탕한 생활을 했다고 한다. 아주 몹쓸 병까지 걸릴 정도였으니까 알만하다. 그 병을 치료하기 어려워 몇 년 고생하다가 간신히 그 병을 고칠 수 있었는데, 문제는 그 장로님이 그로 인해 자식을 낳을 수 없게 된 것이다. 당연지사로 결혼한 지 10년이 지나도 아이가 없었다. 그런데 어느 날 새벽기도를 하던 중 감사가 터져 나왔다. "하나님, 감사합니다. 저 같은 것을 살려주셔서 감사합니다. 좋은 아내 주신 것을 감사합니다. 귀한 가정 주신 것을 감사합니다." 그때 그 장로님은 이런 기도와 함께 견딜 수 없을 정도로 온몸이 뜨거워지는 경험을 했다. 그 후 장로님은 생식능력을 회복하게 되었고, 그 때 지금의 아들을 얻게 되었다.

이런 경험 때문에 그는 아들의 문제를 문제로 여겨지 않았다. 모든 것이 하나님의 은혜 안에 있었기 때문이다. 아무리 큰 문제도 그에게는 문제가 되지 않았다. 하나님의 인도하심을 확신하고 있기 때문이다. 자신의 과거 구원경험이 흔들리지 않는 신앙을 갖게 하였다. 이스라엘이나 오늘날 우리도 마찬가지다. 과거 행하신 구원역사를 기억할 때 우리는 하나님이 기뻐하시는 야훼 경외와 그분을 '완전함'과 '진실함'으로 섬기는 삶을 살 수 있을 것이다.

유다의 세 왕들: 여호람, 아하시야, 요아스
(역대하 21-23장)

1. 들어가는 말

역대하 21-23장의 본문은 유다의 세 왕들의 통치 역사를 보도한다. 이 세 왕들은 강력한 왕권을 구가하던 북 왕국 이스라엘의 오므리 왕조가 기울어져가는 때에 활동했다. 여호람, 아하시야, 요아스 세 왕들은 아합 왕의 죽음(주전 852년)과 예후의 혁명(주전 845년) 사이 격동의 역사 한 복판에서 남유다를 통치하였다. 위기와 변화의 시대에서 남유다를 다스렸던 왕정 역사를 보여주는 역대하 21-23장은 여전히 위기와 변화 속에 살고 있는 오늘날 독자들에게 지도자로서의 삶이 어떠해야 하는가를 교훈한다.

2. 여호람의 통치(역대하 21:1-20)

2.1. 본문의 배경

대하 21장은 여호람의 통치(주전 849-843년)에 대한 서술이다. 이 이야기는 여호사밧이 죽은 후 여호람이 왕위에 오른 이야기와 그의 재임기간의 일들 그리고 그의 종말을 다루고 있다. 당시 북이스라엘은 오므리 왕조가 이어지고 있었다. 오므리 왕조는 주변국들과 우호적인 유대관계를 유지하면서 다메섹을 수도로 하고 있는 아람에게만은 강경책을 취했다. 이러한 외교정책은 아합과 두로왕 잇토바알(Ittoba'al)[1]의 딸 이세벨의 혼인을 통한 동맹정책에서 잘 드러난다. 또한 아합왕이 자신의 딸 아달랴를 본 단락의 중심인물인 유다왕 여호람과 결혼시킨 사례에서 그러한 외교정책을 확인할 수 있다. 따라서 유다는 이러한 오므리 왕조와 우호적인 관계 속에 있었고, 오므리 왕조가 이세벨을 통해 바알 제의를 적극적으로 받아들인 것의 영향도 함께 받고 있었다.

2.2. 본문의 구조

이 단락은 역대기 기자가 왕하 8:16-24을 근거로 하되 16절과 23절은 생략하면서도 약간의 변경과 함께 서술하고 있다. 역대기 기자는 자신의 자료를 통일체로 생각하지 않고(대하 20:31-37에서와 같이) 처음과 중간과 마지막 부분에 분리하여 배치하고 있다(21:1, 5-10a, 20a; 21:1b). 추가된 자료들(21:2-4, 10b-19, 20b; 22:1a)을 통해서 여호람 이야기는 본래의 이야기 범위보다 크게 확대된다. 본 단락은 아래와 같은 구조로 분석된다.

왕위등극(1-4절)
잘못된 혼인정책(5-7절)
에돔의 배반(8-10절)
계속되는 여호람의 악행과 엘리야의 심판예고(11-15절)

---

1) 왕상 16:31에는 '시돈 사람의 왕 엣바알'이라고 되어 있지만, Josephus, *Antiqu. Iud. VIII, 13, 2*, 324에는 '두로왕 'Ιθώβαλος'라고 표기되어 있다. 이점에 대하여 다음을 참조하라. M. Noth, 『이스라엘 역사』 (서울: 크리스챤다이제스트 1996), 311.

블레셋과 아라비아 사람의 침공(16-17절)
여호람의 종말(18-20절)

2.3. 본문해설

1) 왕위등극(1-4절)

여호람의 부왕 여호사밧은 르호보암의 경우(대하 11:23)에서처럼 자신의 아들들에게 유다의 중요한 요새들을 주어 견고한 통치기반을 마련한다. 그러나 이것은 왕위를 이은 여호람에게 부담이 되었다. 부왕이 있을 때 같은 지위를 가지고 있었기 때문에 왕권을 확립하기 위해서는 그들의 존재가 걸림돌이 된 것이다. 그래서 여호람은 왕위를 차지하자 자신의 왕권에 위협이 될 수 있는 정적들을 제거하는 일에 착수한다. 자신의 왕위를 위해 형제들도 무참히 살해하는 악행을 저지른다. 아마도 여기에는 다음 단락에서 소개되는 여호람의 아내 아달랴의 입김이 크게 작용하지 않았을까하는 추측을 할 수 있다. 이것은 그의 통치가 앞으로 어떻게 진행될지를 암시한다.

2) 잘못된 혼인정책(5-7절)

부왕(父王) 여호사밧에 이어 여호람은 혼인관계를 통해 북 이스라엘과 우호관계를 계속하게 된다. 그러나 이러한 정략적인 혼인정책은 일시적으로 정치적-군사적 영향력을 확대시킬 수는 있을지 몰라도 장기적으로 보면 결국 신앙의 위기를 초래하여 심각한 문제를 일으키는 원인이 된다. 솔로몬의 경우나 아합의 경우를 보면 잘 알 수 있다. 따라서 여호람의 8년간의 통치는 좋게 평가될 수 없었다(6절). 그의 행태는 북왕국의 왕들과 다를 바가 없었고, 그가 다윗 왕가에 속했다는 사실만 달랐을 뿐이었다(7절). 그가 그나마 왕위를 지속할 수 있었던 것은 하나님이 다윗과 맺으셨던 언약 때문이었다.

3) 에돔의 배반(8-10절)

이스라엘 역사 가운데 어떤 왕이 야훼 신앙에서 떠났을 때의 상황을 보면 매우 비슷한 경향을 보인다. 그것은 주변정세의 변화에서 목격되는데, 봉신국가가 배반하고 떠나며 주변국으로부터 침공을 당한다. 솔로몬 시대에 그랬고(왕상 11:14-28), 요아스가 야훼 하나님을 버렸을 때 아람군대가 쳐들어와 요아스를 징벌하였다(대하 24:23-24). 여호람도 유다의 동쪽에 위치해 있던 에돔과 립나의 반란을 직면해야 했다. 역대기 기자는 그가 그 '열조의 하나님 야훼'를 버렸기 때문이라고 그 이유를 분명하게 밝히고 있다(10절).

4) 계속되는 여호람의 악행과 엘리야의 심판예고(11-15절)

역대기의 서술구조에서 보면 여호람은 하나님의 심판에도 불구하고 계속되는 악행으로 더 큰 불행을 자초한다. 주변국들의 반란을 통해 보여주시는 하나님의 경고를 깨닫지 못하고 오히려 산당을 지어 백성들이 신앙적 음란에 빠지게 한다. 이것은 선왕들이 보여주었던 모습(대하 14:3; 17:6)과는 정반대의 모습이다. 이러한 악행에 대해서 엘리야가 편지를 보내 하나님의 심판을 예고한다. 역대기는 역사서술에서 야훼신앙의 신실함에서 벗어난 북이스라엘의 역사를 기본적으로 배제하기 때문에 왕상 17-왕하 2장에 걸친 엘리야에 대한 광범위한 기록이 생략되어 있다(왕하 13장까지 나오는 엘리사에 관한 이야기도 마찬가지다). 이곳에 기록된 편지내용이 엘리야에 대한 역대기의 유일한 기록이다. 여기에서 엘리야는 야훼께서 큰 재앙으로 유다의 백성과 여호람의 가족 및 재물을 칠 것이라고 말하며, 창자에 중병이 들어서 죽을 것이라고 예고한다.

5) 블레셋과 아라비아 사람의 침공(16-17절)

엘리야의 예고처럼 블레셋과 아라비아 사람이 침공하여 왕궁의 모든 재물과 여호람의 가족들을 탈취해 간다. 막내 아들 여호아하스(아하시야의 다른 이름)를 제외한 모든 아들이 죽는다. 여기에서 블레셋과 아라비아 사람들은 선왕 여호사밧 때에는 조공을 바치던 봉신국가였다(대하 17:11). 이들 국가들의 침공은 에돔과 립나의 반란에 이어 유다의 주변국 모두가 유다에 적대적으로 변했다는 의미가 된다.

6) 여호람의 종말(18-20절)

이 모든 일 후에 여호람은 결국 회복하지 못할 중병에 걸린다. 그는 2년 뒤 엘리야의 예고대로 창자가 빠져나와(설사병의 일종으로 추정됨) 죽는다. 그의 삶의 비참함은 그가 죽은 뒤 이루어진 평가와 반응에 있다. 그가 죽었어도 그를 "아끼는 자", 즉 그의 죽음을 안타까워하거나 그를 그리워하는 자 없이 죽었다. 그에게는 분향도 하지 않았고, 유다 임금들의 묘지에 장사되지도 못했다. 그의 치적을 알려주는 자료에 대한 언급도 없다. 그는 유다 왕들 가운데 가장 비극적인 왕이었다.

2.4. 본문의 메시지

역대하 21장의 내용을 통해 다음과 같은 본문의 메시지를 찾을 수 있다.

첫째, 경쟁자를 자신의 조력자나 인도자로 삼으라. 최근의 사례들을 보더라도 어떤 분야에 두각을 나타낸 사람들을 보면 경쟁자와의 관계를 어떻게 했느냐가 중요하게 드러난다(예컨대, 「성공하는 사람들의 7가지 습관」). 경쟁자가 자신의 위치를 넘보는 위협적인 존재가 될 수도 있지만, 대응하는 방식에 따라 자신을 더 성숙시키고 크게 만드는 조력자 내지 인도자가 될 수 있다(예, 한나에 대한 브닌나의 존재, 사울에 대한 다윗의 대응). 그러므로 여호람이 자신의 경쟁자가 될 수 있는 형제들을 제거한 것은 일시적인 힘의 상승은 가져올 수 있을지 모르지만, 지속적이고 실질적인 지도력을 가진 지도자가 되는 것을 막는 행동이었다. 경쟁자가 자신을 성숙시키고 키우는 조력자나 인도자가 될 수 있음을 알고 그와 우호적인 관계를 유지하며 그로부터 긍정적인 도전을 받도록 하는 것이 좋다.

둘째, 결혼은 자신의 일생을 결정한다는 사실을 잊지 마라. 여호람의 이야기는 결혼의 중요성을 다시 한 번 일깨워준다. 물론 여호람의 경우 본인의 의사와는 별 상관없이 부모에 의해서 정략적으로 추진되었을 것이다. 그럼에도 불구하고 아달랴와의 결혼을 통해 나타난 나쁜 결과는 피할 수 없었다. 그 영향은 당대뿐만 아니라 후대에도 결정적인 영향을 주었다. 국가의 정책기조가 흔들렸을 뿐 아니라 손자들이 그에 의해서 살해를 당하는 가족사의 비극을 초래하기도 했다. 그러므로 배우자 결정은 신중하게 하되 무엇보다도 신앙적 조건을 중요시해야 한다.

셋째, 지도자의 행동은 공동체 전체에 영향을 준다. 여호람의 이야기는 또한 지도자의 중요성을 일깨워준다. 지도자의 타락은 그 결과가 지도자 개인에 그치지 않고 공동체 전체로 확산됨을 보여준다. 여호람이 산당을 다시 세우자 예루살렘뿐 아니라 유다 전체가 미혹되어 우상을 섬기게 되는 잘못에 빠진다. 아사왕과 여호사밧왕이 이룩했던 우상척결의 전통이 일시에 무너지고 온 나라가 우상숭배에 휩싸이게 된다. 이처럼 지도자의 잘못된 결정은 그가 속한 공동체 전체에 영향을 주어 심각한 결과를 초래하므로 지도자는 자신의 책임을 통감하고 신중한 처신과 결정을 해야 한다.

넷째, 신앙이 무너지면 모든 것이 무너진다. 이것은 앞의 세 가지 교훈을 압도하는 것이다. 야훼 신앙의 순수성이 사라지고 이방신 섬기는 것을 허용할 때 국가에 균열이 생기고 돌이킬 수 없는 큰 위기와 혼란에 빠진다. 지도자의 신앙이 무너지면 올바른 판단과 결정을 할 수 없어서 지도력을 상실하고 공동체 전체를 병들게 한다. 악한 자기의 행동을 돌아볼 줄 모르고 더욱 더 깊은 죄악으로 빠져든다. 하나님의 경고를 알아차리지 못해 더욱 큰 심판에 직면하게 된다. 그러므로 신앙이 무너지면 모든 것이 무너지는 것이다. 삶의 우선순위를 신앙에 두고 하나님과의 관계를 바로 할 때 우리의 삶이 견고해 지고 하나님이 이끄시는 복된 삶을 살게 될 것이다.

3. 아하시야의 통치(역대하 22:1-9)

3.1. 본문의 배경

아하시야의 통치시대를 다루는 이 짧은 본문은 아합 왕의 혈통을 가진 다윗 왕이 멸망을 향한 한층 더 깊은 단계의 수렁에 빠지는 모습을 보여준다. 특별히 아하시야 왕 때 약 8년전 아람에 대해서 여호사밧 왕이 아합과 행했던 것과 똑같은 상황이 연출된다(참조. 왕상 22:1-40; 대하 18장). 이 일 때문에 아하시야 왕은 죽음을 맞게 된다.

3.2. 본문의 구조

이 단락은 역대기 기자의 가필이 돋보이는 부분이다. 2-6절까지는 왕하 8:26-29을 거의 문자 그대로 인용하고 있으나 7-9절은 왕하 9-10장의 내용을 크게 생략하고 완전히 새롭게 기술한다. 아하시야의 죽음을 열왕기에서와 다르게 기록한 것은 아하시야의 죽음을 본 이야기의 정점으로 이해하게 하고(참조. 왕하 10:17), 므깃도에서 전사한 요시야 왕과 다르게 보이게 하기 위한(왕하 9:28을 왕하 23:29f와 비교해 보라) 역대기 기자의 서술기법으로 파악된다.[2] 본 단락은 크게 두 부분으로 나뉜다.

아하시야의 대를 이은 악행(1-4절)
예후에게 죽임을 당함(5-9절)

3.3. 본문해설

1) 아하시야의 대를 이은 악행(1-4절)

아하시야는 블레셋과 아라비아인들의 침공으로 형제가 죽임을 당하므로 유일하게 생존한 왕자가 되어 말째로서 왕위에 오른다. 그의 나이 22세였다.[3] 그의 통치기간은 1년이 채 못된다. 그의 통치는 그의 개인 이력에서 보여주는 바와 같이 철저하게 '아합 가문의 길'로 가게 된다(3-4절에서 아합에 세 번이나 언급된다). 이세벨이 그랬던 것처럼 아달랴는 그의 아들을 부추겨 악행을 일삼게 된다. 그러나 그 길은 패망하는 길이다(4절).

2) 예후에게 죽임을 당함(5-9절)

아합 가문의 길을 간 것은 이방신 숭배만은 아니었다. 북이스라

---

2) 이러한 역대기 기자의 서술기법에 대해서 다음을 참조하라. S. Japhet, *2 Chronik* (HThKAT) (Freiburg/Basel/Wien: Herder 2003), 280.

3) 마소라 본문에는 42세로 되어 있지만 이것은 40세에 죽은 부왕(父王) 여호람보다 더 많게 되어 말이 되지 않는다(대하 21:20). 이것이 70인경에는 '20세'로, 그리고 왕하 8:26을 따르는 몇몇 사본과 역본은 '22세'로 되어 있다. 따라서 역대기의 마소라 사본은 이 두 전승을 보존하려는 시도로서 두 전승을 융합한 것으로 보인다. 다음을 참조하라. J. M. Myers,『역대기하』(국제성서주석) (서울: 한국신학연구소 1991), 173.

엘 왕 아합의 아들 요람과 함께 길르앗 라못으로 가서 아람 왕 하
사엘과 싸웠다. 이스라엘 왕의 협조자 노릇을 한 것이다. 이것은 여
호사밧이 아합에게 했던 행동과 똑같다(여호사밧은 신앙적인 면에
서는 긍정적이었다고 할 수 있으나 북이스라엘과의 외교-정치적인
면에서는 부정적으로 평가된다: 대하 20:31-37; 또한 왕상 22:41-49
참조). 이때 아하시야는 요람과 함께 예후에 의해서 죽임을 당한다.
이것을 역대기 기자는 '하나님께로부터 말미암은 것'이라고 평가한
다(7절). 왜냐하면 그 사건은 야훼께서 예후에게 기름부어 아합의
집을 멸하게 하시려는 과정의 일부이었기 때문이다. 그러므로 아하
시야의 죽음은 아합 가문에 대한 심판의 일부분에 속한다. 그러나
아하시야는 나봇의 밭에 버려진 요람(왕하 9:25-26)과는 다르게 '전
심으로 야훼를 구하던 여호사밧의 자손'이라는 이유로 정식으로 장
사된다(9절; 왕하 9:28).

3.4. 본문의 메시지

역대하 22장 1-9절의 내용을 통해 다음과 같은 본문의 메시지를
찾을 수 있다.

첫째, 역사는 반복된다. 아하시야 왕은 선왕들의 행동을 그대로
따랐다. 아버지 여호람과 같이 바알을 숭배했고, 할아버지 여호사
밧과 같이 북이스라엘 왕과 함께 아람 정복의 원정을 떠났다. 이삭
이 아브라함의 행동을 그대로 따라 했듯이(창 26:1-11) 아하시야도
그렇게 했다. 역사는 반복된다. 특히 자손들은 부모의 행동을 그대
로 모방한다. 아달랴와 같이 잘못된 행동을 적극적으로 유발시키면
더욱 치명적이다. 그러므로 부모는 자녀 앞에서 행동을 극히 조심
해야 한다. 자신의 행동이 자녀에게서 그대로 나타난다는 사실을
명심하고 좋은 모범을 보여주는 부모가 되도록 힘써야 한다.

둘째, 가문이 중요하다. 아하시야의 경우를 보면 가문의 중요성이 얼마나 큰가를 부정적인 면과 긍정적인 면 모두에서 알 수 있다. 먼저 부정적인 면에서 보면 아하시야가 할아버지와 아버지의 행동을 그대로 본받고 있다. 이뿐 아니라 아합 가문 출신인 어머니의 영향이 절대적으로 크다. 그러나 그에게는 긍정적인 영향도 작용했다. 비록 그가 죽은 후이긴 하지만, 그는 '전심으로 야훼를 구하던 여호사밧의 아들'이라는 이유로 그냥 버려지지 않고 정식 무덤에 안장된다. 그러므로 좋은 가문에 속하도록 노력해야 하며 (결혼의 중요성에 대해서 대하 21장에 대한 두 번째 설교 적용 포인트 참조), 가문의 인물 중에서도 좋은 사람의 영향을 받도록 하는 것이 중요하다.

4. 요아스의 왕위등극(역대하 22:10-23:21)

4.1. 본문의 배경

북 이스라엘에서 요람이 죽음으로 오므리 왕조는 끝장나고 예후 왕조가 시작된다. 그러나 이스라엘에서 멸절된 오므리 왕조는 아이러니하게도 남 유다에서 부활된다. 그 일을 주도한 것은 아달랴였다. 그는 아하시야가 오므리 왕조의 동맹자로서 아람과 싸우다가 예후에 의해서 죽자, 다윗 왕가의 남은 자들을 모두 죽이고 유다의 정권을 장악한다. 그의 통치는 6년간 계속된다. 그러나 예루살렘의 대제사장 여호야다의 끈질긴 노력으로 아달랴의 통치가 종식되고 요아스에 의해서 다윗 왕가의 정통적인 왕위가 계승된다.

4.2. 본문의 구조

이 단락은 왕하 11장의 내용과 대체로 일치한다. 그러나 다음과

같은 역대기 기자의 특징적인 진술이 고찰된다.4) 본 단락에는 왕
하 11장에는 전혀 언급되지 않는 레위인에 대한 언급이 주목할 만
하며, 성전과 제의의 중요성이 강조되고, 여호야다의 위치가 왕에
버금갈 만큼 크게 부각된다. 본 단락은 다음과 같이 구분된다.

아달랴의 통치와 요아스의 피신(22:10-12)
여호야다의 반란계획(23:1-7)
요아스를 왕으로 세움(23:8-15)
언약체결과 바알우상 척결(23:16-21)

4.3. 본문해설

1) 아달랴의 통치와 요아스의 피신(22:10-12)

아달랴는 자신의 아들이 죽은 후 유다의 왕족들을 살해하고 정
권을 장악한다. 그는 6년간 통치하면서 자신이 다윗 왕조를 대신
하여 왕위를 계승했다고 생각했을지 모른다. 그러나 그의 생각은
철저히 빗나간다. 고모 여호사브앗(왕하 11장에는 여호세바라고 소
개된다)에 의해서 숨겨진 요아스는 성전에서 숨겨 길러진다. 요아
스에게는 성전이 명실상부한 보호막이 되었다. 열왕기와 역대기에
서 모두 아달랴의 통치는 매우 간략하게 처리된다. 이스라엘과 유
다 역사에서 자신의 이름으로 통치한 유일한 여인이었지만 이것이
공식적인 재위로 볼 수 없다는 시각이 반영된 것으로 보인다.

2) 여호야다의 반란계획(23:1-7)

여호야다의 주도면밀한 계획 속에 반란이 이루어진다. 아달랴의
통치 제7년에 그는 유다와 이스라엘의 유력자들을 모아 성전에 모
이게 하고 다윗에 대한 야훼의 언약을 따라 다윗의 혈통을 가진

---

4) S. Japhet, 283.

'왕자'가 즉위해야 한다고 설득한다(3절). 그리고 무장 병력을 성전 요소요소에 배치하여 즉위식을 준비한다. 이때 역대기 기자는 성전과 왕궁의 경계 임무를 군사적인 관료가 아니라 성직자 관료(제사장과 레위 사람)가 담당했다고 기술한다. 그리고 제사장과 레위 사람만이 성전출입을 했다는 것을 강조함으로써 성전에 대한 '야훼의 규례'가 지켜진 것을 강조한다(6절). 이와 같은 묘사에서 제의와 성전과 다윗을 강조하는 역대기 기자의 신학적 관심사가 잘 드러난다.

3) 요아스를 왕으로 세움(23:8-15)

여호야다가 계획한 대로 일은 진행된다. 철저한 경계 속에서 왕자에게 왕관을 씌우며 왕이 지켜야 할 율법을 낭독하고 기름을 부음으로 즉위식을 마친다(11절). 이 광경을 목격한 백성들은 환호성을 지른다. 그러나 이 소리를 듣고 달려온 아달랴는 옷을 찢으며 '반역'이라고 외쳐보지만 호위병들에 의해서 성전 밖으로 끌려가 살해된다. 여기에서도 성전의 신성함을 강조하는 여호야다의 행동이 부각된다.

4) 언약체결과 바알우상 척결(23:16-21)

여호야다는 다윗왕조의 정통성을 회복하고 국가의 기틀을 마련하기 위해서 가장 필요한 것은 야훼의 언약을 되새기는 언약갱신임을 인지한다. 따라서 그는 자신을 비롯한 백성과 왕이 야훼의 백성이 되는 언약을 체결한다(16절). 왕하 11:17에는 왕이 이중적으로 계약을 체결했다고 보도된다: 왕은 백성들과 함께 야훼와 계약을 맺었을 뿐만 아니라 백성과도 언약을 맺어 어떤 전제 권력도 행사하지 못하게 하였다. 언약 체결 후 온 백성이 바알신당으로 가서 바알우상을 타파하고 모세의 율법에 따라 성전 직무를 정비한

다(17-18절). 그리고 왕을 왕궁에 즉위케 하므로 모든 절차가 끝난
다(20절). 온 백성은 즐거워하고 예루살렘에 평온이 찾아왔다(21절).

4.4. 본문의 메시지

역대하 22장 10절부터 23장 21절의 내용을 통해 다음과 같은 본
문의 메시지를 찾을 수 있다.

첫째, 신앙의 순수성 회복이 우선이다. 여호야다는 국가재건의
출발이 신앙의 순수성 회복에 있음을 알아차렸다. 그는 왕위 즉위
후 첫 번째 조치로서 언약체결을 실행한다. 그는 왕과 백성들에게
자신들이 야훼의 특별한 언약 안에 있는 백성이라는 정체성이 확
립될 때 다른 모든 문제가 정리되고 해결될 수 있음을 안 것이다.
대하 21장에 대한 주석에서도 밝힌 '신앙이 무너지면 모든 것이 무
너진다'는 원칙을 반대로 생각하면 된다. 문제를 벗어나 회복과
부흥을 맞이하려면 신앙의 회복이 우선되어야 하는 것이다.

둘째, 말씀에 근거한 신앙회복이어야 한다. 신앙회복이란 구호는
좋지만 실제는 간단한 문제가 아니다. 자신의 경험과 뜻이 앞서서
진행될 때가 많다. 신앙회복은 철저하게 말씀에 근거한 것이어야
한다. 여호야다는 '야훼의 명하신 바'(6절)나 '모세의 율법'(18절)
에 따라 왕위 즉위식을 거행하고 성전 직무를 수행하게 했다. 이
렇게 말씀에 근거한 신앙회복이 될 때 힘이 있고 권위가 생긴다.
또한 일이 문제로 복잡해지지 않고 쉬워진다. 사람의 뜻이나 생각
에 의존하지 않기 때문에 불평불만이 사라지고 모든 사람이 기뻐
할 수 있는 신앙회복과 부흥이 이루어질 수 있다.

셋째, 지도자는 백성의 기쁨과 평안을 위해 봉사해야 한다. 요
시아의 왕위등극 이야기는 백성들이 즐거워하고 예루살렘에 평온
이 찾아온 것으로 막을 내린다. 피의 보복과 혼란의 상황이 종식

되고 안정과 평화를 되찾은 모습이다. 지도자가 존재하는 목적이 바로 여기에 있다. 백성이 기쁨과 평안을 누릴 수 있는 상태가 될 때 지도자의 존재가치가 드러난다. 이것은 모든 지도자에게 해당되는 것이다. 국가나 교회, 또는 어떤 단체나 조직의 지도자가 되었든지 그는 자신이 맡고 있는 곳의 소속원들이 만족과 평안을 누리도록 봉사해야 한다. 지도자란 군림하는 자가 아니라 봉사하는 자이기 때문이다.

지혜의 삶에 대한 아버지의 교훈

(잠언 4:1-9)

1. 들어가는 말

　잠언은 지혜의 책이다. 잠언은 지혜의 삶이 무엇인가를 보여준다. 하지만 잠언은 단순히 실용적 지혜나 처세술을 가르쳐주는 책이 아니다. 지혜의 시작이요 목적인 하나님 경외의 삶을 가르쳐주는 신학적 지혜의 책이다. 더 나아가 잠언은 이러한 지혜가 어떻게 전승되고 교육되는 가를 보여준다. 특별히 잠언 4장 1-9절은 이스라엘에서 지혜의 삶이 유지되고 보존되며 계승되는 과정과 방식을 그대로 드러내주고 있다. 이것은 그 어느 때보다 지혜의 삶이 절실하게 요청되는 이 시대에 우리가 귀담아 들어야 할 교훈들을 포함하고 있다.

2. 본문의 배경

　본문의 의미를 제대로 파악하기 위해서는 이스라엘 지혜전통에 대한 이해가 필요하다. 이스라엘의 지혜전통은 가정에서 시작되어 왕정기에 궁중지혜로 이어지다가 포로기 이후에는 학교지혜로 발전된다. 왕정기의 지혜를 대표하는 두 왕은 솔로몬과 히스기야(잠 25:1 참조.)이다. 솔로몬 시대의 지혜 활동은 이집트와의 교류에서 힘입은 바 크다. 이집트와의 교류는 상업적이며 외교적인 교류를 넘어서서 문화적인 교류까지 포함한 것이었다. 이 교류를 통해 수천 년간 내려오면서 이집트의 거대한 관료체제를 움직이던 이집트의 지혜문화가 유입되었다. 그것은 인재들을 가르치고 훈련하여 궁중의 관료로 등용하는 궁중학교에서 교재로 사용하던 문헌들을 통해 알 수 있다. 예컨대 잠언 22장 17절부터 24장 22절은 형식과 내용 면에서 아멘엠오페트의 30개의 교훈과 매우 유사하다. 이러한 궁중지혜의 발전은 지혜를 집대성하고 전수시키는 전문적인 지혜자 집단을 탄생시켰다. 이러한 전통이 서기관들의 활동에서 잘 드러난다.

이러한 지혜의 변화와 발전에도 불구하고 지혜와 교육의 최초의 자리이던 가정의 상황은 지혜와 교육의 근본적인 경험으로 계속 남아있다. 예컨대 신명기 6장 20-25절에서 "후일에 네 아들이 네게 묻기를 우리 하나님 여호와께서 명령하신 증거와 규례와 법도가 무슨 뜻이냐"고 물을 때 부모는 "...여호와께서 우리에게 이 모든 규례를 지키라 명령하셨으니 ... 우리가 그 명령하신 대로 이 모든 명령을 우리 하나님 여호와 앞에서 삼가 지키면 그것이 곧 우리의 의로움이니라"라고 대답해 준다(출 12:26-28; 수 4:21-24 참조).[1] 이러

1) 게르스텐베르거(E. Gerstenberger)는 이점에 착안하여 율법의 금지조항, 즉 절대금지법(apodictic law)이 가정과 부족의 가르침에서 시작되었음을 밝히고 있다. 특히 집안의 어른들 즉 가정의 아버지나 동네의 장로들은 가족관계나 공동체 구성원 간의 상화관계를 규정하기 위해 여러 가지 행동 규정의 금지 사항들을 정해 놓았다. 예컨대 계약 법전에서 "너는 뇌물을 받지 말라 뇌물은 밝은 자의 눈을 어둡게 하고 의로운 자의 말을 굽게 하느니라"(출 23:8)와 같은 구절은 "약한 자를 그가 약하다고 탈취하지 말며 곤고한 자를 성문에서 압제하지 말라"(잠 22:22)라든가 또 "이것도 지혜로운 자들의 말씀이라 재판할 때에 낯을 보아 주는 것이 옳

한 가정에서 이루어진 지혜전승의 "삶의 자리"는 지혜전승 일반에서 스승과 제자의 관계 모델이 된다. 즉, 지혜 전승의 상황에서 아버지와 아들의 관계는 부모 자식의 관계를 말하면서 동시에 스승과 제자의 관계를 가리킨다.[2] 따라서 잠언서에서 "아들[들]아!"라는 호칭은 아버지가 아들을 부르는 소리임과 동시에 스승이 제자를 부르는 소리이다. 하지만 이것은 아버지와 아들이 대화하는 가정교육의 상황을 반영하고 있기 때문에 아버지가 아들을 부르는 호칭으로 이해해도 무방하다고 본다. 본 연구에서는 이 성서연구가 어린이주일 설교를 위한 준비라는 사실을 고려하여 본문을 아버지가 아들에게 당부하는 말로서 이해하고 본문을 풀이할 것이라는 점을 미리 밝혀둔다.

3. 본문해설

본문은 다음과 같이 크게 두 단락으로 구분된다. 전반부에서 아버지는 아들에게 자신이 말하고 있는 내용이 세대를 이어 전달되는 교훈임을 밝히고 있고(1-4절), 후반부에서는 지혜와 명철을 얻으라

지 못하니라"(잠 24:23)등 잠언의 가르침과 유사한 면이 있다. 따라서 게르스텐베르거는 율법의 금지조항은 근본적으로 가정이나 부족의 어른들이 자녀에게 일러준 훈계 또는 금지조항에서 시작되었을 것이라고 보았다. 이 점에 대하여 다음을 참조하라. 장일선, 『삶을 위한 지혜: 히브리 지혜문학 연구』(서울: 대한기독교서회, 2000), 248-271.

2) 우리는 이러한 스승에 대한 태도를 '군사부일체'(君師父一體)라는 덕목에서 잘 엿볼 수 있다. 또한 독일에서는 박사논문을 지도해준 지도교수를 가리켜 Doktorvater(직역하면, '박사'의 아버지)라고 말한다. 이렇듯 스승과 제자의 관계는 시대와 장소를 초월하여 부모와 자식간의 관계의 유비를 통해서 설명된다. 이러한 면에서 보면 오늘날 부모와 자식 간의 관계가 점점 약해지고 무너지는 현실 속에서 스승과 제자의 관계가 점점 그 의미를 잃어가는 모습을 보이고 있는 것은 어쩌면 당연한 일일지도 모른다.

는 교훈과 함께 지혜와 명철이 가져다주는 결과에 대하여 서술하고 있다(5-9절).

3.1. 세대를 이어 전수되는 교훈(1-4절)

[1]아들들아, 아버지의 훈계를 들으며 명철 얻기에 주의를 기울여라. [2]진실로 내가 너희에게 선한 가르침을 전하니 너희는 내 교훈을 저버리지 말라. [3]나도 내 아버지의 아들이었으며, 내 어머니 앞에서 유약하고 유일한 아들이었다. [4]그가 나를 가르쳐 나에게 말씀하시기를, "내 말들을 네 마음에 두고 내 명령을 지키라. 그러면 살 것이다." 하셨다.

먼저 1절에 나타난 복수호칭이 이목을 끈다. 이것은 일반적으로 단수형태(참조. 1:8, 10; 2:1; 3:1, 11 등)로 아들이 호칭되는 것과는 다르게 이 교훈이 개인에게만 향하지 않는다는 것을 보여주기 위해서 복수로 표현한 것으로 보인다. 이 본문의 삶의 자리는 가정인가 아니면 학교인가? 앞에서도 잠깐 언급했지만 여기에서는 3절에 어머니가 언급된 것으로 보아 가정을 본문의 상황으로 보는 것이 더 잘 맞다. 그러므로 여기에 호칭된 아들들은 한 아버지 아래에 있는 여러 형제들을 가리킨다.

이제 화자(아버지)가 말하는 훈계(무사르)나 선한 가르침(래카흐)는 선조들로부터 배운 지혜와 교훈이다(1-2절). 이때 화자는 자신의 개인적인 이력을 말한다. 자신도 과거에는 아버지의 아들이었고 어머니의 유약한 아들이었다(3절). 지금 아들과 마찬가지로 자신도 부모님으로부터 교훈과 가르침을 받고 성장했다. 그 교훈과 가르침에 힘입어 지금의 자기의 모습을 가질 수 있었다. 화자는 이제 자신의 아버지와 어머니로부터 받은 교훈을 아들에게 다시 전달하는 것이다.

화자가 물려받은 교훈은 수많은 세대를 거쳐서 검증되고 축적된 것이다. 그렇게 검증되고 축적된 교훈은 '선하다'(2절). 그러므로 이것은 주의를 기울이고 마음에 새겨야 한다. 그 '선한' 교훈과 가르침을 지키면 그는 '살게' 될 것이다. 부모나 스승의 가르침을 저버리지 않고 잘 간직하고 지키면 장수하게 되며 생명의 삶을 살게 되리라는 것이 거듭 강조된다(잠 3:1-2; 4:10; 7:1-2; 10:27; 19:23; 22:4; 28:16). 이는 또한 부모 공경에 대한 결과로 장수의 축복이 약속되는 십계명 중 제5계명을 떠올리게 한다. 이런 점에서 보면 부모의 가르침을 떠나지 않는 것이 부모공경의 시작과 끝이라 할 수 있다.

3.2. 지혜와 명철을 얻으라(5-9절)

⁵지혜를 얻고 명철을 얻으라. 그것을 잊지 말고 내 입의 말들을 외면하지 말라. ⁶지혜를 버리지 말라. 그것이 너를 지킬 것이다. 명철을 사랑하라. 그것이 너를 보호할 것이다. ⁷지혜가 으뜸이니 지혜를 얻으라. 네가 가진 모든 것으로 명철을 얻으라. ⁸지혜를 높이라. 그러면 그것이 너를 높일 것이다. 네가 그것을 품으면 그것이 너를 영화롭게 할 것이다. ⁹그것이 네 머리에 은혜의 관을 씌워줄 것이며, 아름다운 관을 네게 전해줄 것이다.

5-9절은 화자가 말하고자 하는 교훈의 내용을 요약된 형태로 전달하고 있다. 짧게 말하면 그것은 지혜와 명철을 얻으라는 권고다. 그리고 그것이 가져다 줄 유익과 결과를 미리 보여준다. 여기에서 지혜와 명철은 동의어로 사용되었다. '호크마'(hokmâ)는 훈련과 경험에 의하여 습득된 기술과 능력을 나타내는 말로서 어떤 직무에 능숙하여 숙련되고 막힘이 없는 상태를 의미한다. 호크마/하캄은 브살렐과 오홀리압이 가졌던 성막제조 기술을 말할 때 사용되었다(출 31:2, 6). 따라서 이러한 능숙함과 숙련됨은 그 일과 관련된 사안들에 대한 통찰력을 제공한다. 그래서 '호크마'는 어떤 일의 옳고 그름을 판단하는 분별력을 의미할 수 있다(왕상 3:9-12).

이것은 보통 명철로 번역되는 '비나'(*bînâ*)와 동의어로 사용된다. 이 낱말 역시 어떤 일이나 문제에 대해서 사리있게 분별하고 처리하는 능력을 말한다.

지혜와 명철을 얻으라는 권면은 잠언서에서 핵심적으로 강조하는 교훈이다(2:2; 5:1; 8:33; 19:8; 22:17). 위의 본문에서는 상이한 내용의 전개가 아니라 반복된 명령을 통해서 지혜의 중요성을 강조한다. 잠언서에서 지혜를 얻는 방식에 대해서 두 가지로 설명한다. 첫째는 보물을 찾듯이 지혜를 얻기 위해 애쓰고 힘써야 한다 (2:3; 또한 욥 28:1-11 참조). 은을 구하고 보배를 찾는 것같이 구하고 찾으면 지혜에 이르게 될 것이다. 둘째는 여인을 탐내고 그리워하듯이 사랑해야 한다(6, 8절). 여기에서 말하는 여인은 낯선 여자나 음녀가 아니다(2:16-19과 5:1 이하). 위에서 말하고 있는 두 가지 방식 모두 지혜와 명철의 가치를 발견하고 그것을 얻기 위해 최선을 다하고 사모한다는 점에서 일치한다.

이렇게 얻어진 지혜와 명철이 주는 이익에 대하여 또다시 두 가지로 말한다. 첫째는 지혜가 그것을 얻는 사람을 지키고 보호해 준다. 지혜를 얻는 자는 하나님을 경외하고 의의 길을 감으로 생명의 길을 갈 것이다(2:6-9). 그것은 지혜 얻은 자를 악한 길과 패망의 길에서 건져내기 때문이다. 둘째는 지혜가 그것을 얻은 사람을 높이고 영화롭게 한다. 본문에서 언급되는 화관과 화환은 결혼식 때 사용된 것으로 축제의 기쁨을 상징한다.3) 이처럼 지혜는 지혜를 얻는 사람에게 아름다운 신부를 만나 혼인의 축복과 영광을 누리듯이 많은 사람에게 축복과 영광을 받게 할 것이다.

---

3) H. Ringgren, 『잠언, 전도서』 (국제성서주석) (서울: 한국신학연구소, 1993), 54-55.

4. 본문의 메시지

위와 같은 본문 연구를 통해서 드러나는 본문의 메시지는 아래와 같다. 이러한 본문의 메시지는 특별히 가정의 달 어린이 주일을 맞은 상황에 알맞다.

첫째, 신앙과 지혜는 되물림되어야 한다는 것이다. 이것은 부모나 자식 어느 한편에 대한 요구가 아니라 부모와 자식에게 모두 해당되는 말이다. 부모는 자신이 받은 신앙의 유산을 자녀에게 물려주어야 한다. 부모가 비록 비신앙인이라 할지라도 신앙은 본래 신앙의 선조들로부터 물려받은 것이기 때문에 이것은 누구에게나 해당된다. 또한 자녀는 부모가 전해준 신앙의 유산을 잘 전수받아야 한다. 부모님께서 물려주시는 신앙과 교훈은 오랜 세월에 걸쳐서 검증되고 축적된 것이다. 그렇게 응축된 지혜의 자산은 전수받은 자에게 커다란 유익과 행복을 동시에 허락한다. 또한 부모님의 신앙과 교훈을 받아들이는 것은 부모공경의 첩경이 된다. 그것은 하나님의 명령에 순종하여 하나님께 기쁨이 되는 일일 뿐만 아니라 부모의 마음을 기쁘게 하는 일이 되기 때문이다.

둘째, 지혜의 시작과 끝은 야훼 경외이다. 지혜는 은금을 구하듯이 보물을 찾듯이 그것을 얻기 위해 애써야 한다. 그렇게 찾고 찾으면 결국 야훼 경외하기를 깨닫게 되며 하나님을 알게 된다(2:5). 또한 야훼 경외는 지식과 지혜의 시작이다(1:7; 9:10). 모든 지식과 지혜의 첫걸음은 야훼 경외에서 시작된다는 말이다. 결국 지혜의 시작도 지혜의 마지막도 야훼 경외에서 이루어진다. 야훼 경외는 단순히 하나님을 두려워하는 것이 아니라 하나님이 원하시는 일을 함으로써 이 세상 주관자이신 그분께 합당한 존경과 사랑을 보여주는 것이다. 이러한 야훼 경외의 삶을 사는 자에게 지혜자에게 약속하신 복이 성취된다.

셋째, 지혜는 생명과 영광의 삶을 약속한다. 오늘 본문에서 지혜는 두 가지 유익의 결과를 가져온다고 말한다: 지혜 얻은 자를 보호하고 영화롭게 한다. 하나님을 경외함으로써 선한 길을 깨닫고 정직과 공의의 길을 가기 때문에 그에게는 생명의 삶이 지속된다. 3:18에서는 지혜가 '생명나무'가 된다고 말한다. 또한 지혜자의 삶은 하나님이 인정하시고 높이시는 삶이기 때문에 영광의 삶을 살게 된다. 사람에게는 배우자가 중요하다. 누구와 함께 하느냐가 그 사람의 삶을 결정한다. 우매를 사랑하고 그것과 함께하는 삶은 어리석어 치욕스런 삶이 되지만, 지혜나 명철을 사모하고 그것과 함께하는 삶은 지혜로워 영광스러운 삶이 된다. 왜냐하면 이러한 지혜의 삶 이면에는 지혜의 근원이신 하나님이 계셔 그러한 지혜의 삶을 보장하시기 때문이다.

부모가 자식에게 줄 수 있는 가장 좋은 선물은 무엇인가? 지혜와 명철의 삶을 가르치는 것보다 더 중요한 것은 없다. 부모는 자식에게 물려주어야 할 것은 많은 재산이 아니라 가장 복되고 영광스러운 삶인 하나님을 경외하는 지혜의 삶이다.

사람은 꾀하고, 하나님은 이룬다

(잠언 16:1-9)

1. 들어가는 말

신앙인의 삶에는 두 가지 행동주체가 상호작용한다. 그것은 인간의 행동과 하나님의 인도하심의 관계다. 잠언 16장 1-9절은 인간의 행동과 하나님의 인도하심의 관계가 어떠한지를 명확하게 보여준다. 인간의 행동과 하나님의 인도하심이 어떻게 관계하고 작용하는지를 제대로 알고 사는 것이 지혜의 삶이라 할 수 있다. 그런 의미에서 잠언 16장 1-9절은 출발점에 서서 새로운 삶을 시작하는 사람에게 유용한 교훈을 제공한다.

2. 본문의 배경

잠언서의 본래적인 상황과 배경을 파악하는 것은 무엇보다 힘들다.[1] 잠언의 출발점에 대한 극단적인 두 가지 견해가 가능하다. 구두 전달을 선호하던 시골 지역이 그 배경이라고 생각하는 입장과

---

1) D. J. Estes, 『지혜서와 시편개론』, 강성열 역 (서울: 크리스챤다이제스트, 2007), 299.

문학적인 표현을 선호하던 왕실이 그 배경이라고 생각하는 입장이다. 이 둘 중 어느 것도 결정적인 주장이 되지 못한다. 왜냐하면 일반 대중이 "왕"의 격언을 만들어 낼 수 있고, 상류층 인사가 시골의 농사짓는 일에 관하여 묵상할 수도 있기 때문이다. 하지만 대부분의 학자들이 동의하는 바는 가르침을 목적으로 하는 지혜가 씨족집단이나 왕실 또는 서기관 학교 등으로부터 생겨났지만, 그것들이 수집되고 편집되어 문학적인 형태를 갖게 된 것은 왕실이었다는 사실이다. 그럼에도 불구하고 어머니의 가르침에 대한 언급(1:8; 6:20)이 있는 점으로 보아 고대 이스라엘에서 지혜교육이 이루어진 가장 중요한 장소 중 하나가 가정이라는 점은 부정할 수 없다.

잠언서는 다음과 같이 다섯 부분으로 나눌 수 있다. 제1부(1-9장)는 잠언서의 서문 역할을 하는데 지혜의 중요성을 강조한다. 제2부(10:1-22:16)는 솔로몬의 이름이 붙어 있는 잠언들이 수록된 첫 번째 모음집이다. 여기에는 375개의 잠언이 수록되어 있으며 그 중에서 이중으로 전승된 잠언들도 있다. 제3부는 "지혜자들의 잠언"이라고 표기된 두 개의 모음집(22:17-24:22; 24:23-34)이다. 제4부는 솔로몬 이름이 붙은 잠언들을 수록한 두 번째 모음집이다. 25장 1절에 의하면 "히스기야의 신하들"이 작성했다고 한다. 제5부는 기타 모음집으로서 아굴의 잠언(30장)과 르무엘의 잠언(31장)으로 구성되어 있다. 이 가운데 잠언 16장 1-9절은 제2부의 가운데에 위치한다. 잠언 10-15장까지는 반대평행법(*antithetic parallelism*)이 압도적인 표현방식으로 나타나다가 16장부터는 종합평행법(*synthetic parallelism*)이 주로 나타난다. 이것을 볼 때 16장은 2부의 새로운 시작을 알려준다. 2부의 새로운 시작을 알려주는 잠언 16장을 통해 신년을 맞아 새로운 출발하는 이들에게 주시는 하나님의 말씀을 듣기로 하자.

3. 본문해설

잠언 16장 1-9절은 내용적으로는 8절을 제외하고 모든 진술들이 야훼와 직접적인 관련을 맺고 있으며, 구조적으로는 4절을 중심으로 교차배열법적인 구조(chiastic structure)를 보여준다.[2) 1절과 9절의 내용이 수미쌍관법(inclusio)처럼 반복된다. 1절 상반절과 9절 상반절에서 <레브>(마음)와 <아담>(사람)이 함께 사용되어 "계획"의 의미로 사용되었다. 또한 3절 하반절과 9절 하반절에서 동일하게 <쿤>(이 동사는 "확고히 하다/세우다"[establish]라는 기본의미를 갖고 있으나 개역개정에서는 각각 "이루어지다"와 "인도하다"라는 말로 번역되었다)이라는 동사가 사용되어 전반부와 후반부의 상응관계를 보여준다. 이뿐 아니라 2절과 7절에서 "사람의 행위"(히브리말로는 <다르케 이쉬>)라는 표현이 사용됨으로 이러한 교차배열적인 구조를 심화시킨다. 이러한 구조는 4절을 중심으로 양분된다. 1-3절은 인간의 참여를 통한 하나님의 주권적 통치를 다루고 있다. 5-7절은 인간의 도덕성에 대한 책임을 묻는 하나님의 정의의 문제를 다룬다. 그 사이에 끼어있는 4절은 이중적인 기능을 한다. 전반절에서는 야훼께서 모든 것을 적절한 쓰임새가 있게 하신다고 말하면서 하나님의 주권을 강조하고 있으며, 후반절에서는 하나님이 악인들에게 재앙을 만나게 하신다고 말하면서 공의를 이루시는 하나님의 모습을 강조한다. 전자는 회고적으로 1-3절에 관련되고, 후자는 앞으로 전개될 5-7절의 내용과 관련된다.

3.1. 야훼의 주권과 인간의 책임(16:1-4a)

---

2) B. K. Waltke, *The Book of Proverbs Chapters 15-31* (NICOT) (Grand Rapid: William B. Eerdmans Publishing Company, 2005), 8-9.

인간사에 관계하시는 하나님의 주권은 인간의 언어(1절 하반절에 "말의 응답")와 인간의 행위(3절 하반절에서 "네가 경영하는 것") 모두에게 미친다는 점이 강조된다. 이는 각각 두운법(alliteration)에 따라 선택된 낱말들인 <마아네> (מַעֲנֶה)와 <마아세> (מַעֲשֶׂה)로 표현되었다. 그 사이에 끼어있는 2절은 인간의 말과 행동 이면에 있는 동기까지 살피시는 야훼의 평가에 대하여 역설한다. 야훼는 마음속 깊은 곳까지 살피는 감찰을 통해 어떤 일을 허용할지와 거부할지에 대하여 결정하신다. 인간은 계획하고 하나님은 실행하신다.3) 인간들은 그들이 말하고 행동할 것을 디자인한다. 그러나 야훼는 무엇이 지속되고 자신의 영원한 목적을 위해 사용될 것인가를 결정하신다.

1절은 인간의 행동은 생각에서 시작되고, 하나님의 행동은 인간의 말에 대한 대응임을 보여준다. 이 말씀은 인간 편에서 계획 세우는 것이 필요하다는 것과 그것의 한계성을 동시에 지적하는 것이다. 마음의 "경영"이라고 말할 때 경영의 의미는 계획을 세우는 것을 뜻한다. <마아르크> (מַעֲרָךְ)는 <아라크> (עָרַךְ)라는 동사에서 파생된 명사인데, 이 동사는 전쟁에서 진용을 갖추거나(창 14:8), 희생제물을 드리기 위해 나무를 쌓거나(창 22:9), 성전에서 떡상 위에 진설병을 펼쳐놓는 모습(레 24:8)을 표현할 때 사용된다. 마음에서 면밀히 검토하고 신중하게 계획세우는 것을 의미한다. 그러나 하반절의 하나님의 행동은 전반절에 대한 보충(complement)이면서 동시에 대조적인(contrast) 모습이다. 하나님은 인간이 계획을 세우고 말로 표현한 것을 궁극적으로 이루게 하신다. 어떤 일의 실행과 성취는 인간의 계획과 말로 되지 않고 하나님께서 이루게

---

3) 이 말은 영어와 독일어에서 다음과 같은 여러 가지 방식으로 표현된다. Human beings form, the LORD performs; They devise, he verifies; They formulate, he validates; Man proposes, but God disposes; Man denkt, aber Gott lenkt.

하셔야 가능하다. 그러나 인간의 계획과 입술의 표현이 이루어지
려면 그것이 하나님의 뜻에 합당해야 한다. 말의 응답은 그것이
하나님의 선한 뜻에 합당할 때에 이루어지는 응답이다.

2절에서는 하나님이 인간의 동기를 살피신다는 점을 강조한다.
하나님은 인간의 "심령"(<루아흐>의 복수형으로 표현됨)을 감찰하
신다. 히브리말 <루아흐>는 다양한 의미를 가지고 있다. 사람을 움
직이는 "역동적인 활력"(dynamic vitality)을 의미하는 말로서 사람
의 의견이나 욕망(겔 13:3), 마음(시 77:6), 의지(잠 16:32), 동기(대
하 36:22) 등 인간의 내면(겔 11:19; 18:31; 36:26; 욥 7:11; 시 78:8)
을 표현한다. 하나님은 모든 것을 감찰하시며(참조. 잠 15:11) 인간
의 마음 속 깊은 곳에 있는 생각도 아신다. 비록 인간이 자기 죄를
모른다고 해도 하나님은 그 죄를 잘 알고 계시며 그의 생각과 행
동을 시험하시기도 하신다(잠 21:2 참조). 여기에서 "감찰하다"로 번
역된 <토켄> (תכן)은 양을 재고 무게를 측정하는 행위를 가리킨다.
이러한 은유는 죽음 이후 자신의 진실을 입증하기 위해 사람의 심
장이 측정되는 고대 이집트의 신앙으로부터 유래되었다. 어떤 사
람의 순수성에 대한 최후의 판단은 하나님이 하신다. 사람이 자신
을 찬양하거나 자신의 상급을 미리 결정할 수 없다. 그가 할 수
있는 최선은 그가 한 일을 하나님께 맡기며 하나님을 의지함으로
그의 동기와 방법들이 하나님을 기쁘시게 하는 것이 되게 하는 것
이다(시 139:23-24; 고전 4:5-6; 히 4:12-13).

3절은 자신의 계획과 시도하는 일이 성공하게 하는 길을 제시
한다. 그것은 모든 일을 야훼께 맡겨 야훼로 하여금 그 일을 이루
시게 하는 길 하나뿐이다. 그러므로 신실한 자는 자신이 행한 행
위의 결과나 순수성에 대한 것까지도 초조해하거나 걱정할 필요가
없다. 그것의 평가나 성취여부는 행위자에게 달려있지 않고 오직

하나님께 달려있기 때문이다(시 37:5; 55:22; 벧전 5:7). 이러한 깨달음 속에서 하나의 역설을 발견한다. 자기 확신에 차 자신의 힘으로 사는 세속적인 인간은 두려움에 사로잡히게 된다. 그러나 하나님의 주권을 인정하고 자신들의 한계를 아는 사람은 기도와 평강 가운데서 살게 된다.

4절 전반절은 모든 피조물이 – 심지어 악한 자들까지도 – 하나님의 목적에 따라 다스려진다고 말한다. 이것은 앞에서 언급된 1-3절과 관련된다. 하나님은 모든 것을 그것에 적절한 "응답"을 얻게 하신다. 개역개정에서 "쓰임"(혹은 "목적")이라고 번역된 말은 "응답하다"는 말에서 파생되었다. 의로운 자들의 계획과 행위들은 인정되지만 악한 자들과 그들의 행위는 멸망당할 것이다. 이 전반절은 인간이 개시한 행동들에 대한 하나님의 주권을 강조한다.

3.2. 하나님의 섭리와 인간의 책무(16:4b-9)

4절 후반절은 하나님의 섭리를 말한다. 하나님의 섭리는 악한 날을 위해 예비된 악한 자들에게까지도 미친다. 언제 이 일이 일어나게 될 지에 대한 문제는 하나님의 손에 맡겨져 있다. 하나님은 정의롭게 세상을 다스리시며 모든 사람에게 각자의 행동에 맞는 보응을 하신다. 그러므로 하나님께 겸손할 줄 모르고 교만하게 자기를 믿는 사람은 벌 받지 않을 수 없다.

5절에서는 악인이 더욱 분명하게 정의된다. 그들은 교만한 자다. 그분은 교만한 자를 벌하실 것이다. "피차 손을 잡을지라도"라고 번역된 말의 원어적 표현은 "손의 손" 또는 "손을 위한 손"(hand of/for hand)이다. 손을 맞잡듯이 어떤 일이 그대로 이루어진다는 사실을 표현하는 것이다. 그래서 이 부분을 많은 영어번역본들에서는 "be sure of this"(NIV) 또는 "be assured"(NRS)라고 옮긴

다. 개역개정에서도 이 부분에 대한 대안적 해석을 주(註)에서 "정
녕히"라고 소개하고 있다. 교만한 자에 대한 심판은 확실하게 실행
된다. 따라서 4절 하반절에서 악한 날이 의미하는 바는 악인들이
보응받는 심판날이다.

6절에서는 '인자'(<헤세드> חֶסֶד)와 '진리'(<에메트> אֱמֶת)로 죄
악이 속하게 되고 야훼를 경외함으로 악을 떠나게 된다고 말한다.
여기에서 죄를 속하게 되는 인자와 진리에 대한 해석이 논란이 된
다. 이것이 하나님의 행동을 가리키는가 아니면 인간의 행동을 가
리키는가가 논란거리다. 여기에서는 인간의 행동을 의미한다고 보
는 것이 옳을 것이다. 인간의 행동은 죄 사함을 얻게 하는 희생제
사를 보충한다. 어떤 사람이 다함이 없는 사랑을 보여주지 않는다
면 희생제사도 효력이 없다(삼상 15:22 참조). 사랑과 진리를 행하
는 데에 열심을 내지 않고 단지 제의를 통한 은혜만을 기대할 수
없다(마 6:12, 14-15; 눅 7:47; 약 1:26-27; 2:8; 12-18). 따라서 사람이
행하는 인자와 진리는 자신의 죄를 속하게 된다. 더 나아가 사람
이 행하는 인자와 진리는 다른 사람의 죄를 덮게 한다. 사랑은 모
든 허물을 가리운다고 말한다(10:12b). 인자와 진리로 인한 행동은
다른 사람의 허물을 용서해 주고 덮어 준다(잠 17:9, 약 5:20, 벧전
4:8 참조). 다른 사람을 감동시켜 그들로 하여금 죄악에서 떠나는
삶을 살게 한다. 또한 하반절의 말씀과 같이 야훼를 경외하는 자
는 악에서 떠난다. 악은 하나님과 함께 할 수 없기 때문이다.

7절은 하나님을 기쁘시게 하는 자들이 받는 복을 설명한다. 6절
에서 말한 인자와 진리를 행하는 자와 야훼를 경외하는 자가 하나
님을 기쁘시게 하는 자이다. 잠언 15장에서는 하나님이 정직한 자의
기도를 기뻐하시고(15:8), 공의를 따라가는 자를 사랑하신다(15:9)
고 말한다. 이렇게 하나님을 기쁘시게 하는 자에게는 관계회복을

이루게 하신다. 다른 말로 하면 평강과 평화("샬롬")를 주신다는 사실이다. 여기에서 말하는 관계의 회복은 잠깐 관계가 소원해진 형제와의 관계를 말하고 있지 않다. 깊은 적대감으로 자신을 적대하는 원수와의 관계회복이다. 의인들은 스스로 보복하지 않는다. 원수갚는 것을 하나님께 맡긴다(3:34; 14:19 참조). 이삭이 블레셋 사람들에 대한 권리를 기꺼이 포기하니까 하나님의 선한 손길 속에서 블레셋 사람들이 결국 축복의 사람 이삭과 동맹 맺기를 원했다. 하나님을 기쁘게 하는 자들은 적대자들이 항복하는 평강을 맛보게 하신다.

8절에는 야훼가 명시적으로 나타나지 않아도 전제되어 있다. 공의를 겸한 적은 소득이 불의를 겸한 많은 소득보다 낫다는 것이다. 이 말씀을 잠언 15장 16절과 비교해 보면 야훼 경외와 의가 서로 대치되어 있다. "가산이 적어도 야훼를 경외하는 것이 크게 부하고 번뇌하는 것보다 나으니라". 시편 37편 16-17절에서는 "의인의 적은 소유가 악인의 풍부함보다 낫도다. 악인의 팔은 부러지나 의인은 여호와께서 붙드시는도다."라고 말한다(삼상 2:3-10; 눅1:51-53; 딤전 4:8 참조). 이 모든 말씀들은 공통적으로 말한다. 소유가 중요한 것이 아니다. 하나님의 의를 이루는 것이 더욱 중요하다는 사실을 강조한다. 왜냐하면 그래야 하나님이 책임지시는 삶이 되기 때문이다.

9절은 1절과 대응되지만, 동시에 19장 21절과 평행어구를 이룬다. 하나님의 뜻만이 완전하다. 하나님은 단지 마지막 말씀만 하시는 것이 아니라 가장 선한 결정을 하신다. 여기에서도 1절에서와 마찬가지로 인간의 행동에 대한 하나님의 행동이 보충인지 대조인지가 열려있다. 전반절과 후반절의 연결에서 "그리고"(and)와 "그러나"(but)가 모두 가능하다. 사람은 마음으로 자신의 길을 계획하고 하나님은 그의 걸음을 굳게 하신다(히브리말 <쿤> [כּוּן]은 앞에서 언급한 것처럼 "확고히 하다/세우다"는 뜻을 가지고 있다). 이 때 걸음은 인생의 행로를 말한다. "길"과 동의어이다. 사람이 자신의 길을 계획할지라도 그의 길을 인도하시고 섭리하시는 분은 하나님이시다. 그러므로 하나님이 기뻐하시는 일을 하는 것이 무엇보다 중요한 일인 것이다.

4. 본문의 메시지

위와 같은 본문 연구를 통해서 다음과 같이 본문의 메시지를 찾아 낼 수 있다. 이것은 특별히 새해를 시작하면서 가져야 할 마음 자세에 대한 교훈으로 적합하다.

첫째로 인간은 자신의 길을 계획해야 한다(1절과 9절). "마음의 경영"이나 "마음으로 자기의 길을 계획하는 것" 모두 인간 편에서 하는 행동들이다. 하나님이 응답하시고 하나님이 그 걸음을 인도하신다고 해서 인간이 해야 할 일을 포기하라는 말씀이 아니다. 자신의 입장에서 무엇을 해야 할지 또는 어떤 길을 걸어가야 할지에 대한 고민과 계획, 애씀이 있어야 한다는 말이다. 자신의 삶에 대한 뜻을 세워야 한다. 그래야 그러한 인간의 행동에 대한 하나님의 응답을 기대할 수 있다.

둘째로 하나님이 기뻐하시는 일을 해야 한다(7절). 사람이 아무리 자신의 길에 대하여 상세히 계획하여 준비할지라도 그것이 하나님의 뜻과 맞지 않으면 실행되지 못한다. 하나님은 악인을 심판하시고 교만한 자를 물리치신다(4절과 5절). 그러나 인자와 진리를 행하는 자에게는 죄용서를 경험하게 하시고, 야훼를 경외하는 자는 악에서 떠나게 하신다(6절). 이렇게 하나님을 기쁘시게 하는 자들은 평강을 경험한다(7절). 악한 원수들과의 적대관계도 청산하게 하신

다. 그러므로 이것은 소득이 많아지는 것보다 더욱 중요한 일이다
(8절). 하나님이 기뻐하시는 의는 근심이 없는 삶을 살게 하며 하
나님이 책임지시는 삶을 살게 되기 때문이다.

셋째로 모든 것을 하나님께 맡겨야 한다(3절). 말의 응답을 주시
는 분도 하나님이시고, 걸음을 인도하시는 분도 하나님이시다. 또
한 하나님은 사람의 심령을 감찰하신다(2절). 숨은 동기까지 파악
하여 평가하신다. 그분께 숨겨진 것이라고는 아무것도 없다. 그러
므로 인간이 할 수 있는 일이란 하나님이 기뻐하시는 일을 위해
최선을 다하고 그 결과를 하나님께 맡기는 것이다. 인간의 힘으로
사는 사람은 결국 불안과 두려움에 휩싸이게 되지만, 자신의 한계
를 알고 하나님의 주권을 인정하는 사람은 하나님께 맡기고 기도
하므로 평강 가운데서 살게 된다.

한 아기가 우리에게 났고

(이사야 9:2-7)

1. 들어가는 말

이사야 9장 2-7절 본문은 이사야 11장 1-5절과 함께 이사야서에서 메시아 예언으로 해석되는 대표적인 본문들이다. 그래서 신약성서에서는 예수 그리스도의 탄생과 활동을 설명하면서 이 두 본문의 예언이 성취되었음을 말한다(눅 1:79; 마 4:15-16; 행 13:23; 요 1:32). 하지만 이사야 9장 2-7절은 단순히 예수 그리스도의 오심으로 성취되는 메시아 예언의 의미만이 아니라 예언을 통해 구체적인 상황속에서 응답하시는 하나님의 속성과 활동방식을 보여준다. 이 본문을 통해 언약의 백성에게 응답하시고 함께 하시는 하나님의 모습이 어떻게 나타나는지 그리고 구약본문이 오늘날 우리에게 어떤 해석되고 적용될 수 있는지를 살펴보도록 하자.

2. 본문의 배경

이사야서의 내용을 크게 세 부분으로 구분하면, 1-39장, 40-55장, 56-66장으로 나눌 수 있다. 각각의 본문들은 포로기 이전, 포로기,

포로기 이후의 상황을 반영하고 있기 때문이다. 여기에서 포로기 이전의 상황을 반영하고 있는 1-39장을 세분하면, 이사야서 전체의 서론 역할을 하는 1장, 이사야 사역 시작에서부터 아하스 시대까지 대략 10년 간의 활동과 선포된 말씀을 담고 있는 2-12장, 열방들에 대한 예언이 담겨져 있는 13-23장, 단지 이스라엘이나 주변 나라들만이 아니라 온 세상 전체가 하나님의 심판과 회복의 대상으로 나타나 있는 24-27장(그래서 이 부분을 보통 '이사야 묵시록'이라고 부른다), 히스기야 시대의 반 앗수르 동맹을 둘러싼 유대의 상황을 배경으로 하고 있는 28-33장(여기에는 이 부분을 한 덩어리로 보게 하는 <호이> ("화로다!)라는 외침이 각 장의 첫 머리에 등장한다), 다시금 온 세상과 열국에 관한 진노가 나타나는 34-35장(이 부분을 24-27장에 견주어서 이사야서의 '소묵시록'이라고 부르기도 한다), 히스기야 시대 산헤립의 침공을 배경으로 하여 예루살렘은 보호되지만 바벨론 포로를 예견하고 있는 36-39장으로 나누어 볼 수 있다.1)

이러한 이사야서의 구성을 살펴볼 때 이사야 9장의 내용은 주전 741-725년 유다를 통치한 아하스 시대에 선포된 예언을 담고 있다. 이 가운데서도 이사야 9장은 특별히 주전 732년 시리아-에브라임 전쟁의 결과로 북 이스라엘이 패배하여 왕국의 북쪽 지역을 앗수르에게 내주게 되어 앗수르의 속주로 편입된 사건을 배경으로 한다.2) 북 이스라엘의 왕 베가는 다메섹의 왕 르신과 함께 앗수르에 대항하여 싸우는 연합세력의 지도자가 된다. 이들은 남유다도 반 앗수르 동맹에 동참할 것을 요청하지만 거절당한다. 그러자 시리아-에브라임 연합군은 요담을 이어 왕이 된 아하스 때에 유다를

1) 김근주, 『이사야가 본 환상』 (서울: 비블리카아카데미아, 2010), 52-58.
2) 김회권, 『이사야 1』 (대한기독교서회 창립 100주년 기념 성서주석) (서울: 대한기독교서회, 2010), 237.

침공하여 예루살렘을 봉쇄하였고(왕하 16:5), 이러한 위기시에 아하스는 이사야의 예언을 듣지 않고 앗수르의 왕 디글랏빌레셀에게 도움을 요청하여 연합군이 격파당하게 한다.3) 갈릴리와 요단 동편 지역의 모든 이스라엘 영토가 유린되었고, 그 주민들 가운데 상당수가 포로로 끌려갔으며(왕하 15:29), 수많은 도시들이 파괴되었다. 그런 후 이들 점령지들은 길르앗, (갈릴리를 포함한) 므깃도, 돌(Dor) 등 세 개의 속주로 분할되어 통치되었던 것이다.

이사야 9장에 바로 앞서 있는 이사야 8장 19-22절(특히 21-22절)은 시리아-에브라임 전쟁의 전후에 북이스라엘 왕국을 지배하고 있던 정치적 위기와 영적 곤경을 잘 보여준다.4) 이러한 재난의 발생과 경과를 바라보면서 하나님의 백성은 살아계신 하나님을 찾지 않고 신접한 자와 마술사와 같은 죽은 자들을 찾으며 자신들의 문제를 해결하려 한다. 지도자들은 하나님의 율법과 증거에 따라 지도하지 않고 백성을 영적으로 오도한다(21-22절). 결국 앗수르는 시리아-에브라임 연합군을 궤멸시키는 과정에서 시리아를 멸망시키고 북왕국 이스라엘의 북쪽 지역을 완전히 병합하여 앗수르의 속주로 편입시켰던 것이다. 이러한 상황에서 이사야 9장은 앗수르의 병탄으로 흑암에 빠진 스불론, 납달리(갈릴리)의 사람들에게 구원자로서 한 이상적인 다윗 계통의 왕이 출현하여 새로운 통치를 이루게 될 것이라는 구원의 약속을 보여준다.

이러한 배경적 고찰을 통해서 볼 때 이사야의 예언은 단순히 남유다나 예루살렘만을 향하고 있지 않다. 그의 예언은 북 이스라엘의 운명과 그들 지역에 살던 사람들까지 관심하며 포괄하는 이스라엘 전체를 향한 예언이다.5)

---

3) J. Bright, 『이스라엘 역사』, 박문재 옮김 (서울: 크리스챤다이제스트, 1995), 368-375.

4) 김회권, 『이사야 1』, 237.

3. 본문해설

본문은 다음과 같이 네 부분으로 나눌 수 있다: 흑암에 있는 백성에게 빛이 비친다(2-3절), 해방과 평화를 주신다(4-5절), 아들을 주신다(6-7bα), 야훼의 열심이 이룬다(7bβ).

3.1. 흑암에 있는 백성에게 빛이 비친다(2-3절)

[2]흑암에 행하던 백성이 큰 빛을 보고, 사망의 그늘의 땅에 살던 사람들에게 빛이 비치었습니다. [3]주님께서 이 나라를 창성하게 하셨고, 그에게 그 즐거움을 크게 하셨습니다. 그들은 주님 앞에서 즐거워하기를 추수 때에 즐거워함과 같이 하고 전리품을 나눌 때와 같이 기뻐합니다.

흑암에 거하던 백성에게 빛이 비친다. 그들은 어둠 가운데 있다가 빛을 보게 된다. 여기에 지칭된 백성은 위의 본문의 '역사적 상황'에서 언급한 앗수르의 억압 가운데 있는 이스라엘 백성들이다. 어둠 가운데 있는 사람에게는 빛이 생명과도 같은 것이다. 빛을 통해 구원을 경험하고 빛을 통해 희망을 발견한다.

3절부터는 주어가 2인칭 단수로 나타난다. 하나님을 2인칭 단수로 표현하여 빛이 비친 사건의 의미를 설명한다. 예언자 이사야는 하나님께서 이 나라를 크게 만드셨고 즐거움을 몇 배로 더하셨다고 말한다. 이러한 하나님의 행동을 통해 백성들은 농사를 끝내고 추수 때에 즐거워하듯이 그리고 전쟁에서 승리한 후 전리품을 나누며 기뻐하듯이 기쁨을 누리게 된다고 말한다.

흑암에 행하던 백성에게 빛의 출현은 갑자기 이루어진다. 사람들

---

5) J. N. Oswalt, *The Book of Isaiah. Chapters 1-39* (NICOT) (Grand Rapids: W. B. Eerdmans Publishing Co., 1986), 240; 김근주, 『이사야가 본 환상』, 131.

이 그것을 발생시키지도 않았고 누구도 그것에 대해서 책임질 수
없다. 이것은 오직 하나님에 의해서만 가능한 일이다. 또한 빛은
하나님의 현존을 의미하기도 하기 때문에 빛이 비치었다는 것은 하
나님의 영광과 능력이 나타나시는 사건을 의미하기도 하는 것이다
(사 2:5; 60:1-2 참조).6) 하나님이 고통과 절망에 빠져있던 백성에
게 빛을 비추어 주시니 사람들이 환호하고 즐거워한다. 어둠이 사
라지고 기대와 희망으로 가득 찬 모습으로 변한다. 나라를 크고 강
하게 하시며 모든 사람이 기쁨을 경험하게 하시는 것이다. 이 모든
일은 미래에 일어날 일이지만 히브리어로 보면 완료형('예언자적
완료'[prophetic perfect])으로 기록되어 있다. 여기에서 예언된 말
씀은 이미 일어난 일처럼 앞으로 분명하고 확실하게 이루어질 것
이라는 의미이다.

3.2. 해방과 평화를 주신다(4-5절)

4이는 그의 짐의 멍에와 어깨의 채찍과 압제자의 막대기를 미디안의 날처
럼 주님께서 부서뜨렸기 때문입니다. 5이는 혼란 가운데 떠돌던 모든 군화
와 피 가운데 뒹굴던 의복이 불의 연료로 불타 없어질 것이기 때문입니다.

　이 단락에서는 백성들에게 즐거움과 기쁨의 원인을 더 구체적으
로 설명한다. 먼저 백성들이 메고 있던 짐스런 멍에와 어깨의 채
찍과 압제자의 막대기가 사라졌기 때문이다. 여기에서 말하는 멍에,
채찍, 막대기는 억압받고 있는 당시 이스라엘의 정치 경제적 상황
을 나타내는 상징적인 표현들이다. 이사야가 선포할 당시 이스라엘
의 상황은 앗수르의 정치적 지배 아래 있었다. 그러므로 그들의 멍
에, 채찍, 막대를 부서뜨리는 것은 앗수르로부터 해방되는 것을 의
미할 것이다.

---

6) J. N. Oswalt, *The Book of Isaiah. Chapters 1-39*, 242.

하지만 앗수르로부터 해방되는 것이 어떻게 가능할까? 당시 이스라엘의 군사력으론 앗수르로부터 정치적, 군사적 승리를 얻어내는 것은 상상하기 어렵다. 여기에서 이사야는 그러한 구원이 가능한 이유를 밝힌다. 그것은 미디안의 날처럼 이루어질 것이다. 미디안의 날은 기드온의 300용사가 미디안을 물리친 사건을 말한다(삿 6-7장). 이 승리는 이스라엘의 힘으로는 불가능했고, 오직 하나님의 도우심으로 승리가 가능한 전쟁이었다(삿 7:2 참조). 이것은 앗수르에 대한 승리가 이스라엘이 아니라 하나님 자신의 행동을 통해 결정될 것임을 암시한다. 이것은 이사야서의 다른 본문들을 통해 확인할 수 있다. 이사야 14장 24-27절에서는 앗수르의 멍에와 쇠빗장을 부술 주체가 하나님이라고 말씀하고 있고, 이사야 30장 27-33절에서도 하나님 자신이 앗수르를 치실 것이라고 말한다.

특별히 므낫세 지파의 기드온이 미디안과 전쟁을 벌일 때 그를 도왔던 지파들은 아셀, 스불론, 납달리 등이었다. 이러한 점에서 보면 미디안의 날에 얻었던 승리에 대한 비교는 단순히 하나님에 의해서 수행되는 전쟁이라는 이유만으로 이루어지지 않는다. 미디안의 날에 대한 회상은 본 예언이 미디안과의 전쟁에서 승리의 주역으로서 활동한 스불론과 납달리와 관계가 있기 때문에 그것이 가능했으리라는 사실을 쉽게 추측할 수 있다.7)

백성들에게 즐거움과 기쁨이 일어나는 것에 대한 두 번째 이유는 5절에 묘사된 바와 같이 참전했다가 죽음을 당한 군인들의 군화와 피로 뒤덮여있는 의복들이 불타 없어질 것이기 때문이다. 이것은 전쟁이 사라지고 평화의 세계가 열릴 것이라는 사실을 말하고 있다. 이사야는 훗날 하나님이 예루살렘을 중심으로 온 누리에 이루실 평화에 대해서 이렇게 말한다. "무리가 그들의 칼을 쳐서

---

7) 김회권, 『이사야 1』, 243.

보습을 만들고 그들의 창을 쳐서 낫을 만들 것이며, 이 나라와 저 나라가 다시는 칼을 들고 서로 치지 아니하며 다시는 전쟁을 연습하지 아니하리라"(사 2:4). 전쟁무기로 농사기구를 만들고 다시는 서로를 치고 죽이는 전쟁을 하지 않게 될 것이라는 예언이다. 그러한 일이 하나님의 구원행동을 통해 이루어질 것이다.

3.3. 아들을 주신다(6-7bα절)

⁶이는 한 아기가 우리에게 태어났고 우리에게 한 아들을 주셨기 때문입니다. 그의 어깨에는 통치권이 있고, 그의 이름은 놀라운 일의 계획자, 능하신 용사, 영원한 아버지, 평화의 방백이라고 불릴 것입니다. 7그 통치의 풍부와 평화는 다윗의 보좌와 그의 나라에서 끝이 없고, 공평과 정의로 지금부터 영원까지 그것을 굳게 세우고 보존하게 될 것입니다.

세 번째 단락에서는 백성들의 즐거움과 기쁨에 대한 세 번째 원인을 말한다. 이 세 번째 원인이야말로 백성들에게 즐거움과 기쁨을 주는 결정적인 이유이다. 그것은 태어난 아기를 통해서 경험하게 되는 하나님의 구원 때문이다. 그런데 이러한 하나님의 구원을 제대로 이해하기 위해서는 이 본문에서 논란이 되고 있는 두 가지 사항에 대한 고찰이 필수적이다. 그것은 여기에 언급된 아기가 누구인가에 대한 문제와 아기가 태어났다는 말이 무엇을 의미하는가에 대한 문제이다.

먼저 아기에 대한 해석들에는 대체로 다음과 같은 세 가지 입장들이 있다.8) 첫째로, 이 아기가 히스기야를 가리킨다고 보는 것이다. 중세의 유대 주석가들은 메시아로 해석하는 그리스도적인 해석에 반대하여 이 모든 것은 왕자 히스기야의 출생을 염두에 두고서

8) J. N. Oswalt, *The Book of Isaiah. Chapters 1-39*, 245.

말한 '제왕-출생 찬양'(royal birth hymn)이라고 주장했다. 둘째, 이 아기를 신적인 통치자로 보는 것이다. 그 이유는 여기에 사용된 표현들이 오직 하나님께만 적용될 수 있는 용어들이기 때문이라는 것이다.[9] 셋째, 이 아기를 메시아로 해석하는 것이다. 이 아기가 신적인 특성들을 지니고 있다고 해서 하나님을 직접 가리킨다고 볼 수 없다. 왜냐하면 이 아기는 출생을 통해 이 땅에 나타나게 되는 인간의 모습을 지니고 있기 때문이다. 그렇다면 이 예언을 통해 기대되는 완벽한 왕은 인성과 신성을 모두 가지고 있는 인물이다. 이러한 면모에 일치되는 인물은 메시아밖에 없다는 것이다.

다음으로 이 아기가 태어났다는 말에 대한 해석에는 두 가지 입장이 있다. 말 그대로 아기의 출생을 의미한다고 보는 입장과 왕위 즉위식을 배경으로 하고 있다는 입장이다. 아기의 출생을 말하고 있다고 보는 입장은 이사야 7장 14절의 예언("보라 처녀가 잉태하여 아들을 낳을 것이요. 그의 이름을 임마누엘이라 하리라.")과 함께 새롭게 태어날 아기에 대한 언급에서 이 예언의 무게중심을 보는 것이다. 하지만 아기의 출생을 왕위 즉위식으로 보는 입장은 시편 2장 7절("야훼께서 내게 이르시되 너는 내 아들이라. 오늘 내가 너를 낳았도다.")에서 드러나듯이 이스라엘의 왕으로 등극하는 것은 하나님의 아들로 인정받는다는 의미가 있기 때문에 본문도 그러한 차원에서 이해해야 한다는 것이다.

이러한 해석들은 나름대로 타당성을 가지고 있다. 위와 같은 다양한 해석의 여지를 가지고 있는 본문의 의미는 어느 시점의 청중 혹은 독자를 생각하느냐에 따라 달라질 수 있다. 이 예언의 최초

---

9) L. Rignell, "A Study of Isaiah 9:2-7," LQ 7 (1955) 31-35.

의 청중은 당시 앗수르의 위기에서 이스라엘을 벗어나게 하고 새
로운 희망을 줄 왕세자의 출생을 생각했을 것이다. 아하스의 왕위
를 이어 이스라엘 역사 가운데 위대한 업적을 남긴 히스기야가 그
러한 인물로 받아들여질 수 있다. 하지만 그렇게만 본다면 이 예
언은 실패한 예언이다.10) 히스기야나 혹은 요시야가 여기에서 묘
사된 새로운 왕과 동일시 될 수 없기 때문이다. 이 본문에서 보여
주는 예언의 내용은 결과적으로 예수 그리스도의 탄생과 그의 사
역에서 성취되었다. 따라서 신약성서의 수용(마 4:14-16; 눅1:32-33,
70, 79 참조)에서 드러나 있듯이 오늘날 이사야 예언의 독자들은 이
예언이 메시아의 출생을 예고하는 것으로 이해하게 된다.

'그의 어깨에는 통치권이 있다'고 말하는 것은 그가 장차 나라
를 다스릴 통치자라는 사실을 드러내며 그 아이가 왕위계승자임을
공식적으로 말해주는 '서임행위'(Investiturakt)라고 할 수 있다.11)
아이의 출생과 더불어 그를 왕위계승자로 선포하는 것은 이스라엘
에게 희망을 갖게 하고 외세의 통치가 영원불변의 운명이 아니라
는 사실을 나타내는 '상징'(Zeichen)이자 하나님의 구원을 미리 맛
보는 일종의 '선불금'(Angeld)이다.12)

여기에 등장하는 아기에 대한 이름들은 왕위즉위식 때 왕위칭호
를 붙이는 고대 중동(특히 이집트)의 관습을 그 배경으로 하고 있
다.13) 본문에는 네 가지 이름이 열거된다. 먼저, '놀라운 일의 계획

---

10) '메시아' 예언의 의미에 대하여 다음을 참조하라. 김근주,『이사야가 본 환
상』, 132.

11) H. Wildberger, *Jesaja. Kapitel 1-12* (BK) (Neukirchen Vluyn: Neukir-
chener Verlag, 1972), 379. 이때 마땅히 통치권을 이양한다는 어떤 표지가 있어
야 할 것이다. 둠(Duhm)이나 마르티(Marti)는 아기의 어깨에 황제의 겉옷을 덮었
을 것으로 추정한다.

12) H. Wildberger, *Jesaja. Kapitel 1-12*, 380.

13) H. Wildberger, *Jesaja. Kapitel 1-12*, 379.

자' <펠레 요에츠> (פֶּלֶא יוֹעֵץ)는 정책 결정이나 의사 결정 과정에
서 탁월한 통치능력을 발휘하는 왕을 의미한다. 이것은 이사야 11
장 2절에서 말하는 바와 같이 '야훼의 영'이 그 위에 머물기 때문에
가능하다. 둘째로, '능하신 용사'<엘 깁보르> (אֵל גִבּוֹר)는 전쟁수행
능력이 뛰어나고 용맹을 발휘하는 군사적 지도자를 의미한다. 다윗
이 보여준 지략(삼상 17장; 22:2; 30장; 삼하 5장 등)이나 앗수르의 포
위상황에서 보여준 히스기야 믿음과 용맹이 그 예가 될 수 있다(사
36-37장). 셋째로, '영원한 아버지'<아비아드>(אֲבִיעַד)는 왕은 아
버지와 같이 나라를 보호하고 나라가 잘 되도록 돌보는 책임을 가
졌다는 의미에서 붙여진 이름이다(사 22:21; 삼상 24:11 참조). 왕은
야훼 하나님과의 관계에서는 '아들'이지만, 이스라엘 백성과의 관계
에서는 '아버지'다.14) 넷째로, '평화의 방백'<싸르 샬롬>(שַׂר־שָׁלוֹם)
은 자신의 통치를 통해서 궁극적으로 이루는 나라의 모습이 '샬롬'
의 세계라는 의미이다. 여기에서 '왕'이라는 의미의 <멜렉> (מֶלֶךְ)
이 사용되지 않는 것은 이사야의 소명에서 보듯이 하나님을 왕으
로 경험하기 때문일 것이다(사 6:5). 백성에 대해서는 그가 '왕' <멜
렉>이지만, 하나님에 대해서는 '방백' <싸르> (שַׂר)이다. 예루살렘의
통치자는 단순히 자기 자신의 절대권이나 백성들의 의지에 따라 움
직이는 자가 아니고 하나님의 통치를 이 땅에 실현하는 자이다.15)
    아기에게 붙여진 이름은 '스알야숩'(שְׁאָר יָשׁוּב)이나 '마헬살랄하
스바스'(מַהֵר שָׁלָל חָשׁ בַּז)처럼 미래의 사건이나 상황을 말하고 있
거나 '임마누엘'(עִמָּנוּ אֵל)처럼 하나님과 그의 백성과의 관계를 직
접적으로 표현하고 있지 않다. 이 이름들은 새로운 왕이 가지고 있
는 놀라운 성품을 표현하고 있으며 그의 통치가 내포하고 있는 궁
극적인 구원의 성격을 표현한다.16) 새로운 왕의 통치는 끝없이 이

---

14) H. Wildberger, *Jesaja. Kapitel 1-12*, 383.
15) H. Wildberger, *Jesaja. Kapitel 1-12*, 380-381.

어질 것이다. 그러나 이 통치의 특별성은 단순히 그것이 지속되는 것에 있는 것이 아니라 그것이 정의와 공평을 통하여 이루어진다는 데에 있다. 시편 89장 15절에서 시인이 "당신 왕좌의 기초는 정의와 공평입니다"(97:2; 잠 16:12; 20:18 참조)라고 고백하듯이 그것은 야훼 통치와 일치한다. 새로운 왕은 자신이 최고 권력자가 아니라 더 높은 권위에 의해 파견된 사람으로서 정의와 공평을 통해 하나님의 '샬롬'을 구현하는 하나님의 대리자인 것이다.17)

3.4. 야훼의 열심이 이룬다(7bβ절)

야훼 체바옷의 열심이 이것을 이룰 것입니다.

'야훼 체바옷의 열심이 이것을 이룰 것이다'는 표현은 구약성서에서 드물게 나타나는 독특한 표현이다. 구약성서에서 '질투하시는 하나님'에 대한 언급은 여러 차례 언급된다(예컨대, 출 20:5; 34:14; 신 4:24; 5:9; 6:15; 수 24:19; 나 1:2 등). 하지만 여기에 사용된 구문과 동일한 표현 '야훼 체바옷의 열심히 이것을 이룰 것이다' <킨아트 야훼 체바옷 타아세 조트>는 이사야 37장 32절에서 한 번 더 나타날 뿐이다. 이것은 야훼 하나님의 의지의 천명이다. 만군의 하나님이 이 일을 열정을 가지고 돌보시겠다는 의미이다. 그러므로 이 예언은 듣는 이 모두에게 그만큼 확실한 하나님의 약속이 된다.

4. 본문의 메시지

본문을 통해서 얻을 수 있는 교훈들 중에 하나님은 어떠한 분이신가에 초점을 맞추면 중요한 메시지를 찾을 수 있다.

---

16) J. N. Oswalt, *The Book of Isaiah. Chapters 1-39*, 241.
17) 김근주, 『이사야가 본 환상』, 133.

첫째, 하나님은 소망을 주신다. 본문에 전제된 이스라엘 백성은 흑암에 싸여 있는 상태이다. 앗수르의 지배 아래 정치적 위기를 맞고 있고 유다 왕의 통치력으로는 그러한 위기상황을 극복할 수 없다. 이스라엘은 절망과 비통 가운데 빠져 있다. 이러한 때에 하나님은 그들에게 빛을 비추신다. 나라를 크게 하시고 즐거움을 크게 하셔서 이스라엘이 맞고 있는 절망적인 상황을 반전시킨다. 특별히 새롭게 태어날 아기를 통해 그들에게 희망을 갖게 하신다. 그는 하나님의 대리자로서 이상적인 다윗 왕처럼 하나님의 통치를 이루게 될 것이다. 그는 '놀라운 일의 계획자,' '능하신 용사,' '영원한 아버지,' '평화의 방백'이라는 이름에 걸맞게 놀라운 일들을 행하며, 용맹을 발휘하여 승리를 가져오며, 아버지의 마음으로 나라를 돌보며, '샬롬'을 이 땅에 펼치는 지상의 왕이 될 것이다. 이것은 과거의 이스라엘만이 아니라 오늘날 하나님의 언약의 백성들이 끊임없이 갈망하는 바이기도 하다. 하나님은 바로 그러한 갈급함을 채워주시고 당신의 백성들이 소망을 갖게 하신다.

둘째, 하나님은 구원을 베푸신다. 본문에서는 '그의 짐의 멍에와 어깨의 채찍과 압제자의 막대기를 부서뜨릴 것'이라고 말한다. 또한 '혼란 가운데 떠돌던 모든 군화와 피 가운데 뒹굴던 의복이 불타 없어질 것'이라고 말한다. 이것은 이스라엘이 경험하게 될 구원을 말한다. 하지만 이스라엘 백성이 경험하게 될 구원이 무엇인가를 규정하는 것이 중요하다. 본문에서 말하는 구원은 단순히 영적인 차원이 아니다. 이 본문에서 우선적으로 강조되고 있는 사실은 이스라엘 실제적인 상황으로 경험하고 있는 정치, 경제, 군사적인 혼란과 곤경이다. 그들은 외세의 압제에 시달려야만 했고, 전쟁의 참화 속에서 고통당해야 했다. 하나님은 그들이 마주해야 했던 압제의 상징인 멍에와 채찍과 막대기를 부서뜨리시고 그들에게 평화를 허락하실 것이라는 약속이다. 하나님은 자신의 구원을 통해 언약의 백성들이 해방과 평화를 경험하고 그러한 삶의 희열을 맛보고 살기를 원하신다. 그러한 의미에서 억압하는 자는 하나님에게 징벌의 대상이요, 억압을 당하는 자는 하나님에게 구원의 대상이라고 말할 수 있다. 구원에 대한 의미규정이 언약의 백성이 실천해야 하는 윤리의 기준이 되기도 하는 것이다.

셋째, 하나님은 일을 이루신다. 하나님은 말씀하시는 것으로 끝나지 않으신다. 자신이 하신 약속과 언약을 이루신다. 이 사실을 가장 잘 표현해 주고 있는 말이 '야훼 체바옷의 열심이 이것을 이룰 것이다'는 언급이다. 하나님은 지켜만 보고 계시지 않는다. 적극적으로 개입하셔서 자신의 뜻을 이루신다. 하나님은 마침내 자신의 아들 예수 그리스도를 이 땅에 보내셔서 자신이 언약하신 바를 이루셨다. 아기예수 탄생은 그러한 하나님의 뜻을 이루실 메시아가 이 땅에 오신 사건이다. 하나님의 뜻으로 충만한 말씀(로고스)이 육신이 되어 우리 가운데 거하게 되신 것이다(요 1:14). 그분은 이 땅에서 아버지의 말씀만을 전하셨고(요 14:10), 보내신 자의 뜻을 이루셨다(요 4:34). 하지만 하나님이 일을 이루신다고 해서 인간의 참여가 배제되는 정관파 신비주의(Quietismus)를 말하는 것이 아니다. 이사야 7장 4-9절에서처럼 약속의 말씀을 듣는 이에게는 믿음이 필요하다. 그것은 약속하신 그분을 신뢰하는 믿음이요, 하나님이 약속하신 바를 확신하는 믿음이다. 더 나아가 이러한 믿음을 가진 자는 하나님이 약속하신 샬롬의 세계를 꿈꾸며 그 샬롬을 이루어가는 삶을 산다. 하나님의 뜻과 말씀에 충실한 삶을 살았던 예수 그리스도처럼 말이다.

5. 설교예문

이 본문은 흑암에 행하고 사망의 그늘이 드리워진 땅에 살던 사람들에게 빛을 비추시는 하나님의 행동을 묘사하고 있습니다. 이 이사야의 예언은 주전 732년 시리아-에브라임 전쟁의 결과로 북 이스라엘이 패배하여 왕국의 북쪽 지역을 앗수르에 내어 주게 된 상황을 배경으로 하고 있습니다. 앗수르는 시리아-에브라임 연합군을 궤멸시키는 과정에서 시리아를 멸망시키고 북 이스라엘의 북쪽 지역을 완전히 병합하여 앗수르의 속주로 만들었습니다. 스불론과 납달리의 갈릴리 사람들은 앗수르의 압제에 시달리며 암흑의 상황을 맞아야 했습니다. 이런 상황 속에 있는 사람들에게 이사야는 구원의 메시지를 선포하고 있습니다. 남유다 사람으로서 남유다와 예루살렘에 국한된 예언자로 생각하기 쉽지만, 이사야는 그렇지 않았습니다. 자신의 나라와 불편한 관계에 있었던 북 이스라엘, 그것도 북쪽 변방의 땅까지 미치는 하나님의 구원을 전하고 있습니다. 하나님의 관심과 사랑은 사람이 외면할 수 있는 구석구석까지 미치고 있음을 알 수 있습니다.

하나님은 흑암과 사망의 그늘 가운데 있는 사람들에게 빛을 보게 하셨습니다. 이것은 절망 가운데 있는 사람들에게 소망을 갖게 하고 기쁨을 주시는 하나님의 구원역사를 말합니다. 무엇이 그들에게 소망이 되며 무엇이 그들을 기쁘게 했을까요? 그것은 그들이 메고 있던 멍에와 어깨의 채찍과 압제자의 막대기를 부서뜨린 것입니다. 하나님이 미디안의 날과 같이 역사하셔서 억압과 속박에 벗어나 자유와 해방을 맛보게 하신 것입니다. 추수 때에 즐거워하듯이 그리고 승리 후 전리품을 나눌 때와 같이 최상의 기쁨을 맛보게 하셨습니다. 이러한 하나님의 구원 역사는 한 아기의 탄생을 통해 그 정점에 다다르게 됩니다. 하나님은 언약의 백성들이 당하고 있는 억압과 속박을 푸시기 위해 한 아들을 주셨습니다. 이사야의 선포 당시에는 그것이 히스기야 왕이나 요시야 왕으로 기대될 수 있었지만, 이 본문 말씀이 의미하는 바의 모든 것을 성취하지는 못했습니다. 한 아기의 탄생에 대한 이사야의 예언은 이 땅에 메시아로 오신 예수 그리스도의 탄생을 통해 비로소 완성되었습니다.

이사야의 예언을 통해 그토록 갈망해 오던 메시아가 오신 것입니다. 성탄절은 바로 그 아기 예수의 탄생을 기뻐하고 감사하는 절기입니다. 아기 예수 탄생은 하나님의 구원이 최고의 정점에 달하는 사건입니다. 오늘 본문에는 예수 그리스도가 펼치게 될 하나님의 구원사역이 아기의 이름을 통해 잘 알려지고 있습니다. 그는 '놀라운 일의 계획자,' '능하신 용사,' '영원한 아버지,' '평화의 방백'이라는 이름을 갖게 될 것입니다. 이 이름들은 하나님의 구원의 계획을 따라 이 땅에 펼치신 예수님의 사역을 잘 나타내고 있습니다.

'놀라운 일의 계획자'<펠레 요에츠>는 정책 결정이나 의사 결정 과정에서 탁월한 통치능력을 발휘하는 왕을 의미합니다. 이것은 이사야 11장 2절에서 말하는 바와 같이 '야훼의 영'이 그 위에 머물기 때문에 가능합니다. 예수님이 세례 받고 올라오실 때 하늘에서 성령이 비둘기 같이 임하였다 말씀하고 있습니다(마 3:16; 마 1:10). 예수님은 이 땅에 계시면서 수많은 놀라운 일을 보여주셨습니다. 많은 이적뿐 아니라 그 가르침에는 권위가 있었고(마 7:29; 막1:22; 눅 4:32) 하나님의 뜻을 드러내는 것이었습니다(요 4:34; 8:29). 둘째로, '능하신 용사' <엘 깁보르>는 전쟁수행 능력이 뛰어나고 용맹을 발휘하는 군사적 지도자를 의미합니다. 다윗이 보여준 지략(삼상 17장; 22:2; 30장; 삼하 5장 등)이나 앗수르의 포위상황에서 보여준 히스기야 믿음과 용맹이 그 예가 될 수 있습니다(사 36-37장). 예수님은 친히 사단의 시험을 이기셨을 뿐만 아니라 귀신을 쫓아내고 병마를 물리치셨습니다. 또한 제자들에게는 '뱀과 전갈을 밟으며 원수의 모든 능력을 제어할 권능'을 주셨습니다(눅 10:19). 마지막으로는 십자가와 부활을 통해 죄와 사망의 권세를 깨뜨리시고 모든 믿는 자들에게 구원을 주시는 하나님의 능력이 되셨습니다(롬 1:16). 셋째로, '영원한 아버지' <아비아드>는 왕은 아버지와 같이 나라를 보호하고 나라가 잘 되도록 돌보는 책임을 가졌다는 의미에서 붙여진 이름입니다(참조. 사 22:21; 삼상 24:11). 이스라엘 왕은 야훼 하나님과의 관계에서는 '아들'이지만, 이스라엘 백성과의 관계에서는 '아버지'입니다. 예수님은 하나님의 아들이시지만, 예수 믿는 자들에게는 아버지와 같은 존재입니다. 예수님은 신자들을 돌보시고 책임지십니다. 부활하신 예수님은 '세상 끝날까지 너희와 항상 함께 있으리라'(마 28:20)고 약속하셨습니다. 예수님은 이 땅에 다시 오실 그날까지 '임마누엘'이 되실 것입니다. 넷째로, '평화의 방백' <싸르 샬롬>은 자신의 통치를 통해서 궁극적으로 이루는 나라의 모습이 '샬롬'의 세계라는 의미입니다. 여기에서 '왕'이라는 의미의 <멜렉>이 사용되지 않는 것은 이사야의 소명에서 보듯이 하나님을 왕으로 경험하기 때문일 것입니다(사 6:5). 백성에 대해서는 그가 '왕' <멜렉>이지만, 하나님에 대해서는 '방백' <싸르>입니다. 예수님은 단순히 자기 자신의 절대권이나 사람들의 의지에 따라 움직이는 자가 아니고 하나님의 통치를 이 땅에 실현하는 분이셨습니다. 하나님으로부터 보냄을 받은 자로서 보내신 분의 뜻을 따라 이 땅에 평화를 주셨습니다. 하나님과 인간 사이에 막힌 담을 허셨고, 사람과 사람 사이의 담을 무너뜨리셨습니다(엡 2:14-18). 이뿐 아니라 그의 십자가의 피로 만물이 그분과 화목하게 하셨습니다(골 1:20). 이 땅에 평화의 왕이 되신 것입니다.

성탄절은 이러한 예수님의 모습을 바라보며 하나님이 이 땅에 이루고자 하시는 평화의 세계를 꿈꾸어야 합니다. 아직도 우리가 경험하고 있는 세계는 전쟁과 피흘림이 있고, 갖가지 억압과 속박이 널리 퍼져있습니다. 이러한 이 세계에 아기 예수의 탄생은 하나님의 구원을 알리는 기쁜 소식입니다. 흑암에 있는 백성에게 빛을 주신 하나님의 구원사건입니다. 이 세상에 빛으로 오신 예수님을 맞이함으로 하나님의 거룩한 백성이 되고 하나님의 존귀한 자녀가 되었음을 감사하기 바랍니다. 이뿐 아니라 하나님의 구원을 경험한 우리는 하나님의 거룩한 백성답게 하나님의 존귀한 자녀답게 살아야 하겠습니다. 디도서 2장 14절에 이렇게 말씀하고 있습니다. "그가 우리를 대신하여 자신을 주심은 모든 불법에서 우리를 속량하시고 우리를 깨끗하게 하사 선한 일을 열심히 하는 자기 백성이 되게 하려 하심이라." 예수님은 우리를 모든 불법에서 사하시고 우리를 깨끗하게 하셨습니다. 그리고 구원받은 우리가 선한 일을 열심히 하는 자기 백성이 되기를 원하십니다. 이것이 구원의 백성에게 하나님이 원하시는 삶의 모습입니다. 예수님의 탄생을 기다리며 축하하는 이 계절에 말씀을 하실 뿐만 아니라 그것을 이루게 하시는 하나님의 열심과 능력이 우리의 삶에 넘쳐나 하나님의 뜻을 이루는 삶이 되기를 소망합니다.

예루살렘의 회복

(이사야 62:6-12)

1. 들어가는 말

구약성서에서 '예루살렘' 또는 '시온'이 가지는 의미는 아무리 강조해도 지나치지 않다. 예루살렘은 도성으로서의 의미도 있지만, 의인화되어 이스라엘을 나타내는 상징어로 쓰이기도 한다(시 146:10; 147:12). 이러한 예루살렘과 시온의 의미는 신약성서에서 한편으로 하늘의 예루살렘으로서 하나님 나라에 적용되기도 하고(히 12:23-24), 다른 한편으로 성도들의 모임인 교회에 적용되기도 한다(갈 4:24-26). 따라서 예루살렘의 회복은 단순히 이스라엘의 회복만을 의미하는 것이 아니라 교회에 대한 하나님의 약속과 희망이며 하나님 나라에 대한 비전이기도 하다.

2. 본문의 배경

본문은 예루살렘의 회복을 주제로 한다. 예루살렘(시온)은 구약성서의 회복에 대한 주제에서 핵심적인 의미를 가진다. 예루살렘은 구약성서에서 다음과 같은 의미를 가지고 나타난다.[1] 1) 야훼께서는 자신의 거주할 장소로서 예루살렘을 택하셨다(시 78:68; 132:13).
2) 시온은 신학적으로 가장 높은 곳으로 이해되는 북방산(또는 차폰산, 시 48:2; 또한 참조. 시 2:6; 68:18; 87:1; 99:9)과 동일시 된다.
3) 시온은 에덴 동산과 같이 생명을 주는 샘물의 근원이다(시 46:4);
4) 시온은 야훼께서 혼돈의 바다를 짓밟은 곳이다(시 46:2-3; 74:13-17; 93:3-4). 5) 이것은 예루살렘을 공격하는 모든 대적들을 쳐부수신다는 것과 예루살렘 성을 끝까지 보호하신다는 의미이다. 6)시온에 사는 사람은 하나님 임재의 축복을 공유한다(시 48:12-14; 132:13-18; 133:1-3; 147:12-20).

솔로몬 성전에 언약궤가 안치된 후 예루살렘 성은 야훼의 임재와 동일시되었으며, 주전 701년 산헤립이 유다를 침공하였을 때 다른 도시들은 정복되었으나 예루살렘만은 기적적으로 구원되어 예루살렘(시온)은 하나님이 온전히 지키신다는 시온신학이 정립되게 되었다. 7세기 말 요시야는 예루살렘을 야훼신앙의 유일한 합법적 제의 장소로 만드는 종교개혁을 단행하였다(왕하 23장). 신명기에서 이름 없이 유일한 장소로 말해지는 "너희 하나님 야훼께서 자기 이름을 두시려고 너희 모든 지파 중에 택하신 곳인 그 거하실 곳"(신 12:5)을 예루살렘과 동일시한 것이다. 그러나 예루살렘에 대한 낙관적이며 무조건적인 확신은 예레미야(렘 7장, 26장)와 에스겔(겔 5장, 12장)에 의해서 거부되었고, 이러한 예언자들의 말이 옳았음이 예루살렘 함락을 통해서 증명되었다(애 1-2장 참조).

그러나 예루살렘이 함락된 후 곧바로 하나님의 회복의 메시지가 전달된다(예레미야서나 에스겔서 참조). 특별히 포로기와 포로후기에 기록된 책들 가운데 집중적으로 나타난다. 많은 구약학자들이

---

1) D. E. Gowan, 『구약성경의 종말론』(서울: 기독교문서선교회, 1999), 30. 예루살렘과 시온의 의미에 관하여 필자의 졸고를 참조하라. 하경택, "'세계의 어머니'로서의 시온 – 시편 87편에 대한 주석적 연구," 『장신논단』 47/2 (2015.6), 13-40.

이사야서를 8세기와 포로기, 그리고 포로 후기의 내용으로 구분하는데, 소위 '제2이사야서'에는 12번(사 40:2, 9; 41:27; 44:24-28; 45:13; 46:13; 48:2; 49:14-26; 51:1-3, 9-11, 12-16; 52:1-10; 54:1-17), '제3이사야서'에는 11번(사 56:3-8; 57:11-13; 59:20; 60:10-14; 61:1-11; 62:1-12; 65:17-25; 66:1, 6, 10-14, 18-21) 나타난다. 이처럼 예루살렘은 멸망 후에도 여전히 이스라엘 소망의 중심지로서 작용하고 있으며, 이스라엘 회복의 일차적이며 궁극적인 내용으로 예루살렘이 묘사된다.

따라서 본문은 포로기 혹은 포로후기에 예루살렘이 아직 온전히 회복되지 않은 상황을 배경으로 하고 있다. 그러한 상황에서 하나님은 어떻게 응답하시며 예루살렘이 어떻게 회복되는가의 내용이 다루어지고 있다.

3. 본문해설

본문은 다음과 같이 세 단락으로 구분된다. 첫 번째 단락에 구원을 위한 준비에 관한 교훈이 나타나고, 두 번째 단락에 예루살렘 회복에 대한 하나님의 약속이 있으며, 세 번째 단락에 새 이름을 얻게 될 예루살렘에 관한 내용이 등장한다.

3.1. 쉬지 말아야 할 구원을 위한 준비(6-7절)

[6]예루살렘아, 내가 너의 성벽 위에 파수꾼들을 세웠다. 그들은 밤이나 낮이나 늘 잠잠하지 않을 것이다. 야훼께 기억나게 해야 할 너희는, 가만히 있어서는 안 된다. [7]그가 예루살렘을 세우시고 세상에서 칭송을 받게 하시기까지, 가만히 계시지 못하게 해야 한다.

예언자는 시편 137장을 노래하는 자와 같이 시온을 위해 잠잠

할 수 없고 예루살렘을 위해 쉴 수 없다(사 62:1, <하쒀>[הׁשּׁה] '잠
잠하다' / <쒀카트>[שָׁקַט] '고요하다'). 이러한 진술은 동일한 동사가
사용되고 있는 이사야 64장 12절("여호와여 일이 이러하거늘 주께
서 오히려 스스로 억제하시리이까 주께서 오히려 잠잠하시고 우리
로 심한 괴로움을 받게 하시리이까")이나 시편 83장 1절("하나님이
여 침묵치 마소서 하나님이여 잠잠치 말고 고요치 마소서")과 연관
성 속에서 관찰되어야 한다. 예언자는 하나님의 침묵에 대항하여
하나님이 이스라엘을 위해 활동하시기를 간절히 바라고 있다.

본문에서 예언자는 하나님의 행동을 촉발시키기 위한 조치로 두
가지 사실을 언급한다. 첫째는 '파수꾼'(<쇼메르> שֹׁמֵר)들을 성벽 위
에 세운다(파수꾼들을 통해 성벽을 지키는 모습은 느헤미야 4:7-9을
참조하라). 그들은 밤이나 낮이나 잠잠치(<하쒀>) 않을 것이다. 예
루살렘의 안전을 위해 일하기를 쉬지 않는다. 둘째는 야훼께 '기억
나게 하는 자'(<마즈키르> מַזְכִּיר)들에게 특별한 사명을 부여한다.
그것은 그들이 예루살렘이 회복되고 세상에서 칭송을 받게 될 때까
지 하나님을 쉬게 해서는 안 되고, 이 일을 위해 그들도 가만히 있
어서는 안 된다. 여기에서 야훼께 '기억나게 하는 자'들이라는 것
은 예루살렘의 완전한 회복을 위해 끊임없이 기도하는 자들을 말
한다.

본문에서 예언자는 이러한 조치들을 통해 하나님의 침묵이 조속
히 종결되고 예루살렘이 회복되기를 간절히 바라고 있다. 62장 1절
에서 하나님의 구원이 임할 때까지 자신이 잠잠하지 않고 쉬지 않
는 것처럼, 파수꾼이나 야훼께 기억나게 하는 자들이 예루살렘을
위해 쉬지 않고 일하며 끈질기게 매달리고 기도하게 하겠다고 말
한다.

하나님의 구원은 그냥 주어지지 않는다. 부르짖음과 간절한 소망

이 있어야 한다. 하나님의 구원이 이루어지지 않은 상황에 대한 안 타까움과 구원의 성취에 대한 간절한 열망이 있어야 한다. 예언자 는 하나님의 구원을 경험하기 위한 준비를 게을리하지 않았다.

3.2. 회복에 대한 하나님의 약속(8-9절)

[8]야훼께서 그의 오른손, 곧 그의 능력 있는 팔을 들어 맹세하셨다: "내가 다시는 네 곡식을 네 원수들의 식량으로 내주지 않을 것이다. 다시는 네가 수고하여 얻은 포도주를 이방 사람들이 마시지 못할 것이다. [9]참으로 그것을 거둔 사람들이 그것을 먹고 야훼를 찬송할 것이며, 그것을 모은 자들이 그것을 내 성소 뜰에서 마실 것이다."

8-9절은 하나님의 응답이 기술되어 있다. 야훼는 자신의 오른손, 즉 그의 능력의 팔을 들어 맹세하신다. 능력의 팔은 하나님의 힘과 권능을 나타낸다. '강한 손과 편 팔'은 하나님의 구원행동을 묘사 하는 특징어구가 되었다(신 4:34과 관련구절; 왕하 17:36; 시 136:12, 그러나 하나님이 심판하는 진노와 분노의 행동을 묘사할 때도 동일 한 어구로 표현된다. 예컨대, 렘 21:5; 겔 20:33-34). 이러한 손과 팔 을 들어 맹세하시는 것은 그 맹세가 얼마나 확실한가를 보여준다. 이사야서에는 하나님의 구원약속이 다양한 형태로 나타나는 하나님 의 맹세의 틀 안에서 확언된다(사 45:23; 54:9 참조).

다시는 곡식이 원수들에게 빼앗기지 않을 것이며 수고하여 얻은 포도주를 이방사람이 마시지 못할 것이라고 약속하신다. 대적들이 이스라엘의 소산물을 빼앗아 가는 것은 언약에 충실하지 못했을 때 맞게 될 저주의 내용에서 나타난다(레 26:16; 신 28:31-33; 또한 삿 6:3-6 참조). 이제는 그러한 일은 일어나지 않을 것이다. 이제는 추 수한 자가 추수한 것을 먹고 거둔 자가 거둔 것을 마시게 될 것이 다. 이러한 광경은 이사야 65장 21-23절에 묘사된 미래의 모습과 일치한다. 여기에서 한 가지 주목해야 할 사실은 이스라엘의 회복이 단지 사회-경제적인 차원에 머무르지 않고 종교적-신앙적인 차원까지 확대된다는 것이다. 그들은 소득과 소출을 보장받고 그것을 누리는 것에 그치지 않고 하나님께 나아와 감사하고 찬양하는 예배가 회복되고 성소에서 그 기쁨을 함께 나눌 것이다.

3.3. 새 이름을 얻게 될 예루살렘(10-12절)

[10]나아가라, 성문을 통해 나아가라. 백성의 길을 만들어라. 큰길을 닦고 돌들을 없애라. 열방을 향해 깃발을 높이 올려라. [11]보라, 야훼께서 땅 끝까지 들리게 하신다. 딸 시온에게 말하라. 보라, 너의 구원이 임한다. 그의 상급이 그에게 있고, 그의 보응이 그 앞에 있다. [12]사람들이 그들을 '거룩한 백성'이라 부르며 '야훼의 속량하신 자들'이라 부를 것이다. 사람들은 너 예루살렘을 '찾은 바 된 자'요, '버려지지 않은 성읍'이라고 부를 것이다.

이제 예루살렘 주민들은 앞으로 돌아올 백성들의 길을 만들기 위해 성문 밖으로 나가도록 요청된다(10절). 사람들이 해야 할 일은 두 가지다. 큰 길을 닦는 것과 열방을 향해 깃발을 높이 올리는 것이다. '큰 길'(<메실라> מְסִלָּה)이라는 표현은 이사야서에서 여러 번 등장한다(사 11:16; 19:23; 35:8; 49:11). 백성들은 먼저 포로민들이 귀환하는 길에 문제가 없도록 장애물을 제거하고 큰 길을 만들어야 한다(40:3-4; 57:14). 그런 다음 열방을 향해 깃발을 높이 올리는 것이다(사 11:10, 12; 49:22). 이것은 하나님의 구원을 열방으로 하여금 알게 하려는 조치다. 이것은 귀환자들이 약속대로 돌아오고 있음을 알리는 표시가 된다.

하나님의 구원은 팔레스틴에 국한된 사건이 아니다. 땅 끝까지 알려야 할 공개적인 사건이다(사 41:1-9; 42:10-15; 43:6; 45:22; 48:20; 49:1-6; 51:5; 52:10; 59:19). 딸 시온은 구원이 임한다는 소식을 듣는다. 40장 10절에는 야훼께서 직접 '강한 자'로 임하실 것이라고 말하고 있지만, 여기에서는 '너의 구원'이라는 다소 애매한 표현으로 언급된다. 그러나 하반절의 '그'는 야훼를 가리킴이 분명하다. 그분에게는 '상급'(<사카르> שָׂכָר)과 '보응'(<페울라> פְּעֻלָּה)이 있다. 이 상급과 보응이 귀환하는 백성 자체를 가리키는 것인지 아니면 어떤 행동에 대한 보응과 보상을 의미하는지 분명하지 않다. 다만 하나님은 자신의 공평과 정의의 잣대로 상급을 주시고 보응하심으로 자신의 구원을 이루시는 분이라는 사실만은 확실하다.

하나님의 구원이 임하면 모두가 새로운 이름을 얻는다. 돌아온 백성들은 사람들이 '거룩한 백성'(<암-하카도쉬> עַם־קֹדֶשׁ)이라 '야훼의 속량하신 자들'(<게울레-야훼> גְּאוּלֵי יְהוָה)이라고 부를 것이다. 또한 예루살렘을 '찾은 바 된 자'(<데루샤> דְּרוּשָׁה)요, '버려지지 않은 성읍'(<로 네에자바> לֹא נֶעֱזָבָה)이라고 부를 것이다. 이사야 62장 2절과 4절에서 예고된 일들이 실제로 나타날 것이다. 이러한 이름 획득은 이스라엘이 언약의 백성으로서 지위를 확실히 회복할 것을 말하고 있다(출 19:5-6). 하나님과 언약의 백성과의 깨어졌던 관계가 회복되고 신랑이 신부를 기뻐함같이 하나님이 이스라엘을 기뻐하실 것이다(62:5 참조). 그러나 이스라엘의 사명은 회복으로만 끝나지 않는다. 회복된 이스라엘은 '이방의 빛'이 되어 열방에게 하나님의 구원을 선포하는 사명을 감당해야 한다(42:6; 49:6; 51:4; 60:1-3; 눅 2:32; 행 13:47; 26:23).

4. 본문의 메시지

위와 같은 본문 연구를 통해 다음과 같은 메시지를 찾을 수 있다.

첫째, 하나님의 구원이 성취되기 위해서는 준비하는 자가 필요하다. 이사야 62장에 그려진 예언자의 모습은 하나님의 구원이 실종된 상황을 안타까워하며 뜨거운 마음을 가지고 열정 적으로 행동하는 믿음의 사람이다. 하나님의 침묵에 대해 방관할 수 없고 잠잠히 있을 수 없다. 자신만 가만히 있지 못하게 하는 것이 아니라 파수꾼과 기도자들을 세워서 하나님이 가만히 계시지 못하게 만든다. 그들은 예루살렘이 회복되고 세상에서 칭송을 받게 될 때까지 일하기를 쉬지 않고 하나님께 간구하는 것을 멈추지 않을 것이다. 이러한 부르짖음과 간절한 소망이 있을 때 하나님의 구원은 성취되고 하나님의 영광이 드러난다.

예언자가 먼저 상황을 인식하고 그에 맞는 조치를 내리듯이 어느 곳에서나 선각자와 예언자가 필요하며 그들을 돕는 일꾼이 필요하다. 종교개혁자들도 하나님의 말씀과 현실이 너무 많은 차이가 있음을 간파하고 말씀에 기초한 개혁을 이끌었다. 또한 그들과 함께 목숨을 아끼지 않으면서까지 자신들을 드린 헌신의 사람들이 있었기 때문에 오늘날 우리 교회는 신앙의 자유를 누리고 마음껏 하나님을 찬양할 수 있는 것이다. 우리 주위에는 이러한 예언자와 그들을 따르는 하나님의 참된 일꾼들이 있는가?

둘째, 하나님의 구원은 하나님께 드리는 감사와 기쁨의 예배를 통해 확인할 수 있다. 하나님이 예언자와 그의 지시를 받은 사람들의 간구에 응답하신다. 자신의 오른손, 즉 그의 능력의 팔을 들어 맹세하심으로 그의 맹세가 얼마나 확실한가를 보여주신다. 다시는 곡식이 원수들에게 빼앗기지 않을 것이며 수고하여 얻은 포도주를 이방사람이 마시지 못할 것이다. 이제는 추수한 자가 추수한 것을 먹고 거둔 자가 거둔 것을 마시게 될 것이다. 그러나 하나님의 구원은 단지 소출이 많아지고 수확한 것을 먹고 마시는 사회-경제적인 차원에 머무르지 않는다. 그것을 거둔 사람들이 그것을 먹고 야훼를 찬송하며 그것을 모은 자들이 하나님의 성소 뜰에서 마시게 되는 예배의 회복에서 비로소 구원을 통해 목표한 바가 이루어진다.

하나님의 백성의 구원은 단순히 물질적인 번영에서 그 의미를 찾을 수 없다. 하나님과의 관계가 회복되고 하나님께 드리는 찬양과 감사가 살아 있을 때 참된 의미가 있다. 그러므로 우리는 살아계신 하나님을 만나고 그분과 교제하는 것을 신앙의 으뜸 덕목으로 삼아야 한다. 아무리 많이 가진들 나누지 못하면 무슨 소용이 있으며, 아무리 잘 먹고 마신들 하나님과의 영적 교제가 없으면 다른 사람과 함께 나눌 수 있는 기쁨이 어디 있으랴!

셋째, 하나님의 궁극적인 관심은 '땅 끝'과 '만민'에게 있다. 구원의 소식을 들은 예루살렘 주민들은 앞으로 돌아올 백성들의 길을 만들기 위해 성문 밖으로 나가도록 요청된다. 그들은 큰 길을 닦고 열방을 향해 깃발을 높이 올려야 한다. 하나님은 지금 일으키시는 새 일을 열방이 알아차리기를 열망하신다. 그래서 하나님은 하나님의 구원을 땅 끝까지 들리게 하신다. 이스라엘과 예루살렘에게 새로운 이름을 주신 것도 결국은 그들을 '이방의 빛'으로 삼으시기 위함이다(42:6; 49:6).

이러한 하나님의 계획은 아브라함을 택하실 때부터 분명하게 천명되었던 것이다. "땅의 모든 족속이 너로 말미암아 복을 얻을 것이라"(창 12:3; 22:18; 26:4; 28:14; 행 3:25; 갈 3:8). 이스라엘은 이방의 구원을 위해서 제사장 나라로 선택된 것이다(출 19:6; 또한 벧전 2:5, 9; 계 1:6; 5:10 참조). 그러므로 언약의 백성으로서 새 이스라엘로 살아가는 우리들은 우리 자신만의 구원으로 만족해서는 안 된다. 하나님의 사랑을 받은 자로서 하나님의 은혜와 사랑을 나누어 주는 축복의 통로가 되어야 하며(갈 3:8-9), 속량받은 백성으로서 거룩하게 되어 '사람 앞에 빛을 비추어 하늘에 계신 아버지께 영광을 돌리게 하여야' 할 것이다(마 5:16; 벧전 2:12). 우리의 시야는 땅 끝까지 이르러야 하고(행 1:8), 하나님의 구원을 전해야 할 대상은 모든 민족이어야 한다(마28:19-20).

예레미야의 환상과 예언

(예레미야 24-25장)

1. 들어가는 말

예레미야서를 연구할 때 주의해야 할 점은 예레미야서의 내용이 역사적인 순서대로 기록되지 않았다는 점이다. 다양한 자료들이 시간적인 순서를 따르지 않고 편집자의 의도를 따라 임의대로 편집되었다.[1) 예컨대 예레미야 24장은 22장에 연결된다. 그렇다면 23장은 삽입된 내용이라 볼 수 있다. 그리고 예레미야 24장은 25장의 내용보다 후대에 기록된 내용이다(아래의 설명을 보라). 그러나 필자는 두 장의 내용이 본문의 순서가 영향을 주지 않고 독립적으로 이해될 수 있기 때문에 우리말 성경의 순서를 따라 서술하고자 한다.

2. 무화과 두 광주리 환상(렘 24:1-10)

---

1) 이러한 이유로 존 브라이트는 예레미야 본문을 현재 본문의 순서를 따르지 않고 역사적 배경을 고려하여 네 가지 주제로 재구성한 순서를 따라 주석하고 있다. J. Bright,『예레미야』(국제성서주석) (서울: 한국신학연구소, 1985), 287-295, 296-302, 319-321.

2.1. 본문의 배경과 구조

예레미야 24장은 주전 597년 여호야김의 아들 여고냐2)와 유다 방백들이 바벨론으로 붙잡혀간 제1차 바벨론 포수(捕囚) 사건을 배경으로 하고 있다. 말씀과 환상 가운데 두드러지게 나타나는 측면이 예언자들마다 다르다. 호세아, 예레미야, 제2이사야에서는 '말씀' (word)이 주도적인 역할을 하고 있는 반면, 에스겔, 스가랴, 다니엘서에서는 '환상'(vision)의 요소가 지배적으로 나타난다.3) 예레미야서에는 환상이 두 번 기록되어 있는데, 예레미야 24장은 1장 11-14절에서보다 매우 정교하게 환상이 기술되고 있다. 본문의 내용을 분석해 보면 다음과 같다:4)

1) 환상에 대한 고지(告知) – "야훼께서 내게 보이셨다.", 2) 전환 – "그리고 보니"($w^e hinn\bar{e}$), 3) 환상 자체 – a) 이미지("야훼의 성전 앞에 놓인 두 개의 무화과 광주리"와 2절 전체), b) 야훼의 질문("예레미야야, 네가 무엇을 보느냐?), c) 예언자의 대답(3절의 나머지), d) 야훼의 말씀(4-10절).

위와 같은 분석을 토대로 아래와 같이 세 단락으로 나눌 수 있다.

> 1-3절: 환상 그리고 대화
> 4-7절: 좋은 무화과에 대한 설명
> 8-10절: 나쁜 무화과에 대한 설명

---

2) 여고냐는 왕하 24-25장에서는 '여호야긴'으로, 렘 22:24, 28에서는 '고니야'로 불린다. 그러나 신약성서 마 1:12는 렘 24장의 이름대로 '여고냐'라고 지칭한다.

3) R. P. Carroll, *Jeremiah 1-25* (OTL), London: SCM Press 1986, 484.

4) B. O. Long, "Reports of Visions Among the Prophets," *JBL* 95 (1976), 357. W. L. Holladay, *Jeremiah 1* (Hermeneia), Philadelphia: Fortress Press 1986, 656에서 재인용.

2.2. 본문해설

1) 환상 그리고 대화(1-3절)

1절은 예레미야가 환상을 본 때의 시대적 상황과 그가 보았던 환상의 내용을 기술하고 있다. 주전 597년 바벨론 침공으로 유다에서는 여호야김의 아들 여고냐(여호야긴)와 그의 모친, 그리고 아내와 내시를 비롯하여 나라의 고관들이 바벨론 포로로 붙잡혀 갔다. 또한 예루살렘 성전과 왕궁에 있던 보물들이 탈취되었고 예루살렘에 있던 당시의 유능한 장인들과 대장장이들을 비롯하여 많은 방백과 용사들이 사로잡혀 갔다(왕하 25:10-16 참조). 그래서 성전의 금 그릇들이 산산조각 부수어졌고 예루살렘에는 '비천한 자'만 남게 되었다. 다시 말하면 주전 597년 바벨론의 제1차 침공으로 유다의 핵심인물들이 모두 바벨론으로 사로잡혀 간 것이다.

이러한 상황에서 야훼께서 예레미야에게 환상을 보여 주셨다. 그것은 야훼의 전 앞에 놓여 있는 두 개의 무화과 광주리였다. 한 광주리에는 매우 좋은 무화과가 있었고, 다른 광주리에는 매우 나쁜 무화과가 있었다(2절). 좋은 무화과는 한 해의 처음 익은 열매처럼 탐스럽고 보기 좋은 것이었지만, 나쁜 무화과는 상태가 좋지 않아서 먹을 수도 없는 나쁜 것이었다. 이렇게 양극단의 모습을 보이는 두 가지 종류의 무화과는 소위 이사야서의 '포도원의 노래'에 등장하는 '극상품 포도'와 '들 포도'의 상반된 모습을 생각나게 한다(사5:2 참조).

이때 야훼께서 예레미야에게 물으셨다: "예레미야야, 네가 무엇을 보느냐?" 그러자 예레미야는 자신이 보고 있는 두 가지 종류의 무화과에 대한 환상의 내용을 설명한다. 이러한 질문과 답변의 과정은 예레미야 1장의 소명기사에 나오는 환상의 장면과 동일하다(렘1:11, 14 참조). 야훼께서는 예언자에게 환상을 통해서 그림으로 보여주시는 것으로 그치지 않고, 보고 있는 것의 내용에 대하여 질문하심으로 환상의 내용을 확인하고 각인시키신다. 그리고 야훼께서는 이러한 질문을 환상의 내용을 설명하기 위한 발판으로 삼으신다.

2) 좋은 무화과에 대한 설명(4-7절)

야훼께서는 두 가지 종류의 무화과에 대한 의미를 설명하신다.[5] 그런데 좋은 무화과는 뜻밖에도 당시에 바벨론에 붙잡혀간 유다의 '포로들'이라는 것이다(5절). 이것은 당시 사람들에게는 매우 충격적인 내용이었다. 왜냐하면 에스겔 11장 3절에서 보여주는 바와 같이 당시 예루살렘에 남아있던 사람들은 자신들을 '가마 속의 고기'에 비유하여 포로로 끌려간 사람들보다 더 낫다는 생각을 가지고 있었기 때문이다. 바벨론에 붙잡혀간 사람들은 하나님께 심판을 받은 죄인이라고 생각하고 자신들은 그렇지 않다는 점에서 우월감을 가지고 있었다. 그러나 야훼께서는 이러한 잘못된 판단을 깨뜨리시고 오히려 포로로 붙잡혀간 그들이 좋은 무화과라고 말씀하시는 것이다(겔 11:1-11 참조).

야훼께서는 그들을 돌보아 좋게 하여서 다시 이 땅으로 인도하여 그들을 세우고 헐지 않으며 심고 뽑지 않겠다고 말씀하신다(6절). 여기에서 알 수 있는 것은 하나님의 지극하신 사랑과 은혜이다. '유다의 포로'들이 좋은 무화과라는 것은 그들이 본래부터 좋은 무화과이기 때문이 아니라 하나님께서 그렇게 보아주시기 때문이며,[6] 하나님께서 또한 그렇게 만드시기 때문에 가능한 것이다.[7]

---

5) 이것은 마치 비유를 말씀하시고 그 비유의 의미를 설명하시는 예수님의 모습과도 견줄 수 있다(예컨대, 눅 8:11-15의 좋은 땅의 비유에 대한 설명).

6) 개역성경의 5절 후반부 번역 "이 좋은 무화과 같이 보아 좋게 할 것이라"에서 '보아'는 히브리말 <나카르> (nkr)의 히필형을 번역한 말로 '-로 여기다, 인정하다'(regard, acknowledge)의 의미를 가진 말이다. 다시 말해 하나님께서 그렇

이러한 과정을 통해서 야훼께서 의도하는 바가 7절에서 서술된다. 그것은 포로로 붙잡혀간 사람들이 자신을 야훼로 알고 전심으로 돌아와 하나님과 백성의 관계를 회복하는 것이다. 다시 말하면, 그들에게 새 마음을 갖게 하고 새로운 언약의 관계로 나아가게 하는 것이 하나님의 목적이다(31:31-34; 겔 11:19-20; 36:26-28 참조).

3) 나쁜 무화과에 대한 설명(8-10절)

이제 나쁜 무화과에 대한 설명이 이어진다. 8절에서 나쁜 무화과로 지칭된 사람들은 유다왕 시드기야와 고관들, 그리고 예루살렘에 남아 있는 자들과 애굽 땅에 거하는 자들이다. 야훼께서는 그들을 나쁜 무화과처럼 '넘겨주겠다'고 말씀하신다. 야훼께서는 그들을 세상 모든 나라에 흩으셔서 환난을 당하게 하고 수치와 조롱, 비웃음과 저주를 받게 하겠다는 것이다(9절). 이뿐 아니라 칼과 기근과 전염병을 보내어 그들이 그들과 그들의 조상에게 준 땅에서 멸절되도록 하시겠다고 말씀하신다(10절). 먹지 못할 나쁜 무화과는 자취를 찾아볼 수 없을 정도로 완전히 도말될 것이라는 참으로 엄중한 심판의 말씀이다.

그렇다면 어떤 이유에서 제1차 바벨론 포수에서 남겨진 사람에게 이러한 멸망이 선포되었을까?[8] 예레미야 24장의 본문만을 가지고

게 보아주시지 않으면 그들이 좋은 무화과로 인정받을 수 없다는 것이다.

7) 개역성경의 6절 전반부 번역 "내가 그들을 돌아보아 좋게 하여"를 직역하여 바꾸면 '나의 눈을 그들에게 두어 좋게 하여'가 된다. 즉 하나님의 지속적인 관심과 돌봄 속에서 그들이 좋은 무화과로 바뀌고 유지된다는 것이다. 이렇게 바벨론 포로의 경험을 통해 좋은 무화과로 거듭나는 과정을 에스겔에서는 '회개'와 '정화'의 과정으로 표현한다(겔11:18-20 참조).

8) 회복에 대한 희망은 모든 포로가 아니라 주전 597년 제1차 바벨론 포수 때에 붙잡혀간 여고냐와 그의 사람들에게 주어진다. 따라서 많은 학자들이 이 본문이 여고냐의 후예들로서 포로생활을 끝내고 예루살렘으로 돌아온 자들(예컨대, 학개, 슥1-8장, 에스라, 느헤미야)이 이스라엘을 재건하는 상황에서 저작되었을 것

는 이 문제를 해결할 수 없다. 동일한 심판선고가 묘사된 유사본문들(렘 29:16-19; 겔 11:1-12)을 통해서 그 이유를 알 수 있다. 그것은 예루살렘에 남아있던 자들이 계속 보내진 예언자들의 말을 듣지 않았다는 것이요, 야훼의 율례와 규례는 저버리고 이방인의 규례대로 행하면서도 자신들이 포로된 유다인들보다 더 낫다는 우월감에 빠져 있었다는 것이다. 포로생활을 면한 것이 자신들의 공로 때문도 아닌데 그런 줄로 아는 착각 속에 있었고, 예언자들을 통해서 선포되는 하나님의 말씀을 외면하는 불순종의 죄를 범했다는 것이다. 그래서 남아 있는 자들은 주전 587년 바벨론의 2차 침공을 통해 예루살렘 멸망을 목도하며 경험하게 된다.

2.3. 본문의 메시지

예레미야 24장의 내용을 통해 다음과 같은 본문의 메시지를 찾을 수 있다. 내용의 흐름상 메시지를 본문의 뒷부분부터 찾는 것이 좋겠다.

첫째, 나쁜 무화과가 되지 말라. 나쁜 무화과도 처음부터 나쁘거나 악하지 않았다. 에스겔 11장에서 예루살렘에 있는 자들이 말하는 바와 같이 포로로 끌려가지 않고 예루살렘에 남아 있던 자들은 자신들이 하나님의 심판을 면한 것으로 생각할 수 있다. 그러나 그들이 깨달아야 했던 사실은 그들이 심판에서 제외된 것이 그들이 뭔가 잘났기 때문이 아니라는 점이다. 그렇기 때문에 그들은 더 겸손해야 했다. 하나님의 은혜에 감사하고 하나님의 뜻을 더 열심히 구해야 했다. 그러나 그들은 자신들이 포로로 끌려간 사람들보다 더 낫다는 자만에 빠졌고, 예언자를 통해서 들려주시는 하

이라고 추정한다. 이점에 관하여 다음을 참조하라. R. P. Carroll, *Jeremiah 1-25*, 487-8.

나님의 말씀을 듣지 않았다(렘27-28장 참조). 그래서 그들은 결국 하나님의 심판을 받아 자신들이 살고 있는 땅에서 쫓겨나야 했다.

둘째, 하나님은 고난을 통해 좋은 무화과를 만드신다. 나쁜 무화과의 경우와 마찬가지로 좋은 무화과도 처음부터 좋지 않았다. 본문해설에서도 보았듯이 하나님께서 좋은 무화과로 '보아주셨기' 때문에 가능한 것이었다. 하나님의 은혜와 사랑이 전제되지 않고서는 이루어질 수 없는 일이다. 더 나아가서 하나님께서는 바벨론 포로라는 고난의 경험을 통해서 좋은 무화과를 만드신다. 심판이라 할 수 있는 포로생활이 하나님을 더 뜨겁고 순수하게 만나게 하는 은혜의 자리가 된다. 포로된 자들이 자신들의 잘못된 모습에서 돌이키게 하시고, 새 마음과 새 영을 주어 하나님과의 참된 관계를 회복하게 하신다. 하나님께서는 심판이란 고난의 경험을 통해서 하나님을 하나님으로 인정하게 하시고, 자신들의 삶을 이끄시고 주관하시는 분이 야훼 하나님이신 것을 확실히 깨닫게 하신다(겔 11:19-20; 36:26-28 참조).

셋째, 새 시대는 새롭게 보냄을 받은 사람들을 통해서 시작되고 건설된다. 하나님은 새로운 시대를 여시고 이어가실 때 옛 땅에 그저 남아 있는 사람들을 사용하지 않으셨다. 새로운 땅과 미지의 세계로 이끌어 가시는 하나님의 뜻과 부르심에 순종하여 현재의 상태와 상황을 박차고 일어날 수 있는 자들이 새 역사의 주인공이 되었다. 한 곳에 정주하며 그 땅만을 고집하는 자는 하나님의 새 역사 창조에 쓰임 받는 자가 되기에 부적절하였다. 오늘 본문에서도 예루살렘에 남아 있던 자들은 결국 흩어져 수치와 조롱, 비웃음과 저주의 대상이 되지만, 포로로 끌려가 회개와 정화를 경험한 자들은 다시 고토로 돌아와 새 시대를 여는 주인공들이 된다.

3. 유다와 그 이웃나라들에 대한 예언(렘 25:1-38)

3.1. 본문의 배경과 구조

예레미야 25장은 주전 605년 바벨론 왕 느부갓네살이 갈그미스에서 애굽 군대를 무찌르고 팔레스틴에 대한 지배권을 갖기 시작한 때를 그 배경으로 하고 있다. 예레미야 25장은 다음과 같이 세개의 큰 단락과 그 하위 단락으로 나누어진다.

1-14절: 바벨론을 통한 유다 심판
    1절: 도입부
    2-7절: 유다의 범죄
    8-11절: 유다에 대한 심판
    12-14절: 바벨론에 대한 심판
15-29절: 유다와 그 이웃나라들에게 임할 진노의 잔
    15-16절: 진노의 잔에 대한 야훼의 명령
    17-26절: 유다와 그 이웃나라가 마실 진노의 잔
    27-29절: '너희는 그 잔을 마셔야 한다.'
30-38절: 야훼의 거처에서 시작되어 온 땅에 미칠 심판
    30-31절: 야훼의 거처에서 시작되는 심판
    32-38절: '각 나라에 재앙이 임하리라.'

3.2. 본문해설

1) 바벨론을 통한 유다 심판(1-14절)

1절은 예레미야 25장의 도입부이다. 여호야김 즉위 제4년은 위에서 언급한 바와 같이 주전 605년 바벨론이 당시 중동지역의 패권을 장악하게 된 해이다. 또한 이것은 예레미야가 바룩에게 예언

의 내용을 두루마리에 받아쓰게 한 해이기도 하다(36:1 참조).9)

2-7절은 유다의 범죄사실이 지적된다. 예레미야는 예언자로 활동한 기간의 절반 정도에 해당하는 23년 동안(요시야 즉위 제13년부터 여호야김 즉위 제4년까지) 열심히 하나님의 말씀을 전했지만, 유다와 예루살렘의 백성들은 그 말씀을 듣지 않았다고 말한다. 악행에서 돌이키고 '손으로 만든 것', 즉 우상(1:16 참조)으로 야훼를 격동시키지 말라고 일렀으나 듣지 않다가 스스로 재앙을 초래하였다는 것이다.

따라서 야훼께서는 심판을 내리지 않을 수 없으시다(8-11절). 9절의 '북방의 모든 족속'은 바벨론을 가리킨다(1:15 참조). 야훼께서는 북방 민족 바벨론을 통해 유다를 심판하실 것이라고 선언하신다. 주목할 만한 점은 바벨론 왕 느부갓네살이 '내 종'으로 불려지고 있다는 점이다. 이것은 느부갓네살이 유다의 심판을 위해 사용되는 하나님의 도구가 된다는 점을 강조하는 표현이다.10) 심판을 받은 유다는 그 주위 나라들은 진멸되어 놀라움과 비웃음거리가 될 것이며 황폐한 곳이 될 것이다. 그들은 70년동안 바벨론 왕을 섬겨야 한다.11)

---

9) 이 두루마리의 내용은 유다왕 여호야김과 고관들 앞에서 낭독되는데 여호야김은 읽자마자 두루마리를 모두 불태워 버렸고, 두 번째로 받아 쓴 예레미야의 말씀이 현재의 예레미야서의 바탕이 되었다(36:32 참조).

10) 이사야서에서는 이방 임금 고레스가 하나님이 쓰시는 도구라는 의미에서 '나의 목자'(사44:28) 또는 하나님이 임명하신 통치자라는 의미에서 기름부음 받은 자, 즉 '메시야'(사45:1)로 소개된다.

11) '70년'이란 숫자에 대한 설명은 여러 가지다. 유다가 바벨론에게 굴복한 기간은 길게 잡아야 주전 597년부터 주전 538년까지 대략 60년인데(짧게 잡으면 예루살렘 멸망의 해인 주전 587년부터 538년까지 50년), 예레미야의 70년이란 숫자와 맞지 않는다. 따라서 이 숫자가 사람의 평균나이를 의미하는 어림숫자(시 90:10 참조)라거나 스가랴 1장 12절에서와 같이 성전파괴와 성전재건 사이의 간격(주전 587년부터 주전 520-515년 사이), 또는 니느웨의 멸망(주전 612년)이나 갈그미스

야훼의 심판은 유다에만 국한되지 않는다. 심판의 도구가 되었던 바벨론도 자신들의 죄악에 상응하는 징벌을 받아야 한다(12-14절). 하나님의 도구로 쓰임을 받았다고 해서 그들의 죄가 면제되는 것은 아니다. 바벨론이나 열방들도 '자신들의 행위와 그들의 손이 행한 대로' 그 댓가를 치르게 된다.

2) 유다의 이웃나라들에게 임할 진노의 잔(15-29절)

예레미야 25장의 두 번째 단락에서는 앞서 예고한 유다와 이웃 나라에 대한 심판이 '진노의 포도주 잔'이라는 상징적 표상을 통해 전달된다. '진노의 포도주 잔'이란 표상은 구약성서에 널리 퍼져 있다(시 11:6; 75:8; 렘 49:12; 51:7; 동시대적인 자료 - 합 2:15-16; 겔 23:31-33; 옵1:16; 애 4:21; 후대의 자료 - 사 51:17, 22; 슥 12:2; 이것은 신약에도 그 반향을 찾아볼 수 있다 - 계 14:10; 16:19; 17:4; 18:6).12) 그러나 이 '진노의 잔'이란 상징적 표상의 유래에 대해서는 학자들간에 의견이 일치하지 않는다. 그럼에도 불구하고 분명한 것은 이 '진노의 포도주 잔'이란 표상을 통해서 나타내고자 하는 바이다. 포도주를 마심으로 취하게 되면 '비틀거리며 제정신을 차리지 못하고'(사 28:7-8; 29:9-10 참조) 결국 쓰러지는 것이 야훼의 심판으로 칼에 쓰러지는 모습에 비교된다.

전투(주전 605년)부터 바벨론의 멸망(주전 539년)까지의 기간, 혹은 여호야김의 등극(주전 609년)부터 고레스의 승리(주전 539년)까지의 시간 등을 의미한다고 설명한다. 또한 성경 외적인 증거를 가지고서 '에살핫돈의 검은 돌'(The Black Stone of Esarhaddon)에 나타나 있는 것처럼 고대 오리엔트의 도시가 황폐하게 버려진 기간(사23:15 참조)을 의미한다고 설명하기도 한다. 이점에 대해서 다음을 참조하라. W. L. Holladay, *Jeremiah 1*, 668-669; J. Bright, 『예레미야』, 291, 335; R. Albertz, 『포로시대의 이스라엘』, 배희숙 옮김 (서울: 크리스챤다이제스트 2006), 35-37.

12) W. L. Holladay, *Jeremiah 1*, 673.

15-16절은 예레미야가 야훼께로부터 진노의 포도주 잔을 건네받는 장면을 묘사하고 있고, 이러한 표상에 대한 구체적인 적용과 설명이 17-26절에서 이어진다. 하나님의 심판은 예루살렘과 유다에서 시작하여 북방 원근의 모든 왕과 세상 모든 나라에 미칠 것이다. 마지막에 진노의 잔을 마실 세삭(Sheshach)왕은 바벨론을 가리킨다.13) 두 번째 단락의 마지막 부분(27-29절)에서는 심판의 대상이 된 자들이 반드시 잔을 마셔야 함을 분명히 한다. 하나님의 심판은 자신의 백성, 곧 '내 이름으로 일컬음을 성'(시 46:4 참조)에서부터 시작되기 때문에 그 누구도 거부할 수 없다.

3) 야훼의 거처에서 시작되어 온 땅에 미칠 심판(30-38절)

예레미야 25장의 마지막 단락에서 예레미야는 지금까지 예고한 야훼의 심판을 집약적으로 선포한다. 30-31절에서 야훼의 심판은 하나님이 거주하시는 거룩한 처소에서부터 시작된다는 사실을 알려준다. 야훼의 거룩한 처소는 하늘과 지상 모두에 있다. 하나님이 거주하시는 지상의 장소는 예루살렘 성전이 있는 시온이다. 그러나 본 본문에서 의미하는 바는 하늘에 있는 야훼의 거처가 더 강조되어 나타난다.14) 이렇게 하늘에 계시는 하나님의 모습이 강조되는 것은 예레미야에 의해서 선포되는 하나님의 심판이 종말론적이며 우주적인 세계 심판의 의미를 내포하고 있음을 잘 보여준다.

---

13) 이것은 '바벨론'에 대한 아트바쉬(Atbash)다. 아트바쉬란 앞에서부터 계산한 알파벳 순서의 철자와 뒤에서부터 계산한 알파벳 순서의 철자와 바꾸는 것을 말한다. 따라서 ššk("세삭")을 아트바쉬로 이해하여 히브리어 철자를 앞에서 계산하면 bbl("바벨론")이 된다. 이 점에 대하여 다음을 참조하라. J. Bright, 『예레미야』, 292; W. L. Holladay, *Jeremiah 1*, 675.

14) 이와 유사한 내용의 본문들이 아모스서(1:2)와 요엘서(3:16)에 나타난다. 두 곳 모두 예루살렘과 시온이라는 구체적인 지명이 언급되어 있다. 이러한 본문에서는 지상의 거처에서부터 심판하러 나타나시는 야훼의 모습이 강조되어 있다.

31절의 '모든 육체'라는 표현이 이러한 사실을 잘 말해준다(단 7장; 마 24장 참조). 야훼께서 발하시는 큰 소리는 포도즙틀을 밟는 자의 소리와 같다(사 16:9-10 참조).

32-38절은 재앙이 각 나라에 임하는 모습을 보여준다. 각 나라에 미칠 재앙이 땅끝에서 일어나는 '큰 폭풍'에 비유되고 있다(32절). 그것은 오늘날 태풍이나 회오리바람이 휩쓸고 지나가면 모든 것이 파괴되어 폐허로 변한 것처럼, 하나님의 심판이 임하면 그러한 모습으로 변할 것이라는 사실을 보여준다. 그러한 심판 가운데 부각되어 묘사되는 것이 '목자들'이다. 목자들은 당시 각 나라들의 왕들을 가리킨다. 하나님의 심판이 임할 때 그들은 도망할 수도 없고 도피하여 숨을 수도 없다(35절). 그들은 죄악에 대한 책임자로서 자신들의 지위에 상응하는 벌을 받아야 한다.

3.3. 본문의 메시지

예레미야 25장에서 다음과 같은 세 가지 하나님의 모습에서 본문의 메시지를 찾을 수 있다.

첫째, 열방을 통치하시는 하나님의 모습이다. 하나님의 심판은 유다에 국한 되지 않고 그 주변나라들에게까지 확대된다. 더 나아가서는 하나님의 심판의 도구로 사용된 바벨론도 자신들의 죄악에 대한 징벌을 받게 된다. 이것을 통해서 온 땅을 다스리시는 하나님의 모습이 잘 드러난다. 특별히 31-32절에서 묘사된 하나님의 모습은 당대의 역사 속에서만 생각되는 하나님의 심판이 아니라 역사의 종말에 '모든 육체'에게 임할 하나님의 총체적인 세계 심판을 미리 생각할 수 있게 한다.

둘째, 자기 백성을 더 엄격히 다스리시는 하나님의 모습이다. 열방을 심판하시는 것은 자신의 백성을 심판하시는 모습의 연장선상에 있다. 하나님이 가장 큰 관심을 기울이는 것은 자신의 백성 유다이며(2-11절), 심판의 대상이 된 자들이 반드시 잔을 마셔야 함은 하나님의 심판이 자신의 백성에서부터 시작되기 때문이다(27-29절). 자신의 백성을 더 엄격히 다스리시는 모습을 아모스서의 열방예언에서 확인할 수 있다(암 1:3-2:8). 전쟁이나 살인과 같은 무거운 죄목을 근거로 심판하시는 열방과는 달리 이스라엘과 유다에 대해서는 율법을 멸시하고 가난한 자들의 정의롭게 대하지 못했다는 이유로 심판하신다고 말하신다. 이와 같이 하나님께서는 자신의 백성에게 더 높은 수준의 윤리와 책임을 요구하신다.

셋째, 책임자들을 문책하시는 하나님의 모습이다. 예레미야 25장의 마지막 단락에서 심판의 주요 대상이 목자들, 즉 양떼의 지도자들임을 보여준다. 자신의 책임은 권한의 한계와 비례한다. 주어진 권한이 크면 클수록 감당해야 할 책임도 크다. 그러한 의미에서 지도자들은 자신의 역할의 중요성을 깨닫고 자신에 맡겨진 일에 충실해야 할 것이다(렘 23장; 겔 34장 참조). 지도자가 문책당하면 지도자의 문책으로 끝나지 않는다. 그와 관련된 모든 사람에게 그 영향이 미친다. 그러나 지도자가 바로 서면 그의 영향권 아래 있는 모든 사람이 행복하다.

너희는 전파하며 말하라

(예레미야 31:7-14)

1. 들어가는 말

신년주일은 한 해를 시작하는 첫 주일이다.[1] 새로운 시작을 의미한다. 헬라어에는 '시간'을 나타내는 두 가지 말이 있다. '크로노스'(chronos)와 '카이로스'(kairos)가 그것이다. '크로노스'는 단순히 흘러가는 시간이요 일련의 연속적인 절대적인 시간을 의미하고, '카이로스'는 때가 꽉 찬 시간으로 구체적인 사건의 순간, 감정을 느끼는 순간, 구원의 기쁨을 누리는 의미 있는 순간을 말한다. 한 해의 첫 주일은 '크로노스'의 의미로 한 해의 첫 시간이다. 하지만 '카이로스'의 의미로 보면 꼭 그렇다고 말할 수 없다. 한 해의 첫 시간을 동일하게 경험해도 모두가 같은 의미로 경험하는 것은 아니라는 말이다. 한 해의 첫 시간을 드리는 신년주일이 '크로노스'의 의미에서만이 아니라 '카이로스'의 의미에서도 새로운 시간이 되기를 바란다.

'카이로스'의 의미에서 첫 시간이라는 것은 새로운 '시대'(era)의 시작이라고 말할 수 있다. 과거에는 경험하지 못한 새로운 차원의 시간이다. 하나님의 역사하심에 대한 영적인 각성과 하나님의 뜻에

---

[1] 본 글은 신년주일을 맞은 상황을 염두에 두고 작성된 글임을 밝혀 둔다.

순종하려는 새로운 결단을 통해 새롭게 맞이하는 뜻 깊은 시간이다. 이제 우리를 새로운 '카이로스'로 인도하시는 하나님의 말씀을 살펴보도록 하자.

2. 문학적·역사적으로 읽기

본 단락은 예레미야서에서 '위로의 책'(30-33장)으로 알려진 구원선포 모음집의 일부이다. 하나님께서는 예레미야를 통해 자신이 이스라엘에게 새롭게 행하실 구원계획을 알리신다.

2.1. 본문사역

[7]참으로 야훼께서 이렇게 말씀하신다. "야곱을 위해 기쁨으로 환호하고, 열방의 머리(בְּרֹאשׁ הַגּוֹיִם)로 인해 외치라. 너희는 선포하고 찬양하며 말하라. '야훼여 당신의 백성, 곧 이스라엘의 남은 자를 구원하소서.' [8]보라 나는 그들을 북쪽 땅에서 데려올 것이며, 그들을 땅끝에서 모을 것이다. 그들 가운데는 눈 먼 자와 다리 저는 자와 임신한 여인과 해산하는 여인이 함께 있을 것이라. 그들은 큰 무리를 이루어 이곳으로 돌아올 것이다. [9]그들은 울며 돌아올 것이며, 간구할 때 내가 그들을 인도할 것이다. 나는 그들을 물이 있는 강가로 인도할 것이며, 그들은 그곳, 곧은 길 위에서 넘어지지 않을 것이다. 참으로 나는 이스라엘의 아버지이며, 에브라임은 나의 장자이니라." [10]열방이여, 야훼의 말씀을 들으며, 먼 섬에 전파하여 말하라. "이스라엘을 흩으신 자가 그를 모으며, 양 떼의 목자처럼 그를 지키실 것이다." [11]왜냐하면 야훼께서는 야곱을 구원하셨고 그(야곱)보다 강한 자의 손에서 그를 속량하셨기 때문이다. [12]그리고 그들은 와서 시온의 높은 곳에서 환호할 것이며, 야훼의 좋은 것, 곧 곡식과 새 포도주와 새 기름과 어린 양과 송아지들에게로 몰려들 것이다. 그들의 영혼은 물댄 동산 같겠고, 그들은 다시 쇠약해지지 않을 것이다. [13]그 때 처녀가 춤추며 기뻐할 것이며, 젊은이와 노인들도 그러할 것이다.

내가 그들의 슬픔을 기쁨으로 바꿀 것이며 그들을 위로하고 그들의 근심으로부터 그들을 기쁘게 할 것이다. [14]내가 기름으로 제사장들의 영혼을 흡족하게 할 것이며 나의 좋은 것으로 나의 백성을 만족하게 할 것이다. 야훼의 말씀이다.

2.2. 본문의 구조

본문은 아래와 같이 두 개의 단락이 각각 두 개의 소단락을 가진 형태로 구성되어 있다.
1) 첫 번째 메시지(7-9절)
   명령 1: 너희는 외치라(7절)
   약속 1: 내가 그들을 데려올 것이다(8-9절)
2) 두 번째 메시지(10-14절)
   명령 2: 열방이여, 전파하며 말하라(10-11절)
   약속 2: 그들은 와서 시온의 높은 곳에서 환호할 것이다(12-14절)

위에서 보는 바와 같이 본 단락은 각각 '명령'과 '약속'의 두 개의 소단락을 가진 두 개의 메시지로 구성되어 있다. 먼저 명령 부분에서는 두 곳 모두 '외치고 말하라'라는 것이 주된 내용으로 나타난다. 하지만 내용면에서는 두 명령은 서로 대조가 된다. 첫 번째 명령(7절)에서는 '야훼에게 구원을 요청하라고 말해진다. 하지만 두 번째 명령(10-11절)에서는 하나님의 약속하신 구원이 다가오고 있음을 선포하는 것이 주된 내용이다. 첫 번째 명령에서는 다른 여러 예언서들에서처럼(렘 4:5; 5:20; 암 3:9) 수신자가 불분명하다. 아마도 파수꾼이나 전령에게 준 명령처럼 보인다. 두 번째 명령에서는 수신자가 분명하게 드러난다. 예언자는 열방들에게 듣고 먼 곳에 있는 섬에게 하나님이 이스라엘을 어떻게 구원하셨는지를 알리라고 명령한다.

다음으로 약속 부분은 모두 야훼께서 1인칭으로 말씀하시는 내
용을 포함하고 있다. 하나님은 이스라엘(3인칭 복수)을 다시 모으
실 것(8-9절)이며 그들에게 기쁘고 풍성한 삶을 제공하실 것(12-
14절)이라고 약속하신다. 특별히 이 본문은 뒤에 나오는 내용과
많은 연결점을 갖는다. 에브라임을 장자라고 부르는 것(9절)은 뒤
에 나오는 단락(31:15-22)에서 하나님이 에브라임을 '나의 사랑하
는 아들', '나의 기뻐하는 자식'(20절)이라는 표현과 연결된다. 임
신한 여인이나 출산하는 여인이 안전하게 약속된 땅에 도착하게
되는 것(8절)은 메소포타미아로부터 맹세의 땅으로 비슷한 여정의
길을 오는 동안 죽었던 라헬(15절)에 대한 기억과 대조된다. 라헬
에 대한 약속(31:16-17)은 본 단락(31:7-14)의 내용을 다음과 같
이 요약한다.2) "너의 자녀가 자기들의 지경으로 돌아오리라."

특별히 이 단락과 이 단락의 앞뒤에서 '에브라임'이 빈번히 등
장하고(31:6,9,18,20), 사마리아(31:5)와 라헬(31:15)이 언급되는 것
은 이 단락이 북이스라엘과 매우 긴밀한 연결관계를 맺고 있음을
알게 한다.3) 그리고 이 단락에서 선포되는 구원예언은 예레미야 5
장과 6장의 멸망예언을 돌이키는 것이며, 예레미야서의 종반부(50:
4-7)에서 시온에서 북이스라엘과 남 유다를 포함하는 온 이스라엘
과 맺는 '영원한 언약'이 다시 한 번 강조된다.

3. 본문해설

---

2) Gerald L. Keown / Pamela J. Scalise / Thomas G. Smothers, *Jeremiah
26-52* (WBC) (Waco, Texas: Word Books, 1995), 112.

3) W. L. Holladay / P. D. Hanson, *Jeremiah 2: A Commentary on the Book
of the Prophet Jeremiah, Chapters 26-52* (Hermeneia) (Minneapolis: Fortress
Press, 1989), 161.

3.1. 첫 번째 메시지(7-9절)

명령 1: 너희는 외치라(7절)

7절은 전형적인 예언자의 전달형식구로 시작된다. '참으로 야훼께서 이렇게 말씀하신다.' 그런데 여기에서 <키>(כִּי, '참으로')라는 부사를 통해 예언자의 예언이 강조되고 있다. 예언자는 먼저 '야곱을 위해 기쁨으로 환호하고, 열방의 머리로 인해 외치라.'고 말한다. 여기에서 '야곱'과 '열방의 머리'가 평행법적으로 사용되었다. 여기에서 '머리'로 번역된 히브리 낱말은 <로쉬>(רֹאשׁ)인데, 이것은 신체 부위의 '머리'도 가리키지만 은유적인 의미로 '지도자', '으뜸'이라는 의미를 갖는다. '야곱'과 '열방의 머리'가 평행법적으로 사용됨으로 야곱이 열방의 머리가 되었음을 드러내고 있다. 그러면서 예언자는 '기쁨으로 환호하고'(רִנָּן) '외치라'(צָהַל)고 말한다. 또한 8절에서는 '너희는 선포하고(שָׁמַע) 찬양하며(הִלֵּל) 말하라(אָמַר)'고 한다. 이러한 동사들은 시편이나 예언서에서 기쁨의 소식과 관련하여 자주 등장하는 표현들이다(예컨대, 사 12:6; 14:7; 36:10; 44:23; 48:20; 49:13; 51:11; 54:1; 55:12 등). 여기에서 우리는 특별히 이사야 35장이나 40-55장에서 선포되는 예언과 같은 억양과 분위기를 느낄 수 있다. 앞으로 예상되는 포로로부터의 귀환을 기뻐하고 축하하라는 명령이다. 이것은 바로 앞장에 나와 있는 예레미야의 예언(30:5-7)의 두려움을 자아내는 언어와는 대조적이다.[4]

여기에서 주목을 끄는 것은 '야훼여 당신의 백성, 곧 이스라엘의 남은 자를 구원하소서.'라고 말하라는 내용이다. 하나님은 절대적 주권과 주도권을 가지고 자신의 구원을 이루시지만 그 구원이 백성들의 기도와 깊은 관련이 있음을 보여주는 것이다. 여기에서

---

4) T.E.Fretheim, *Jeremiah* (Smyth & Helwys) (Macon, Ga.: Smith & Helwys Pub., 2002), 430.

'이스라엘의 남은 자'는 각종 재난에서 살아남아 새로운 이스라엘 건설을 위해 정화된 사람들을 가리킨다.5)

약속 1: "내가 그들을 데려올 것이다"(8-9절)

8-9절은 하나님의 약속이다. 여기에서 하나님은 1인칭으로 말씀하신다. '보라 나는 그들을 북쪽 땅에서 데려올 것이며, 그들을 땅 끝에서 모을 것이다.' 하나님은 북쪽 땅과 땅 끝에서 이스라엘의 남을 자를 돌아오게 하신다. 북쪽 땅은 포로로 잡혀갔던 바벨론을 가리키며(4:5-6; 6:22-26 등), 땅 끝은 이스라엘이 흩어졌던 가장 먼 나라들을 가리킨다(사 41:9; 43:6; 또한 신 30:3; 렘 23:3; 32:37; 겔 28:25-8 참조). 하나님께서는 이스라엘이 아무리 멀리 흩어져 있다 할지라도 그들을 다시 불러 모으시겠다는 것이다. 여기에 묘사된 하나님의 구원은 이전에 행하셨던 하나님의 심판에 대한 정반대의 행동이다. 예전에는 하나님이 북쪽으로부터 강하고 빠른 군대를 이끌고 오셨으나(4:13; 5:15-17), 이제는 동일한 경로를 따라 약하고 장애를 가진 사람들을 데려 올 것이다. 과거에 하나님이 이 경로를 통해 죽음을 가져오셨다면 이제는 동일한 경로를 통해 새로운 생명을 가져오실 것이다.6)

---

5) 구약성경에서 '남은 자'는 다음과 같이 세 부류의 사람들로 나눌 수 있다. 첫째, 일반적인 의미에서 현재의 위험으로부터 벗어난 자(암5:15; 사37:30-31; 렘 8:3; 겔5:10; 11:13), 둘째, 새 언약 공동체를 이루기 위해 약속에 땅에 귀환한 새로운 이스라엘(사4:2; 28:5; 미5:6-7; 참조. 사35:10, 60-66장의 구절들), 셋째, 영적 이스라엘을 구성하는 남은 자들, 즉 회개한 이방 민족들(사11:11; 28:5)을 의미한다(또한 하나님을 예배하는 개종한 열방들에 관한 구절들을 참조하라[사 24:14-16; 45:14-15; 49:6; 56:3, 6-8; 슥8:9-23; 14:16]). 이 점에 관하여 다음을 참조하라. J. A. Thompson, *The book of Jeremiah* (NICOT) (Grand Rapids: Eerdmans, 1980), 569)

6) T. E. Fretheim, *Jeremiah*, 431.

하나님이 구원하시는 사람들의 행렬에 포함된 사람들을 보면 특
별하다. 그들 가운데는 눈 먼 자와 다리 저는 자와 임신한 여인과
해산하는 여인이 함께 있다. 이들은 자기 스스로의 힘으로는 도저
히 약속의 땅에 귀환할 수 없는 사람들이다. 더 나아가 임신하고
해산하는 여인들의 모습을 통해서 앞으로 구원받은 백성들의 수가
늘어나게 될 것을 예견하게 된다. 이것은 이 사건이 하나님의 크
신 자비와 신실하심에 기초하고 있으며 이 사건의 기적적 측면을
드러낸다(사 35:5-10; 42:14-17; 미 4:6-7; 습 3:19-20). 그들은 '큰 무
리'(<카할 가돌> קָהָל גָּדוֹל)를 이루어 돌아올 것이다.

　9절 상반절은 귀환하는 무리들의 모습을 더욱 상세히 묘사한다.
'그들은 울며 돌아올 것이며, 간구할 때 내가 그들을 인도할 것이
다.' 그들은 회개의 눈물을 흘릴 것이며(31:18-19 참조), 그들이 간
구할 때 하나님은 그들에게 응답하시고 인도하실 것이다(7절 하반
절 참조). 하나님과 진실된 관계회복이 이루어져있음을 보게 된다.
하나님께서는 '그들을 물이 있는 강가로 인도할 것이며, 그들은 그
곳, 곧은 길 위에서 넘어지지 않을 것이다.'고 약속하신다. 물이 흐
르는 강가로 인도될 것이라는 것은 출애굽 때의 상황과 대조적이
다(출 17:1-7이나 민 20:1-13의 내용을 보라). 평탄한 길도 첫 번째
출애굽 때와 다른 모습이다(사 20:4; '평탄한 길'에 대해서는 시107:
7을, '넘어짐'의 반대 모티브에 대해서는 렘 6:21을 보라). 이러한
특징들은 두 번째 출애굽이 모든 면에서 첫 번째 출애굽을 능가하
는 놀라운 구원사건임 보여준다(사 43:16-19; 참조. 렘 16:14-15 =
23:7-8; 또한 '새로운 출애굽'을 묘사하고 있는 다음 구절들을 참조
하라. 사 35장, 40:3-5, 11; 41:18-20; 42:16; 43:1-7; 44:3-4; 48:20-21;
49:9-13).

　9절 하반절에서 하나님은 놀라운 선언을 하신다. '참으로 나는

이스라엘의 아버지이며, 에브라임은 나의 장자이니라.' 예레미야서에서 아버지로서 하나님의 모습은 흔하지 않다(3:19; 호 11:1). 여기에서는 특별히 신명기 32장과의 연결성을 볼 수 있다. 이스라엘은 열방 중에 특별히 선택되어(신 32:6-9) 장자로 선포된다(출4:22). 장자가 아니었지만 장자로 선포되는 에브라임처럼(창 48:8-20), 이스라엘(=에브라임)이 하나님의 장자인 것은 하나님의 특별한 선택과 은혜에 기초하고 있다. 이스라엘은 선택된 자이며 하나님과 친밀한 관계를 위해 입양된 자녀이다. 여기에서 비로소 7절에 나오는 '이스라엘'과 '열방의 머리' 사이의 긴장이 해소된다. 이스라엘은 야훼 하나님의 사랑의 선택으로 말미암아 하나님의 '장자'요 열방의 '으뜸'이라는 지위를 얻게 된다(신 7:7-8).

3.2. 두 번째 메시지(10-14절)

명령 2: 열방이여, 전파하며 말하라(10-11절)

이제 두 번째 명령이 전달된다. 이것은 열방들을 향한 것이다. 이전에 이스라엘을 무시하던 자들이 이제는 야훼의 구원을 외쳐야 한다. '먼 섬'은 이스라엘로부터 멀리 떨어진 곳에 있는 지역을 의미한다. 이것이 하나님의 구원을 '온 땅'에 알게 하라는 것이며(사48:20), '땅 끝'까지 복음의 증인이 되라는 예수님의 말씀을 떠올리게 한다(행 1:8). 하지만 열방이 와서 무엇인가를 특별히 할 필요는 없다. 그들은 그저 보고 전파하기만 하면 된다(예컨대, 이와 정반대 상황에서 행동하는 열방의 모습을 보라. 렘 22:8-9; 신 29:24-28).

열방이 먼 섬까지 외쳐야 할 내용은 다음과 같다. '이스라엘을 흩으신 자가 그를 모으며, 양 떼의 목자처럼 그를 지키신다'는 사실이다. 과거에는 하나님이 이스라엘을 흩으셨지만 이제는 모으시며 지키신다. 여기에서 하나님이 목자로서 묘사된다. 예레미야서에서 이전에는 이방 군대가 목자에 비유되었고(6:3), 이스라엘의 지도자들도 목자에 비유되었었다. 하지만 그들은 양떼를 돌보지 못해 이스라엘이 흩어졌다(10:21; 13:20; 23:2-3; 25:34-38; 50:6). 하지만 하나님께서는 이제 그들의 목자가 되셔서 그들을 모으고 돌보실 것이다(겔 34:15; 시 23:1-2). 이뿐 아니라 그는 인간 목자를 세우셔서 하나님 자신처럼 그들을 돌보게 하실 것이다(3:15; 23:4; 30:21).

이러한 하나님의 구원을 11절에서는 다시금 분명하게 강조한다. '왜냐하면 야훼께서는 야곱을 구원하셨고, 그(야곱)보다 강한 자의 손에서 그를 속량하셨기 때문이다.' 여기에서 동사 <파다>(פדה)와 <가알>(גאל)이 대구적으로 함께 사용되었다(이 두 동사의 평행법적 사용은 다음과 같은 곳에서 발견된다. 사 35:9-10; 51:10-11; 호 13:14; 시 69:19).[7] 이 두 동사는 '구원하다'를 의미하는 <야샤>(ישע) 동사와 동의어(렘 31:7; 30:10-11)로서 이스라엘을 구원하신 출애굽 사건을 묘사할 때 주로 사용된다(출 6:6; 13:14-16; 15:13; 신 7:8; 9:26; 사 51:10-11 등). 하지만 이 동사들은 제2의 출애굽을 말할 때도 사용된다(예컨대, 사 43:1-3; 35:9-10; 44:22 등). 이처럼 출애굽과 바벨론으로부터 구원은 언어상 많은 연결점을 보여준다(위의 8-9절에 대한 설명을 참조하라). 하지만 위에서도 보았듯이 두 번째 출애굽은 첫 번째 출애굽을 능가하는 새로운 것이었다.

약속 2: 그들은 와서 시온의 높은 곳에서 환호할 것이다(12-14절)

---

7) 이 두 동사가 예레미야서에서 평행법적으로 사용된 것은 특별하다. <가알> 동사는 예레미야서 다른 곳에서 나타나지 않고 명사로 50:34에서 한 번 더 사용될 뿐이다. 동사 <파다>는 15:21에서 한 번 더 사용되고 있다.

제2의 출애굽을 경험한 자들이 도달하게 되는 곳은 시온이다. 그들은 구원의 땅으로서 구체적인 거주지와 공간에 대한 약속을 받고 있다(렘 30:18; 성읍들의 회복에 대한 약속). '그들은 와서 시온의 높은 곳에서 환호할 것이다.' 그곳에는 야훼의 '좋은 것'(<토브> טוֹב)이 넘친다. 그곳에는 '곡식과 새 포도주와 새 기름과 어린 양과 송아지들'이 넘친다. 그래서 '그들의 영혼은 물댄 동산 같겠고, 그들은 다시 쇠약해지지 않을 것이다.' 이전의 슬픔의 땅(12:4-13; 14:1-6)이 이젠 기쁨의 땅이 된다. 이전 약속의 땅의 모습을 회복한 것이다(신 7:13; 8:7-10). 그들은 야훼의 복으로 말미암아 기뻐하게 될 것이다. 그들의 영혼은 물댄 동산과 같고 다시는 근심이 없을 것이다(겔 36:35; 사 51:3; 58:11).

'그때는 처녀가 춤추며 기뻐할 것이며, 젊은이와 노인들도 그러할 것이다.' 남녀노소 할 것 없이 모두가 기뻐할 것이다. 13절 하반절에서 주어의 인칭변화가 일어난다. 갑자가 하나님이 1인칭으로 말씀하신다. '내가 그들의 슬픔을 기쁨으로 바꿀 것이며, 그들을 위로하고 그들의 근심으로부터 그들을 기쁘게 할 것이다.' 하나님은 그들의 슬픔을 기쁨으로, 근심을 즐거움으로 바꾸실 것이다(시 30:11). 이전에 위로자가 없는 상황과 정반대이다(렘 16:7). 하나님이 슬퍼하는 이스라엘을 위로하실 것이다(사 40:1; 49:13; 51:3, 12).

14절은 제사장과 백성이 언급된다. '내가 기름으로 제사장들의 영혼을 흡족하게 할 것이며, 나의 좋은 것으로 나의 백성을 만족하게 할 것이다.' 여기에서 제사장과 백성이 평행법적으로 언급된 것은 이스라엘 전체를 나타내는 표현방식일 수 있다(27:16, 28:1,5).[8] 제사장들은 '기름'으로 흡족하게 될 것이다. 이것은 성전에서 감사제를 다시 드리게 되었음을 암시한다(렘 30:19; 33:11). 또한 '기름'

---

8) W. L. Holladay / P. D. Hanson, *Jeremiah 2*, 162.

은 생명과 번영에 대한 상징이기도 하다(시 36:8; 63:5; 사 55:2). 백
성들도 하나님의 '좋은 것'(<토브>)으로 만족하게 될 것이다. 위의
12절에 묘사된 바와 같이 '곡식과 새 포도주와 새 기름과 어린 양
과 송아지들'이 넘치기 때문이다. 귀환자들이 시온에서 경험하는 것
은 종말론적인 만찬(사 25:6-8)과 같다. 마지막에 등장하는 '야훼의
말씀이다'라는 표현은 하나님의 서명처럼 사용되어 이 예언이 얼마
나 확실한 약속인가를 보여준다.

4. 위기적.회개적으로 읽기

본 단락을 통해서 이스라엘과 열방을 포함한 '청중과 독자들'은
하나님이 보여주실 구원을 기뻐 외치도록 부름을 받는다(7절과 10-
11절). 이 구원은 전에 경험하지 못한 새롭고 놀라운 것이다. 북
쪽 땅과 땅 끝에서 불러 모으시는 무리들 가운데는 눈먼 자와 다
리 저는 자와 임신한 여인과 해산하는 여인이 함께 있다. 이들은
스스로의 힘으로는 도저히 약속의 땅에 귀환할 수 없는 사람들이
었고, 이들은 장애인들이라 제사장이 될 수도 없으며 제의적으로
부정한 여인들이었다(레 12:1-8). 이러한 사람들이 '큰 무리'를 이루
어 돌아오게 될 것이라는 약속이다(8절). 이것은 새로운 출애굽이
오직 하나님의 '자비와 신실하심'에 기초하고 있음을 알게 한다.

이들이 오는 길은 물이 흐르는 강가이며 넘어지지 않는 평탄한
길이다. 이것은 첫 번째 출애굽 때와 대조적이며, 두 번째 출애굽
이 모든 면에서 첫 번째 출애굽을 능가하는 놀라운 구원사건임 보
여준다. "너희는 이전 일을 기억하지 말며 옛날 일을 생각하지 말
라. 보라 내가 새 일을 행하리니 이제 나타낼 것이라"(사 43:18-19
상반절). 이때 하나님은 이스라엘에 대하여 놀라운 선언을 하신다.
"참으로 나는 이스라엘의 아버지이며, 에브라임은 나의 장자이니

라"(9절 하반절). 장자가 아니었지만 장자로 선포되는 에브라임처럼 이스라엘은 열방가운데 특별히 선택되어 장자로 선포된다. 이것은 하나님과 이스라엘이 아버지와 자녀로서 특별한 관계에 있음을 보여주며, 이스라엘의 선택과 구원이 하나님의 특별한 은혜와 사랑에 기초하고 있음을 명백히 알 수 있게 한다. 이를 통해 하나님의 '장자'인 이스라엘은 '열방의 머리'가 될 수 있다.

두 번째 단락에서도 동일한 구조와 내용이 서술된다. 이제는 구원자 하나님의 모습이 '목자'로서 묘사된다(10절). 하나님께서는 이스라엘의 목자가 되셔서 그들을 모으고 돌보실 것이다. 그들이 귀환하여 도달하는 목적지는 분명하다. 시온의 높은 곳에서 하나님의 구원을 찬송하며 기뻐할 것이다(12절). 시온이 이스라엘 삶의 목표이자 중심지가 된다. 그들은 그곳에서 하나님의 선하심을 맛보게 된다. 그들은 땅의 소산물들로 풍족함을 누리며 물댄 동산과 같은 삶을 산다. 남녀노소를 불문하고 그들이 위로받고 그들의 슬픔이 기쁨으로 근심이 즐거움으로 변한다(13절). 제사장과 백성이 모두 하나님의 '선하심'으로 만족해한다. 그들은 음식과 음료의 풍성함으로 육체적 정신적 만족을 얻을 뿐만 아니라 야훼의 현존을 통해서 영적인 충만을 경험한다. 개인적 차원의 복과 사회적 차원의 복을 동시에 경험하며, 물질적 복과 영적인 복을 함께 누린다. 그들은 시온이 삶의 목표이자 중심지가 되어 하나님의 선하심으로 만족해 한다. 이것은 그들이 늘 하나님과 교제 속에 있으며 예배와 삶을 통해 하나님의 선하심을 맛보고 하나님께 영광을 돌리는 삶을 산다는 것을 의미한다.

5. 평행 본문 읽기

평형본문인 에베소서 1장 3-14절과 요한복음 1장 10-18절은 그리스도인들의 정체성이 하나님의 자녀임을 강조한다. 특별히 에베소서에서는 그리스도인의 하나님의 자녀됨이 하나님의 예정에 의한 것이라고 말씀한다. "곧 창세 전에 그리스도 안에서 우리를 택하사 우리로 사랑 안에서 그 앞에 거룩하고 흠이 없게 하시려고 그 기쁘신 뜻대로 우리를 예정하사 예수 그리스도로 말미암아 자기의 아들들이 되게 하셨으니"(엡 1:4-5). 이렇게 하나님의 자녀가 된 것은 '그리스도 안에서 그의 은혜의 풍성함을 따라 그의 피로 말미암아 속량 곧 죄사함'을 받을 것을 의미하며(7절), '그리스도 안에서 하늘에 속한 모든 신령한 복'을 누리도록 특권을 주신 것이다(3절). 그러나 이러한 예정과 구원은 분명한 목표를 가지고 있다. 그것은 하나님의 영광을 찬송하는 것이다. 이러한 영광의 찬송은 두 가지 형태로 나타난다. 한편으론 그리스도인들이 '그의 영광의 찬송이 되는 것'이며(12절), 다른 한편으론 구속받은 자들이 '그의 은혜의 영광을 찬송하게 하려는 것'이다(6절; 14절). 이것은 그리스도인들에게 약속과 책임을 동시에 말씀한다. 하나님의 자녀된 우리는 하나님의 영광을 찬송하는 삶을 살아야 한다는 것을 보여주면서 동시에 우리의 삶은 하나님의 예정과 인치심을 통해 하나님의 영광의 찬송이 될 것이라는 약속을 보여준다.

요한복음도 동일하게 하나님의 자녀가 되는 특권에 대해서 말한다(요 1:12-13). 하지만 요한복음에서는 '영접하는 자 곧 그 이름을 믿는 자들'이라는 표현을 통해서 예수 그리스도를 영접하고 그 이름을 믿는 사람 편에서의 행동을 강조한다. 이는 그리스도인의 자녀됨이 하나님의 예정이요 하나님의 전적인 은혜이지만, 사람 편에서 마음을 열고 그 은혜를 받아들이는 응답이 필요함을 말해주고 있는 것이다(계 3:20).

예레미야 본문(31:7-14)에서도 하나님의 일방적인 구원약속이지만, 하나님이 이루실 구원에 대해서 '야훼여 당신의 백성, 곧 이스라엘의 남은 자를 구원하소서'라고 기도하라고 요구하고 있으며(7절), 이스라엘의 남은 자들이 구원을 받아 돌아오는 길에서도 '그들이 간구할 때 하나님은 그들에게 응답하실 것'(9절)이라고 말씀하신다.

6. 본문의 메시지

하나님은 신실하지 못한 이스라엘을 다시 회복시키신다. 왜냐하면 하나님은 '이스라엘의 아버지'이시며, 이스라엘은 '하나님의 장자'이기 때문이다. 하나님은 자신의 백성을 '땅 끝'에서 모아 '큰 무리'를 이루게 하신다. 이 무리 중에는 장애를 가진 사람들과 임신하고 출산하는 여인들도 있다. 하나님의 자녀가 되는 데에는 어떤 조건도 필요치 않다. 하나님은 세상에서 멸시받고 천대받는 자들을 더욱 사랑하신다. 하나님은 참된 목자가 되셔서 그들을 지키시고 돌보실 것이다.

구원받은 백성들이 이르게 되는 곳은 시온이다. 하나님의 구원은 시온으로의 순례를 목표로 한다(12절; 6절 참조). 하나님과의 사귐과 예배가 있는 시온이 그들이 살 곳이요 그들이 목표로 삼아야 하는 곳이다. 그들은 그곳에서 하나님의 '선하심'을 경험하게 될 것이다(시 128:5). 그들은 '땅의 기름진 것'과 '하늘의 신령한 것'으로 채움을 얻을 것이다(창 27:28; 엡 1:3-5). 그들은 '물댄 동산'과 같은 삶을 살며 '기쁨이 넘치는 삶'을 살게 될 것이다. 그들이 시온의 풍성함으로 배불림을 얻고 야훼의 기쁨의 강으로부터 마실 때(시36:8-9), 그들은 하나님이 아버지이시며, 목자이시며, 구원자와 왕이 되심을 깨닫게 될 것이다. 그들은 하나님이 배설하신 종말론적인 만찬의 기쁨의 풍성한 삶을 경험하게 될 것이다(사 25:6-8).

새해를 시작하며 이러한 신실하신 아버지 하나님이 약속하신 복이 임하기를 기원한다. 자녀가 복된 삶을 사는 것이 아버지의 기쁨이다. 복된 자녀의 삶은 아버지의 영광을 높인다. 하나님의 영광을 찬송하는 삶을 살 뿐만 아니라 우리의 삶이 영광의 찬송이 되기를 바란다. 다시금 이러한 구원의 회복을 위해서 기도하자. 하나님과 진정한 교제가 있는 시온으로 대로가 열리기를 바란다(시 84:5). 그래서 마침내 다음과 같은 고백을 할 수 있기를 바란다. "내가 산 자들의 땅에서 여호와의 선하심을 보게 될 줄을 확실히 믿었도다. 너는 여호와를 기다릴지어다. 강하고 담대하며 여호와를 기다릴지어다"(시 27:13-14).

7. 본문이해를 돕는 글

리시포스(Lysippos)는 고대 그리스의 조각가이다. 그는 앞머리에 숱이 몰려 있고 뒤는 대머리인 조각상을 만들어 집 정원에 놓아두었다고 한다. 발뒤꿈치와 어깨에는 날개가 달리고, 손에는 칼과 저울을 들고 있는 이 조각은 그리스 '카이로스'(Kairos) 신의 형상이었다. 조각을 본 사람들은 우스꽝스러운 모습에 처음에는 웃다가, 동상 밑에 새겨진 시구(詩句)를 보고는 가슴이 서늘해졌다고 전해진다. 문답으로 이루어진 그 시의 일부는 이렇게 시작한다.

"너는 누구인가? /
나는 모든 것을 지배하는 시간이다 / … /

왜 앞머리가 머리 앞으로 내려와 있지? /
내가 오는 것을 쉽게 붙잡을 수 있게 하기 위해서/

그렇다면 왜 뒷머리는 대머리지?/
내가 지나친 다음에는 누구도 나를 잡을 수 없기 때문이지…"

카이로스와 크로노스 시간의 차이를 선명하게 보여주는 예가 있다. 왕가위가 만든 중국과 홍콩의 관계를 은유적으로 묘사하고 있는 영화 『아비장전』이다. 그 영화에는 인상적인 장면이 하나 있다. 하는 일 없이 놀기만 하는 동네 건달인 장국영이 장만옥을 유혹하며 함께 시계를 들여다 본다. 장국영은 "이대로 1분 동안만 시계를 보고 있자."고 말한다. 그리고 1분이 지난 후에 그는 이렇게 말한다. "너와 나는 1분을 같이 했어. 난 이 소중한 1분을 잊지 않을 거야. 그리고 지울 수도 없어. 과거가 되어버렸으니까." 크로노스는 그렇게 흘러버린 물리적인 시간 1분을 말한다. 반면에 카이로스의 1분은 너와 나의 소중한 시간이 되는 것이다. 그들이 그것을 함께 하기로 선택했기 때문이다(가재산, 『성공을 위한 모닝테크』 中에서).

새로운 해에는 하나님이 약속하신 구원을 새롭게 체험하고 말씀을 통해 약속하신 구원의 복을 누리며 하나님과 동행함으로 전에는 경험하지 못한 소중한 '카이로스'의 삶을 사는 복된 시간이 되기 바란다.

온 땅의 통치자, 하나님

(에스겔 17-18장)

1. 들어가는 말

에스겔 17장과 18장에는 온 땅을 통치하시는 하나님의 모습이 잘 드러난다. 그것이 각각 이스라엘 민족의 역사에 나타난 행동(17장)과 각 개인의 삶에 대한 심판과 용서의 행동(18장)속에서 나타난다. 에스겔서에서는 이러한 내용이 특별히 비유와 속담에 대한 인용을 통해서 청중과 독자들에게 전달된다.

2. 에스겔 17장: 독수리와 두 나무 비유의 예언

2.1. 본문의 배경

에스겔 17장의 내용을 이해하기 위해서는 유다 말기의 역사에 대한 배경지식이 있어야 한다. 유다왕국은 요시야 왕(주전 639-609년)이 므깃도 전투에서 죽자 급속한 쇠락의 길을 걷는다. 요시야 왕을 이어 그의 아들 여호아하스가 왕위에 오르지만 애굽왕 느고는 왕이 된 지 불과 3개월 된 그를 폐위시켜 애굽으로 유형 보내고 여호아하스보다 두 살 많은 형 엘리야김을 여호야김(주전609-

597년)으로 이름을 바꿔 유다에 친애굽 정권을 세운다(왕하 23:31-
35; 참조. 렘 22:10-12). 갈그미스 전투(주전 605년) 이후 바벨론이
블레셋 지역까지 석권하자 여호야김은 바벨론의 봉신이 되어 느부
갓네살 왕을 섬기다가 주전 601년 바벨론이 애굽과의 전투에서 입
은 손실을 재정비하기 위해 본국으로 돌아간 틈을 타 바벨론에 반
기를 든다(왕하 24:1). 이것은 치명적인 과오였다.

바벨론의 느부갓네살 왕은 유다의 반역을 응징하기 위해 주전
598년 12월에 유다에 진격해 온다. 그런데 바로 그 달에 여호야김
이 죽어 그의 열여덟 살 된 아들 여호야긴이 왕위에 올랐지만(왕
하 24:8), 그후 석달도 못되어(주전 597년 3월 16일) 도성은 함락되
었다. 기대했던 애굽의 원조는 오지 않았고(7절), 왕과 모후, 고관
들, 지도층 인사들은 엄청난 노획물과 함께 바벨론으로 끌려갔다
(10-17절). 이때 바벨론은 여호야긴왕의 삼촌이자 요시야왕의 셋
째 아들인 시드기야(맛다디야)를 통치자로 임명한다. 그러나 시드
기야 왕(주전 597-586년)도 바벨론을 배반하자 바벨론 군대가 쳐들
어와 예루살렘을 함락시켰다. 이때 시드기야는 도망치다가 여리고
부근에서 붙잡혀 느부갓네살에게 끌려가 자기 아들들이 처형되는
것을 목격해야 했고, 자신의 눈알도 뽑히어 바벨론으로 끌려가 그
곳에서 죽게 된다(왕하 25:6f.; 렘 52:9-11). 이로써 유다의 역사는
종말을 고한다.[1]

이러한 역사적 배경 가운데 에스겔 17장은 15절이 암시하는 바
와 같이 예루살렘이 함락되기 이전 애굽왕 Psammetich II(주전595-
589년)의 통치 말기에 유다가 애굽에 도움을 위한 외교사절단을
보낸 시점에 선포된 예언이라고 여겨진다.[2]

---

1) J. Bright, 『이스라엘 역사』, 박문재 옮김 (서울: 크리스챤다이제스트, 1995),
444-454.

2) M. Greenberg, *Hezechiel 1-20* (HThKAT) (Freiburg/Basel/Wien: Herder,

2.2. 본문의 구조

에스겔 17장은 내용과 단락을 구분하는 여러 가지 표지들이 나타난다. 우선 '말씀사건 형식구'(Wortereignisformel)가 1절과 11절에 두 번 사용되어 비유(1-10절)와 해석(11-21절)의 대칭을 강조한다. 또한 두 번의 종결형식구('야훼 인지 형식구')는 주요부(심판말씀, 1-21절)와 종결부(구원말씀, 22-24절)를 감싼다. 또한 '전달자형식구'(Botenformel)나 맹세 형식(16절, 19절)을 통해 하위 단락을 구분할 수 있다. 따라서 에스겔 17장은 다음과 같이 나눌 수 있다.

1-10절: 독수리와 두 나무의 비유
      1-2절: 도입부
      3-6절: 독수리와 두 나무
      7-10절: 포도나무의 배반과 그 결과
11-21절: 비유해설
      11-18절: 역사적 차원
      19-21절: 신학적 차원
22-24절: 역전된 독수리와 백향목의 비유

2.3. 본문해설

1) 독수리와 두 나무의 비유(1-10절)

1-2절은 도입부로서 17장 전체의 서두이기도 하다. 야훼께서는 에스겔에게 '수수께기'(히다)와 '비유'(마샬)로 말하라고 말씀하신다. 이러한 반복적인 표현을 통해서 17장을 관통하고 있는 예언의 '이중적 구조'가 드러난다.[3] 수수께끼와 비유의 두 낱말은 평행적

2001), 360.
  3) 수수께끼와 비유로 말하라는 이중적인 요구는 17장의 예언에서 두 마리의

으로 사용되었다. 두 가지 모두 기본적으로 예언의 뜻을 더 밝히 잘 '드러내기' 위해서 사용되었지만, 그 뜻이 모두에게 열려있는 것은 아니다(비유의 이중적 기능에 대하여 다음을 참조하라. 마 13: 10-17, 34-35).

3-6절에는 독수리와 두 나무에 대한 본격적인 비유가 서술된다. 독수리는 한편으론 하나님의 보호와 인도를 묘사할 때(출 19:4; 신 32:11 참조) 사용되기도 하지만, 여기에 언급된 화려하고 몸집이 큰 독수리는 힘세고 재빠르며 적대적인 정복자 바벨론에 대한 상 징으로서 사용되었다(신 28:49; 합1:8; 렘4:13 참조). 레바논의 백향 목은 그것의 멋진 자태 때문에 제왕의 나무로 일컬어진다. 이것은 구약성서에서 숭고함과 장엄함을 상징하며(삿 9:15; 왕상 13; 왕하14: 9; 사 10:33f; 애 5:15), 솔로몬 궁 가운데는 건축에 사용된 백향목 때문에 레바논 궁이라 불린 궁이 있었다(왕상 7:2). 따라서 다윗 왕 조는 "백향목"으로 지칭될 수도 있게 된다(렘 22:6, 23).

독수리가 레바논에서 '높은 가지'를 꺾어 교역의 땅(가나안) 상 인들의 도시에 둔 것은 느부갓네살이 유다를 침공하여 여호야긴을 바벨론으로 끌고 가 그곳에 붙잡아 둔 사건을 가리켰다. 이뿐 아 니라 독수리는 그 땅의 씨앗을 가져다가 물 많은 종자의 땅에 심 었더니 포도나무가 자라 독수리의 보호 아래 있게 된다. 이것은 여호야긴 대신 시드기야를 왕으로 삼아 유다를 다스리게 한 사건 을 가리킨다. 여기에서 유다의 두 왕은 백향목과 포도나무의 각기

독수리, 두 개의 식물(백향목과 포도나무), 두 가지 형태의 심판(뿌리제거와 동 풍), 지상과 하늘의 작용, 심판과 구원 등의 이중적 구조와 일치한다. 전체적으로 보면 시문과 산문으로 구성된 비유와 해석이 나온 뒤(1-21절)에 역전된 형태로 다 시 처음의 비유로 돌아가는 종결부(22-24절)가 나타나 이중적 구조를 보인다. 이 러한 구조는 13장과 16장에서도 잘 볼 수 있다. 이 점에 관하여 다음을 참조하라. M. Greenberg, *Hezechiel 1-20*, 354.

다른 나무로 지칭되어 있는데, 이것은 시드기야가 여호야긴에서 스룹바벨로 이어지는 합법적인 왕조가 아니라 곁가지에 불과하다는 사실을 암시하고 있다. 이러한 부정적인 이미지를 갖고 있는 포도나무의 비유는 에스겔 15장에도 잘 나타나 있다(요 15:1-8 참조).

7-10절에는 포도나무의 배반과 그 결과가 서술된다. 여기에 나타난 다른 독수리는 에굽왕을 가리킨다. 물가에 심기는 포도나무는 독수리 아래에 머물러 있으면서 많은 열매를 맺어야 했다. 즉 바벨론 왕의 영향 아래 있어야 했다. 그러나 포도나무는 독수리를 배반한다. 즉 느부갓네살과의 동맹을 파기하고 라이벌인 애굽의 바로와 동맹을 맺는다. 이것은 당시로부터 백여 년 전 히스기야 시대에 애굽과의 동맹이 추구되었던 상황과 유사하며(사 30-31장), 에스겔도 이사야와 마찬가지로 유다의 동맹정책을 강력히 비판하고 있다. 따라서 포도나무가 당하는 심판은 당연하다. 9-10절에 묘사된 심판은 이중적인 방식으로 진행된다. 한편으로는 독수리가 포도나무의 뿌리를 뽑아 마르게 하며, 다른 한편으론 동풍이 그 나무를 마르게 할 것이다. 이러한 심판의 이중적인 구조는 비유에 대한 해설에서도 지상의 심판(11-18절)과 천상의 심판(19-21절)의 이중적 구조로 설명된다.

2) 비유해설(11-21절)

비유가 의미하는 바가 이제 해설된다. 그 의미는 역사적/지상적 차원과 신학적/천상적 차원 두 가지로 설명된다. 먼저 이 비유는 지상적 차원(11-18절)에서 풀이되는데, 유다왕의 행동이 이집트와 바벨론 왕과의 관계 속에서 설명된다. 이 설명 가운데 특히 15a절의 수사적 질문 "형통하겠느냐?"는 9절의 질문("번성하겠느냐?")을 반복하면서(히브리어로는 동일한 어근의 동사가 사용됨) 심판의 불가피성을 강조한다. 16-18절에는 비유에서 묘사된 뿌리 뽑힘의 내용이 바벨론 유수에 머물지 않고 시드기야가 붙잡혀가 죽은 것까지 확대되어 나타난다(겔 5장; 12장; 15장 내용과 상응). 18절에는 15b절의 물음에 대한 답변이 나타나있다. 즉 언약과 맹세를 파기했기 때문에 유다의 멸망은 피할 수 없다는 것이다.

19-21절에서는 비유에 대한 설명이 하나님의 차원으로 옮겨간다. 시드기야가 바벨론 왕과의 언약과 맹세를 깨뜨린 것은 '내 맹세'와 '내 언약'을 업신여기고 배반한 것이다(19절). 왜냐하면 바벨론왕과 맺은 조약은 이스라엘 하나님의 이름을 걸고 한 맹세에 의해 보증되었기 때문이다. 그래서 하나님은 유다의 맹세와 언약을 정의롭게 하신다. 이렇게 유다가 바벨론으로 붙잡혀 끌려가 거기서 심판받는 것이 하나님에게 소급된다.

3) 역전된 독수리와 백향목의 비유(22-24절)

22-24절은 새롭게 이루어질 하나님의 구원을 서술한다. 이것은 서두에 나온 비유(3-4절)를 정반대로 뒤집는 내용이다. 야훼는 첫 번째 독수리와는 달리 백향목의 꼭대기에서 "연한 가지"를 꺾어 높은 산에 심어 큰 나무가 되게 하실 것이다. 야훼는 이로써 자신이 역사의 주관자요 실제적인 통치자임을 드러내실 것이다. 여기에서 언급된 '높은 산'(20:40; 40:2; 또한 사 2:2; 시 48:3; 슥 14:10)은 세계의 산에 대한 고대 동방의 표상을 예루살렘에 적용시키고 있는 것이다. 또한 "연한 가지"(<요네케트> יוֹנֶקֶת; 사 53:2 "연한 순")는 <호테르>(חֹטֶר, 사 11:1), <네체르>(נֵצֶר, 사 11:1), <체마흐>(צֶמַח, 사 4:2; 렘 23:5; 슥 3:8; 6:12) 등과 함께 메시야적인 인물을 상징한다. 이스라엘의 높은 산에 심기운 나무는 아름다운 백향목이 되어 생명을 선사는 열매로 가득하며(호 14:8 참조) 각종 새들이 깃드는 생명과 보호의 산실이 될 것이다(이것은 예수의 겨자씨의 비유에서 차용된다; 마 13:32). 이러한 야훼의 구원활동은 들판의 나무들이 야

훼가 나무를 높이기도 하고 낮추기도 하며 번성하게도 하시고 마르게도 하는 분임을 알게 한다(24절). 다시 말하면 이러한 회복을 통해서 세계의 민족들과 통치자들이 야훼 하나님을 인간과 역사의 운명을 결정하는 온 땅의 진정한 통치자로 인정하게 된다(신 32:39; 삼상 2:4ff; 시 113:7ff; 단 2:22 참조).

2.4. 본문의 메시지

에스겔 17장의 내용을 통해 다음과 같은 메시지를 찾을 수 있다.

첫째, 신앙인은 역사적인 사건 속에서 하나님의 행동을 인식할 수 있어야 한다. 바벨론은 자국의 이익과 정복야욕을 채우기 위해 유다를 침공하고 유다의 왕과 고관들을 포로로 끌고 갔다. 그러나 그것은 유다의 불성실에 대한 하나님의 심판이었다. 독수리도 언젠가 심판의 대상이 되어야 할 하나님의 도구일 뿐이다. 사람은 자신의 이익과 목적을 가지고 행동하는 것처럼 보인다. 그러나 그것을 이루어 가시는 분은 하나님이시다(잠 16:9). 이러한 사실은 본문에서 지상적/역사적 차원과 천상적/신학적 차원이 일치되어 나타나는 이중적 구조에서 잘 드러난다. 그러므로 우리는 세계와 개인의 역사 속에서 드러나는 하나님의 뜻과 행동을 똑바로 깨달아 알 수 있어야 하겠다.

둘째, 인간관계 속에서 하는 행동이 곧 하나님에 대한 행동임을 명심해야 한다. 본문에서 시드기야가 바벨론 왕과 맺은 언약과 맹세는 곧 하나님의 대한 언약과 맹세라는 사실이 강조된다. 바벨론에 대한 언약파기는 하나님에 대한 배반으로서 간주되어 심판을 초래한다. 그러므로 신앙인들은 인간적인 관계에서 신실해야 한다. 우리의 모든 삶은 하나님 앞에서의 삶(coram Deo)이기 때문에 인간에 대한 신실과 배반이 하나님에 대한 행동이 된다. 여기에서 "여기 내 형제 중 지극히 작은 자 하나에게 한 것이 곧 내게 한 것이다"(마 25:40)고 하신 예수의 말씀이나 모든 것을 "주께 하듯" 하라(엡 6:7; 골 3:23)는 바울의 권면이 동일한 울림으로 메아리친다.

셋째, 하나님은 온 세상의 통치자로서 회복과 새출발의 역사를 이루시는 하나님이시다. 에스겔 17장에서 종결부(22-24절)가 없다면 하나님은 파괴적인 정복자와 동일시될 수 있을 것이다. 그러나 그분의 역사는 심판과 멸망으로 끝나지 않고 건설적으로 회복되게 하신다. 그분은 심판하시고 파괴하실 수 있을 뿐 아니라 구원하시고 세우심으로 온 세상의 통치자로서 진정한 능력을 보이시는 분이다. 본문에서 예언된 새로운 역사에 대한 가장 분명한 사건은 예수 그리스도를 통해서 성취된다. 하나님은 이스라엘의 높은 산 위에 연한 가지를 심어 크고 아름다운 백향목으로 만드셔서 번성하고 열매를 맺어 사람들에게 생명의 기운을 선사하고 각종 새들이 쉼을 얻게 한 것처럼 예수 그리스도가 만민에게 생명과 구원이 되게 하셨다(마 11:28f; 요 14:6).

3. 에스겔 18장: 각 사람의 행위대로 심판하시는 하나님

3.1. 본문의 배경

에스겔 18장의 배경에는 에스겔 예언의 청중들이던 이스라엘 포로민들이 가지고 있었던 역사와 자신들의 상황에 대한 인식이 자리하고 있다. 그 인식은 "아버지가 신 포도를 먹었으므로 그의 아들의 이가 무뎌진다4)"는 속담으로 대변된다. 당시 사람들은 열왕기

---

4) 아들의 이가 "시다"는 우리말 성경 번역은 원문과 거리가 있다. 히브리 동사 <카하>(qhh)는 기본적으로 "무뎌지다, 둔감해지다"(be blunt, dull)는 의미를 가

가 보여주듯이 므낫세와 아몬이 저지른 범죄에 대한 징벌로서 유
다가 멸망하고 자신들이 포로로 끌려왔다고 생각했다(왕하 21:11ff;
23:26; 24:3f; 또한 렘 15:4 참조). 그래서 주전 587년 예루살렘이
멸망당했을 때 "우리의 조상들은 범죄하고 없어졌으며 우리는 그
들의 죄악을 담당하였나이다"(애 5:7)라는 탄식을 하게 된다.

   그러나 이러한 상황인식은 포로민들의 변화와 회개에 큰 장애물
이 되었다. 자신들의 상황에 대한 책임을 조상들에게 전가시킬 수
있었고 현재 자신들의 모습을 제대로 성찰하지 못하게 하는 원인
이 되었기 때문이다. 에스겔은 유다에 남아 있는 사람들에게서가
아니라 바벨론에 끌려온 포로민들에게서 희망과 회복을 기대했다
(예컨대, 11:16, 18). 그러한 희망과 회복은 오직 하나님께로 다시
돌아갈 때 가능했다(레 26:41; 신 3:29; 왕상 8:47f; 렘29:12f 참조).
그러나 위에서 소개한 이 속담이 지속되는 한 그러한 회개와 새출
발을 기대하기는 어려웠다. 따라서 에스겔은 그러한 속담이 더 이
상 유효하지 않으며 각 개인의 행위대로 심판하시는 하나님의 모습
을 강조하며 삶을 위한 회개와 결단을 촉구한다.

3.2. 본문의 구조

   에스겔 18장은 크게 두 부분으로 나누어지며 각각의 단락에서 하
위단락으로 나뉘어진다. 여기에는 아래 보는 바와 같이 개인의 행
동에 따른 공의로운 심판과 회개하고 공의를 행하는 자에게 주어지
는 용서의 두 주제가 긴밀히 결합되어 있다(동일한 주제가 반복되
어 나타나는 겔 33:10-20을 참조하라).

지고 있다. 그러나 이 속담이 의미하는 바는 분명하다. 아버지가 한 행동의 영향을
아들이 직접 받는다는 것이다.

1-20절: 개인에게 적용되는 하나님의 공의로운 심판

    1-4절: 속담의 무용성과 개인 책임론

    5-18절: [예증] 각 개인의 행위대로 살고 죽는다.

    19-20절: [결론] 의인의 공의도 악인의 악도 각각 자신에게

      돌아간다.

21-32절: 회개하는 자에게 주어지는 하나님의 용서

    21-24절: [열린 미래] 회개에 상응하는 결과를 얻음

    25-29절: [원칙확인] 나의 길은 공평하다— 각 개인의 행위에

      따른 심판

    30-32절: [결론] 회개하고 살라.

3.3. 본문해설

1)개인에게 적용되는 하나님의 공의로운 심판(1-20절)

1-9절은 당시 널리 알려져 있던 속담이 더 이상 유효하지 않다고 주장하면서 각 개인의 행동에 따라 심판하시는 하나님의 행동을 강조한다(여기에서와 유사하게 당대의 속담을 뒤집으면서 자신의 주장을 펼치고 있는 겔 12:22을 참조하라). 하나님 앞에서는 아버지나 아들이나 똑같이 의미와 가치가 있으며 각자가 책임을 져야 한다. 따라서 하나님의 심판은 아버지와 아들을 막론하고 범죄 당사자가 그 결과를 당하도록 집행된다(4절).

5-18절에서는 위의 주장과 원칙에 대한 예증이 서술된다. "아버지가 신 포도를 먹었으므로 그의 아들의 이가 무뎌진다"는 속담으로 대변되는 유전죄에 대한 이스라엘 백성들의 주장에 대해 에스겔은 오직 범죄하는 영혼이 죽는다는 사실을 다음과 같이 삼대에 걸쳐 나타나는 경우의 예를 들어 설명하고 있다.

1. 의로운 사람이 법과 의를 따라 산 경우(5-9절) – 그는 반드시 산다.
2. 의로운 아버지의 아들이 악한 일을 행하면서 산 경우(10-13절) – 아버지의 의와 관계없이 그는 반드시 죽는다.
3. 악한 아버지의 아들이 다시 의롭게 산 경우(14-20절) – 아버지의 악과 관계없이 그는 반드시 산다.

여기에서 문제가 되는 속담에 대한 부정이 직접적으로 적용되는 것은 2번과 3번의 경우이다. 1번은 속담이 부정되기 위한 대원칙이 되는 경우를 설명한다. 하나님과의 관계의 단절을 의미하는 죽음은 악을 택한 자들이 맞게 되는 운명이다. 한 세대에서 다음 세대로 대물림되는 의나 악은 없다. 아버지의 의로움과 상관없이 자신이 결정하고 행동한 일에 대한 결과를 맞게 되는 것이다. 그러므로 누구든지 개인은 자신의 행동을 결정하고 그 행동에 대해 책임을 지는 도덕적 주체임을 잊어서는 안 된다.5)

이때 삶과 죽음을 결정짓는 의와 악에 대한 판단 기준은 율례와 규례를 따라 행하느냐 그렇지 않느냐 하는 것이다. 여기에 예시된 여러 계명들은 예전 시편들(시15편과 24편)에서 공중예배 참석을 위한 제의-윤리적 자격요건으로 명시되어 있는 규정들이나 욥기31장에서 자신의 결백을 주장하는 욥의 "결백 맹세"의 내용과 유사하다.6) 그러나 결론적으로 이것은 오경의 율법에 대한 예시적인 설명이라고 할 수 있다. 그러므로 의인과 악인의 의와 악에 대한 판단기준은 하나님의 율법, 즉 하나님의 말씀을 따르는 삶을 사는가 그렇지 않은가 임을 알 수 있다.

19-20절에서는 전반부의 결론을 말하고 있다: 의인의 공의도 악

---

5) J. Blenkinsopp, 『에스겔』, 박문재 역 (서울: 한국장로교출판사, 2002), 127.
6) J. Blenkinsopp, 『에스겔』, 126.

인의 악도 각각 자신에게 돌아간다. 이것은 2-3절의 내용에 대한 반복과 강조이다. 2절에서는 속담을 인용하면서 주제에 대한 주의를 환기시켰다면 여기에서는 백성의 직접적인 질문을 인용한다: "어찌 아들이 아버지의 죄를 담당하지 않겠느냐?" 이러한 백성들의 질문에 그렇지 않음을 분명히 밝힌다. 그러면서 아버지에서 아들로 이어지는 방향에서뿐 아니라 아들에서 아버지로 이어지는 방향에서도 죄의 결과가 세대를 넘어서 영향을 주지 않는다고 못 박는다(신 24:16; 왕하 14:6 참조).

2)회개하는 자에게 주어지는 하나님의 용서(21-32절)

전반부가 각 개인에게 집행되는 엄정한 하나님의 심판을 강조했다면, 이제 후반부에서는 회개하는 자에게 주어지는 하나님의 용서가 강조된다. 21-24절에서는 악인이 죄를 돌이킨 경우나 의인이 의를 떠난 경우의 예를 들어서 만약 그런 경우가 발생하면 변화된 상황에 상응하는 결과를 얻게 된다는 사실을 말한다. 여기서 주장되는 내용의 핵심은 '돌이킴'(테슈바)을 통한 변화의 가능성이다. 아버지나 아들의 행동이 다른 사람에게 전가되지 않듯이 과거의 행동이 하나님에 대한 현재의 관계에 영향을 주지 않는다. 그러므로 현재의 삶을 어떻게 하느냐에 따라 운명의 전환의 가능성이 있다. 그런데 운명 전환의 가능성 중에서도 여기에서 강조되고 있는 경우는 악인이 돌이켜 의인의 삶을 사는 경우이다. 이것은 "내가 어찌 악인이 죽는 것을 조금이라도 기뻐하겠는가? 그가 그의 길에서 돌이켜 사는 것을 기뻐하지 않겠느냐?"는 수사의문문에서 강조된다(딤전 2:4 참조). 만약 악을 버리고 율례를 지키고 공의를 행한다면 그에게는 과거에 범죄한 것은 하나도 기억되지 않고 오직 그가 행한 공의로 살게 될 것이다. 그러므로 사람들 앞에 놓여 있는 것은 닫힌 미래가 아니라 열린 미래이다.

이러한 에스겔 선포의 의도는 같은 내용이 반복되어 나타나는 에스겔 33장 10-20절에서 더욱 분명하게 드러난다. 여기에는 아버지의 죄가 대물림되지 않는다는 에스겔의 선포에 대한 포로민들의 탄식이 전제가 된다. 자신들의 상황이 조상들의 죄가 아니라 그들 자신의 죄악 때문이라면 더 이상 희망의 여지가 없다는 것이다(33:10). 그것은 죄인에 대한 마땅한 형벌이기 때문이다. 그러나 에스겔은 이러한 질문을 갖고 절망하는 자들에게 회개를 촉구하고 사는 길을 제시한다. 하나님의 본심은 바로 여기에 있다.

25-29절에서는 이스라엘의 불평이 언급된다. 그것은 하나님의 길이 공평치 않다는 것이다. 그러나 하나님은 그러한 이스라엘 백성들의 불평을 반박하신다. 그러면서 자신의 심판이 의롭게 집행됨을 다시금 예를 들어 설명한다. 즉 의인이 타락하여 죽는 것도 자신의 행동의 결과요(26절), 악인이 회개하여 구원을 얻는 것도 자신의 행동의 결과라는 것이다(27-28절). 그러므로 잘못된 것은 하나님의 길이 아니라 오히려 이스라엘 백성이 가고 있는 길임을 지적하신다.

30-32절은 최종적인 결론으로서 '회개하고 살라'는 촉구의 말씀이다. 우리말 개역(개정)성경에는 번역되어 있지 않지만, 히브리어 원문은 30절의 시작이 '그러므로'(<라켄> לָכֵן)이라는 말로 시작된다. 이것을 통해 지금부터 에스겔 18장의 최종적인 결론이 진술되고 있음이 드러난다. 그러한 결론은 하나님이 기뻐하시는 것은 사람들이 죽는 것이 아니라 사는 것이며, 심지어 마땅히 죽어야 할 사람도 돌이켜 살기를 바라신다는 하나님의 마음에서 잘 드러난다(이러한 하나님의 마음이 23절에서는 수사의문문의 형태로 진술되었지만 32절에서는 선포와 경고의 형태로 진술되어 결론부에서 더욱 강조됨을 알 수 있다).

그러므로 에스겔의 선포를 들은 이스라엘은 돌이켜 사는 길을 택해야 한다. 그것은 모든 악을 버리고 '마음과 영'을 새롭게 하는 것이다(31절). 그러면 과거의 삶이 걸림돌이 되지 않고 새로운 삶을 허락하시는 하나님의 용서와 구원을 경험할 것이다. 이렇게 각 개인의 행위대로 심판하시는 하나님의 공의는 돌이키는 자에게 허락하시는 용서에서 그 절정에 이른다.

3.4. 본문의 메시지

에스겔 18장에서도 다음과 같은 본문의 메시지를 찾을 수 있다.

첫째, 개인의 운명은 개개인의 행동에 달려 있다. 이것은 가족이나 주위 환경이 미칠 수 있는 간접적인 영향을 부정하는 것이 아니다. 다시 말하면 부모의 행동이 자녀의 성장과 발달에 심대한 영향을 주며 가정환경 또한 한 개인 인격과 삶을 결정하는 중요한 요소가 된다는 사실을 부정하지 않는다. 그러나 이것은 부모들의 죄가 유전된다는 사고와는 다른 것이다.7) 하나님은 에스겔 18장을 통해서 분명히 말씀하신다. 부모나 자식의 죄가 전가되지 않고 각 개인이 행한 행동의 결과로 삶과 죽음이 결정된다.

둘째, 악을 버리고 돌이키면 산다. 본문에서는 각 개인의 운명이 바뀌는 두 가지 경우를 다 말하고 있다. 의에서 떠나 죄를 지어 죽는 경우와 악에서 떠나 의를 행하여 사는 경우이다. 그러나 여기에서 강조되는 것은 후자의 경우이다. 흔히 회개한다는 말로 번역되는 히브리어 동사 <슈브> (שׁוּב)는 방향을 전환하여 새로운 방향으로 걸어가는 사는 모습을 가리킨다. 이것은 사고의 전환이 아니라

---

7) 몇 년 전 우리 한국에서도 "가계에 흐르는 저주"라는 말이 유행하며 이것에 관한 많은 서적들이 불티나게 팔리는 등 물의를 빚은 적이 있다. 이러한 계대저주 사상에 대하여 『목회와 신학』(2000, 3월호, 50-117)은 특집호를 마련하여 비판한 바 있다.

삶과 행위를 동반한 실제적인 변화를 일컫는 말이다. 하나님은 사람이 악에서 떠나 '마음과 영'을 새롭게 하여 의의 삶을 살면 생명을 주시고 용서와 구원을 베푸신다. 각 개인에게 적용되는 하나님의 심판과 용서가 부모와의 관계에서뿐 아니라 과거의 삶과의 관계에서도 묶여있지 않음을 말하고 있다. 이것은 또한 언약적 배경에서 설명될 수 있다. 악을 버리고 돌이킨다는 것은 언약을 회복하는 것이며 하나님과 백성의 관계를 회복하는 것이다. 하나님은 죽을 자의 죽는 것도 기뻐하지 않으시고 그들까지도 돌이켜 사는 것을 기뻐하신다. 하나님은 진정 아무도 멸망 받지 않고 모두가 회개하여 구원에 이르기를 바라신다(벧후 3:9).

제2부
구약과 기독교 신앙

구약에 나타난 절기 이해(1)
안식일 대신 주일을 지키는 이유

오늘날 그리스도인들이 갖는 혼란 가운데 많은 경우가 구약성경에 나타난 다양한 절기 규정과 율법에 대한 해석문제에서 비롯된다. 그것의 대표적인 경우가 안식일 규정일 것이다. 이 문제를 해결하기 위해서는 구약과 신약의 관계뿐 아니라 유대교와 기독교의 차이를 이해해야 한다. 구약성경은 하나님의 주권적인 선택으로 이루어진 하나님과 이스라엘 백성과의 관계가 전제되어 있다. 모든 규정과 율법은 선택되고 구원된 백성 이스라엘에게 주신 것이다(창 18:18-19; 출 19:4-6). 그러나 신약성경에는 그러한 언약관계가 교회에 적용된다. 예수 그리스도의 십자가와 부활 사건을 믿는 믿음을 통해 새 언약의 관계에 들어선 신앙 공동체인 교회가 이스라엘의 자리를 대신하는 것이다(벧전 2:8-9). 그러므로 구약성경이 전제하고 있는 하나님과 이스라엘 사이에 있던 언약관계 구조는 그대로지만 그 대상이 이스라엘에서 예수 그리스도를 믿는 신앙공동체로 바뀌었다는 것이 차이다. 이때 율법의 유효성도 달라진다. 구약의 율법이 새 언약의 관점에서 새롭게 해석되고 적용되어야 한다. 그리스도와 사도 시대 이후 이어지는 교회사 속에서 구약과 신약의 전통과 제도들이 새롭게 규정된다. 그러한 변화 가운데 가장 문제가 되었던 것이 안식일법과 할례법이다. 이 두 규정 모두 신약시대에 이르기까지 참 이스라엘의 정체성을 확인하는 중요한 기준이 되었다. 하지만 기독교회에서는 두 가지 제도가 새롭게 해석되고 적용된다. 육체적 할례를 중요시하던 유대적 관점에서 벗어나 마음의 할례를 더 의미있게 생각하였으며(신 10:16; 렘 4:4; 행7:51; 롬 2:29), 할례에 해당되는 제도로서 세례가 신앙공동체의 표지로 기능하게 된다(마 28:19-20; 막 16:15-16; 행 2:38; 8:36).

안식일법도 이와 유사한 과정을 거친다고 볼 수 있다. 십계명을 통해 하나님의 창조 후 안식과 출애굽의 구원사건을 기억하며 기념하는 날로서의 안식일이 예수 그리스도의 부활을 기념하는 날인 주일로 대치된 것이다. 예수님의 활동시기에서는 예수님도 유대인의 전통을 따라 안식일에 예배하였으나(마 12:9; 13:54; 요 7:10; 9:22), 부활 이후 그리스도인들은 안식 후 첫 날 모임을 가지기 시작하였다(행 2:1; 20:7; 고전 16:2). 요한계시록에는 '주의 날'이라는 명칭도 나타난다(계 1:10). 이러한 변화가 교회 역사에서 새로운 전통으로 이어져 오늘날에 이르고 있다. 초기교회의 주일지침(디다케 14장)에는 '주님의 주일마다' 모여서 빵을 나누고 감사드리라고 규정하였고, 주후 321년 콘스탄티누스 황제는 주일을 법정 공휴일로 제정하였다. 종교개혁자들은 안식일이 폐지되었음을 강조하였고, 웨스트민스터 신앙고백(21장)에는 안식일 규정을 주일에 적용하였다. 현대 기독교회는 이러한 전통 속에서 일요일을 주일로 지키고 있다.

교회의 전통과 제도가 그 자체로 완벽하거나 거룩한 것은 아니다. 상황에 따라 여러 모습으로 적용하고 변화될 수 있다. 특수한 사정으로 일요일이 아닌 다른 날을 예배의 날로 정하는 경우도 있다. 현재 이스라엘에서는 이스라엘의 형편에 따라 대부분의 기독교회가 이스라엘의 휴일인 토요일에 예배를 드린다. 하지만 구약이나 신약의 규정을 문자적으로 이해하고 무조건 그대로 실행해야 한다는 주장은 받아들이기 어렵다. 오늘날의 기독교회도 구약의 율법을 따라 여전히 한 주간의 마지막 날인 토요일을 안식일로 지켜야 한다는 주장은 유대교에서 기독교회로의 변화를 간과한 것이다. 그러한 주장이 옳다면 구약의 할례 규정도 동일하게 적용되어야 할 것이다.

그러한 의미에서 기독교회는 아주 특수한 경우를 제외하곤 주일의 첫 날인 일요일을 주일로 지키는 것이 바람직하다. 이 주일에는 구약의 안식일의 의미를 포기하는 것이 아니라 도리어 그 의미를 포함하고 발전시킨 것이다. 안식일은 단순히 쉬는 날이 아니라 하나님의 창조와 구원을 기억하고 기념하는 날(출 20:10-11; 신 14-15)이었듯이 주일도 예수 그리스도의 죽음과 부활을 통한 하나님의 구원을 기억하고 기뻐하는 날이다. 안식일에 자신이 즐거워하는 일에 힘쓰지 않고 하나님을 기쁘게 하는 일에 힘써 그날을 존귀하게 해야 하듯이(사 58:13-14), 주일에도 하나님이 기뻐하시는 일에 힘써야 한다. 안식일은 주간의 마지막 날을 기념하지만 주일은 주간의 첫 날을 기념한다. 주일을 지키는 것은 예수 그리스도의 죽음과 부활에 나타난 하나님의 구원과 안식이 그리스도인의 삶의 출발점이라는 사실을 증명한다.

구약에 나타난 절기 이해(2)
– 유월절을 지키는 것이 구원의 조건인가?

'유월절을 지키는 것이 구원의 조건인가?'라는 질문에 대답하기 위해서는 구원이 무엇이며, 그 구원이 어떻게 이루어지는가를 살펴야 한다. 구약성서에서 말하는 '구원'의 의미는 두 가지 차원으로 생각할 수 있다. 첫째는 '신분의 변화'로서의 구원의 의미이다. 이것은 일반인에서 하나님의 백성으로 변화되는 것을 말한다. 세상에 속한 사람이 아니라 하나님께 속한 사람이 되는 것이며, 창조주와 구원자 하나님을 믿으며 그분과 동행하는 삶을 사는 것을 말한다. 이것을 기독교 신앙으로 설명하면 예수 그리스도를 믿고 영접함으로 하나님의 자녀가 되는 것이다(요 1:12). 둘째는 '죽음의 위협으로부터 구출'로서의 구원의 의미이다. 이것은 삶에서 맞게 되는 갖가지 곤경과 어려움으로부터 벗어나는 것을 말한다. 대적의 압박이나 공격으로부터, 또는 전쟁이나 질병과 같은 위험으로부터 건짐을 받는 것이다. 첫 번째 의미의 구원이 정체성과 존재 의미를 바꾸는 대전환이라고 한다면, 두 번째 의미의 구원은 날마다 경험할 수 있는 하나님의 도우심의 손길이다.

첫 번째 의미의 구원은 오직 하나님의 선택이며 하나님의 은혜로 이루어진다. 그러한 하나님의 선택은 하나님의 초청으로 나타난다. 하나님의 초청에 믿음으로 응답하는 자가 구원의 백성이 된다. 사도 바울은 이러한 구원의 은혜를 다음과 같이 기록하고 있다: "너희는 그 은혜에 의하여 믿음으로 말미암아 구원을 받았으니 이것은 너희에게서 난 것이 아니요 하나님의 선물이라. 행위에서 난 것이 아니니 이는 누구든지 자랑하지 못하게 함이라"(엡 2:8-9). 사람의 존재 자체가 사람의 뜻대로 이루어진 것이 아니라 하나님의 은혜와 선택에 기초하여 하나님의 형상대로 지음 받은 것이다. 노아의 선택도 하나님의 은혜로 된 것이며(창 6:8), 아브라함의 부르심도 하나님의 주권적인 선택에 기인한 것이다(창 12:1-3; 18:19). 이스라엘의 선택도 그들이 수효가 많기 때문이거나 다른 이유가 아니라 그들을 사랑하시고 그들의 조상들에게 맹세하신 것을 이루며(신 7:6-8; 출 2:24-25), 그들의 하나님이 되어 그들 가운데 거하시려고 그들을 애굽에서 구원하셨다(출 29:45-46). 이러한 하나님의 선택과 부르심에 믿음으로 응답할 때 하나님의 구원의 백성이 될 수 있었다.

이와는 달리 두 번째 의미의 구원은 관계의 지속이라는 차원에서 이해된다. 두 번째 의미의 구원도 하나님의 은혜로서 주어지는 것이지만 인간의 책임적 행동이 중요한 요소로 작용한다. 그것은 달리 말하면 구원받은 백성으로서 보여야 할 언약에 대한 신실함이다. 신명기 30장 15-18절에서 그러한 구원의 삶을 위한 조건을 잘 보여준다. "보라 내가 오늘날 생명과 복과 사망과 화를 네 앞에 두었나니, 곧 내가 오늘날 너를 명하여 네 하나님 여호와를 사랑하고 그 모든 길로 행하며 그 명령과 규례와 법도를 지키라 하는 것이라. 그리하면 네가 생존하며 번성할 것이요 또 네 하나님 여호와께서 네가 가서 얻을 땅에서 네게 복을 주실 것임이니라. 그러나 네가 만일 마음을 돌이켜 듣지 아니하고 유혹을 받아서 다른 신들에게 절하고 그를 섬기면 내가 오늘날 너희에게 선언하노니 너희가 반드시 망할 것이라. 너희가 요단을 건너가서 얻을 땅에서 너희의 날이 장구치 못할 것이니라."

여기에서 율법의 의미가 분명히 드러난다. 구약성서에서 율법은 구원의 조건이 아니라 언약의 지속을 위한 조건이다. 그것은 구원받은 백성에게 구원의 백성으로서 살아가게 하는 삶의 원칙이며 지침이다. 시내산에서 율법이 주어진 것은 출애굽의 구원을 경험한 자들에게 주어진 것이었다. 율법은 하나님과의 언약 관계를 지속하고 하나님 백성답게 살아가게 하기 위해 하나님께서 이스라엘 백성에게 주신 것이다. 그러한 의미에서 그리스도인들에게 해당되는 율법의 의미와 기능은 깔뱅의 '율법의 제3사용'(tertius usus legis)이라는 표현에서 적절히 드러난다. 실정법으로서의 율법의 '제1사용'과 그리스도께로 인도하는 초등교사로서의 율법의 '제2사용'(갈 3:24)을 넘어서 그리스도인들이 예수 그리스도를 닮아가는 성화의 삶을 위해 필요한 길잡이로서 율법의 기능을 말한 것이다. 따라서 율법은 하나님의 백성이 되기 위한 구원의 조건이 아니라 구원받은 자들이 하나님의 백성으로서 살아가게 하기 위한 구원 이후의 선물이다. 율법을 지키는 삶을 통해 하나님과 동행하며 하나님의 뜻을 이루는 삶을 살게 된다.

유월절은 출애굽의 구원을 기념하는 절기이다(출 12:21-27). 하나님은 이스라엘 백성으로 하여금 유월절 어린 양을 잡아 문 인방과 문설주에 피를 뿌리게 하심으로써 그들로 하여금 장자의 재앙을 면케 하시고, 출애굽을 통해 그들을 언약의 백성이 되게 하셨다. 유월절을 지킨다는 것은 출애굽의 구원사건을 기억하며 기념하는 것이다. 애굽에서의 종살이를 청산하고 자유와 해방을 삶을 살게 하신 하나님의 구원을 감사하고 축하하는 절기인 것이다. 그러므로 유월절을 지키는 것은 구원의 조건이 아니라 하나님이 베풀어 주신 구원을 기억하고 현재화하는 것이다.

예수님은 세상 죄를 지고 가는 하나님의 어린양으로서 오셨다(요 1:29). 예수께서 십자가에서 흘리신 피는 하나님의 어린양으로서 유월절 어린양과 같이 인류의 구원을 위해 흘리신 보혈이다. 세상을 구원하시기 위해 하나님이 보내신 독생자 예수의 십자가 구원 사건을 믿고 나의 것으로 받아들이면 구원의 백성이 된다. 예수를 통해 하나님과 새 언약의 관계에 있는 하나님의 자녀가 되는 것이다. 이런 점에서 유월절은 예수 죽음의 의미가 무엇인가 알려주는 절기이다. 하지만 유월절을 지키는 것 자체가 구원의 조건이 될 수는 없다. 기독교에서는 유월절의 의미가 부활절로 전이되었다. 이 두 절기는 시기적으로 겹칠 뿐만 아니라 의미상으로도 서로 연결된다. 부활절은 유월절 어린양으로 죽으신 예수가 삼 일만에 다시 살아나 부활의 첫 열매가 되신 것을 기념하는 절기이기 때문이다. 죄와 사망의 권세를 깨뜨리시고 부활하신 예수 그리스도는 온 인류를 구원하기에 충분한 하나님의 은혜와 사랑을 증언한다. 그러기 때문에 오늘날 기독교회는 유월절을 지키지 않고 부활절을 기쁨과 감사의 절기로 지킨다.

구약에 나타난 질병 이해
– 모든 질병의 원인은 귀신인가?

   구약성경의 인간이해는 전인적이다. 사람을 구분할 때 영·혼·육의 3분법 혹은 영혼과 육의 2분법을 말하지만, 그것은 구별된다는 것이지 세 가지 혹은 두 가지 차원으로 분리하는 것은 아니다. 인간의 영역 가운데 어느 한 영역이 거론되는 것은 그것이 독립적으로 분리되어 존재한다는 것이 아니라 전인적인 인간 가운데 그 측면을 부각시켜 말한다고 해야 할 것이다. 어느 한 부분에 대한 언급을 통해 그 사람 전체를 나타내는 표현으로 사용되기 때문이다. 예컨대, "내 영혼이 여호와의 궁정을 사모하여 쇠약함이여, 내 마음과 육체가 살아 계시는 하나님께 부르짖나이다."(시 84:2)에서 '영혼'(네페쉬)과 '마음'(레브)과 '육체'(바사르)는 사람 몸의 구성요소를 지칭하는 것이 아니라 그 일부가 사람 전체를 나타내는 대명사처럼 사용되었다. 이처럼 구약성경의 인간이해는 분리적이지 않고 통합적이며 입체적이다. 그럼에도 불구하고 인간이 가지고 있는 세 가지 측면이 있다. 흔히 영·혼·육으로 지칭되는 세 가지 측면은 서로 긴밀한 영향관계에 있으면서도 구별되는 차원으로 생각할 수 있다. 따라서 질병의 원인을 따질 때도 아래와 같은 세 가지 차원에서 생각할 수 있다.

첫째로, 몸의 육체적 차원에서 생기는 질병이다. 이것은 하나님이 만드신 자연질서와도 긴밀한 관계 속에 있다. 몸이 감당하지 못할 정도로 무리하게 되면 병을 얻게 된다. 인간은 적당히 일하고 쉬어야 한다. 그래서 하나님께서는 안식일을 통해 노동과 쉼의 균형을 유지하도록 하셨다(출 20:8-11). 또한 노쇠해서 생기는 병도 있다. 나이가 들면 몸이 약해지고 병이 찾아온다. 인간의 수명은 제한되어 있는 것이다. 그래서 시편 90편에서는 "우리의 연수가 칠십이요 강건하면 팔십이라도 그 연수의 자랑은 수고와 슬픔뿐이요 신속히 가니 우리가 날아가나이다."(10절)라고 고백했다. 더 나아가 사고나 부상 등으로 생기는 병도 있다. 아하시야 왕은 사마리아에 있던 그의 집 난간에서 떨어져 병이 들었다(왕하 1:2). 아합 왕은 아람과의 전쟁에서 적군 병사가 쏜 화살에 맞아 죽게 된다(왕상22:34). 이러한 모든 것은 육체적 차원에서 생기는 질병을 말한다.

둘째로, 심리적인 원인으로 인해 생기는 질병이 있다. 대표적인 것이 근심과 걱정으로 인한 질병이다. 또한 강박, 두려움, 충격 등이 질병과 사고의 원인이 된다. 엘리 제사장은 블레셋과의 전투에서 이스라엘이 패배하여 자신의 두 아들이 죽고 하나님의 궤가 빼앗겼다는 소식을 듣고 뒤로 넘어져 목이 부러져 죽었다(삼상 4:18). 그가 넘어져 죽은 것은 나이가 많고 몸이 비대한 까닭도 있지만 가장 큰 원인은 이스라엘 패배 소식으로 인한 충격이었다. 때로는 사랑 때문에 병이 생기기도 한다. 암논은 그의 누이 다말을 사랑하지만 어찌 할 수 없는 상황이 되어 병을 얻었다(삼하 13:2). 이 모든 것은 마음에서 오는 병이다. 그래서 성경은 여러 곳에서 마음의 중요성을 말하고 있다: "마음의 즐거움은 얼굴을 빛나게 하여도 마음의 근심은 심령을 상하게 하느니라"(잠언 15:13), "사람의 심령은 그 병을 능히 이기려니와 심령이 상하면 그것을 누가 일으키겠느냐?"(잠언 18:14), "모든 지킬 만한 것 중에 더욱 네 마음을 지키라 생명의 근원이 이에서 남이니라"(잠언 4:23).

셋째로, 영적인 현상으로 나타나는 질병이 있다. 대표적인 사례가 사울의 경우이다. 사무엘상 16장 14절에서는 사울이 번뇌하게 된 원인을 야훼로부터 온 '악령'(루아흐 라아) 때문이라고 소개하고 있다. 사울이─현대의학 용어로 말하면─불안과 우울증 현상을 보이는 것이 다윗과는 달리(삼상 16:13), 그리고 이전과는 달리(삼상 10:10) 야훼의 영에 사로잡힌 것이 아니라 악령에 사로잡혔기 때문이라는 것이다. 온 우주가 야훼 하나님 한 분의 주권하에 있음을 강조하는 일원론적인 세계관이 강하게 나타나는 구약성경에서는 '악령'도 궁극적으로는 야훼 하나님께로부터 온 것이라고 보고 있다(예컨대, 욥기 1-2장에 등장하는 사탄). 하지만 영적인 세계를 이원론적으로 이해하는 신약성서에서는 사탄의 활동이 부각되어 나타난다. 그러한 세계관의 변화와 함께 질병에 대한 설명에서도 다양한 귀신들림 현상에 대해서 기록하고 있고(벙어리 귀신[눅 11:14], 눈멀고 벙어리 됨[마 12:22], 귀신들린 자[마 8:28-34; 막 5:1-15; 눅 8:26-39], 간질병자(마 17:14-20; 막 9:14-29; 눅 9:37-45], 꼬부라짐[눅 13:11] 등), 더불어서 예수님의 축사사역이 많이 나타난다. 이러한 본문들은 인간의 질병에는 영적 차원의 질병도 있다는 사실을 말해준다.

그렇다면 이러한 질병들에 대한 치료법은 어떠해야 할까? 그것은 원인에 따라 다른 접근법이 필요하다. 육체적인 질병은 자연적 치료의 차원에서 처방해야 하고, 마음에서 나온 질병은 심리적 차원에서 접근해야 하며, 영적인 질병은 영적인 차원에서 치료해야 한다. 하지만 서두에서도 말했듯이 사람의 몸을 이루는 영·혼·육 세 차원의 측면들이 서로 분리되지 않고 긴밀하게 연결되어 있기 때문에 어느 한편의 접근을 하더라도 다른 측면들을 동시에 고려해야 한다. 그러한 의미에서 모든 질병의 상황에서 가장 우선적으로 행할 수 있는 태도는 하나님의 도움을 구하는 것이다. 몸의 모든 기관과 활동을 가능케 하시고 우리의 몸과 마음을 치료하시며 새롭게 하시는 하나님의 능력을 의지하며 기도하는 것이다.

여기에서 주의해야 할 점은 기도한다고 인간의 치료행위를 그만두는 것은 아니라는 사실이다. 기도와 치료행위는 함께 할 수 있고 그래야 한다. 히스기야 왕의 병을 고칠 때도 예언자 이사야는 무화과 반죽을 사용하였다(왕하 20:7). 예수님도 안수 후에 침을 뱉아 혀에 대기도 하시고(막 7:32-33), 병자의 눈에 진흙을 이겨 바르기도 하셨다(요 9:6). 제자들도 귀신을 쫓아내는 것과 함께 당시의 의약품인 기름을 사용하여 치료하기도 하였다(막 6:12-13). 야고보서는 "너희 중에 병든 자가 있느냐 저는 교회의 장로들을 청할 것이요 그들은 주의 이름으로 기름을 바르며 위하여 기도할지니라"(약 5:14)라고 말한다. 바울도 몸이 약한 디모데에게 포도주를 약으로 쓰도록 권면하였다(딤전 5:23). 인간의 병을 고치는 것은 궁극적으로 하나님의 능력으로 되지만 하나님이 만드신 자연원리와 치료방법에 따라 고치는 것도 필요함을 말해 주고 있다.

결론적으로 '모든 질병의 원인은 귀신인가?'라는 질문에 확실히 '아니다'라고 답변할 수 있다. 군이 말하자면 '모든 질병의 문제는 하나님과의 문제로 귀착된다'고 말할 수 있다.[1] 하지만 질병의 원인에는 위에서 말한 대로 육체적 차원, 심리적 차원, 영적인 차원이 있으므로 전인적인 인간이해를 바탕으로 상황에 맞게 적절히 대응할 것이 요청된다.

---

1) 구약성경에는 질병을 신학적인 관점에서 서술하기도 한다. 그럴 경우 질병 현상에 대해 다음과 같이 말할 수 있다: 1. 하나님이 내리시는 벌로서의 질병(예컨대, 신명기 28장이나 레위기 22장), 2. 시험이나 교육 수단으로서의 질병(욥 2:5; 33:19-30), 3. 다른 사람의 잘못을 대신해서 당하는 질병과 고통(이사야 53장의 야훼의 종과 예레미야 8장 18-22의 예레미야). 이점에 관하여 박동현, "구약성경에서 본 사람의 병",『예언과 목회 3』(서울: 한국장로교출판사, 1995), 99-133을 참조하라.

구약에 나타난 예언 이해
– 오늘날 예언은 존재하는가?

    구약성서에서 말하는 예언은 흔히 미래 일을 점치는 '예언'(豫言, foretelling)과는 다르다. 고대 중동에는 미래가 신에 의해서 이미 결정되어 움직일 수 없는 것으로 보고 그 결정된 미래의 일을 알기 위해 그것을 예견할 수 있는 신비한 능력을 가진 사람들, 점쟁이나 점성술가들을 찾았다. 또한 신의 뜻을 알아내기 위해 해몽하는 기술을 발전시키기도 했다. 예레미야 27장 9절-10절에는 고대 중동에서 앞날의 일을 미리 알려주는 일들을 했던 여러 부류의 사람들이 언급되고 있다(예언자, 점쟁이, 해몽가, 박수, 마술사 등). 그러나 구약성서에서 말하는 예언, 특히 '문서 예언자들'에 의해 선포된 하나님의 말씀으로서의 예언은 "고립된 미래예고"(isolierte Vor-ausagen)가 아니라 "장차 하나님을 통해 발현될 역사와 현재를 통한 발전"을 전하는 것이었다(K. Koch, Propheten, in: *TRE 27,* 477). 그러므로 예언은 현재와 단절된 채 놓여 있는 '닫힌 미래'가 아니라 그것을 듣는 자들의 반응과 긴밀한 관계에 놓여있는 '열린 미래'(offene Zukunft)에 대한 하나님의 뜻의 선포이었다. 이러한 예언의 의미는 요나서에서 잘 드러난다. 요나는 니느웨로 가서 '외치라'는 명령을 거슬러 다시스로 가다가 하나님의 개입을 통해 돌이킨

다. 그가 하나님의 명령을 회피한 이유는 "은혜로우시고 자비로우
신 하나님"이 "뜻을 돌이켜 재앙을 내리지 않으실 것"이라는 사실
에 있었다(욘 4:2; 출 32:12, 14; 34:6). 죽음의 위험에서 구원된 요나
는 두 번째 니느웨로 가서 하나님께서 "명한 바"를 선포하라는 명
령에 순종하여 그 말씀을 선포한다. 그가 외친 예언은 "사십 일이
지나면 니느웨가 무너지리라"(욘 3:4)는 것이었다. 요나의 예언을 듣
고 니느웨 백성들은 한 마음 한 뜻이 되어 자신들의 "악한 길"과
"강포"에서 돌이켰다. 이 모습을 보시고 하나님께서도 뜻을 돌이키
시고 말씀하신 재앙을 내리지 않으셨다. 요나의 이 예언을 앞으로
일어날 일을 말한 것에 초점을 맞추어 이해하면 그는 틀린 예언을
한 것이다. 그러나 예언이 듣는 자들의 반응과 깊은 연관 속에서
열려진 미래를 말한다는 측면에서 보면 그의 예언은 참된 것이다.
결론적으로 예언은 현재 하나님의 백성에게 전달해야 하는 하나님
의 뜻을 선포하는 것이다. 히브리어 <나비>를 번역한 헬라어 단어
προφήτης를 통해서도 이러한 사실을 확인할 수 있다. 헬라어의 접
두어 'προ-'는 '미리'(before)라는 뜻도 있지만 '앞으로'(forth)라는
뜻이 있다. 따라서 예언(Prophetie)은 "미리"(vor) 말하는 것이 아
니라 "밖으로"(heraus) 공포하는 것을 말한다. fore-telling이 아니
라 forth-telling이며, 豫言이 아니라 預言이다. 이것은 하나님의 말
씀을 '맡은 자'가 하나님의 뜻을 청중들에게 밝히 드러내 보인다는
뜻이다.

 구약시대에 예언자는 특별한 조건이 없었다. 하나님의 영에 감
동되고 하나님의 말씀이 임한 사람은 누구나 예언자가 되었다. 제
사장은 레위지파라는 혈통이 중요한 전제조건이었으나 예언자는 지
위고하 남녀노소를 불문하고 될 수 있었다(목자출신 아모스, 여예
언자 드보라나 훌다, 제사장 가문의 예레미야나 에스겔). 초기에는

예언자들이 공동체를 이루며 예언활동을 한 것으로 보인다(삼상19:
20; 왕하 2:3 등). 초기 예언자들은 민족전체보다는 왕조나 왕 개인
을 위한 예언을 했고, 윤리적인 측면에 대한 강조보다는 전쟁의
승리나 풍요, 안전을 예고해 주는 역할을 하였다. 하지만 아모스를
비롯한 '문서예언자들'(writings prophets)[1]은 예언자의 정신이 담
긴 윤리적인 예언이 중심을 이루었고, 특정한 왕조나 개인을 위한
예언보다는 민족 전체와 인류 전체를 향한 우주적인 차원의 예언
으로 확대되었으며, 메시야 사상과 더불어 종말론적인 예언으로
발전하였다. 예언자들은 역사와 세계를 포괄하는 우주적인 역사관
을 지닌 해석자의 모습을 보였다(학 2:5-9; 사 2:2-4; 미 4:1-5).

　그런데 참 예언자가 활동할 때 거짓 예언자들도 동시에 활동했
다. 이믈라의 아들 미가야 예언할 때 400명 가량의 예언자가 이스
라엘 왕이 전쟁에서 승리할 것을 예언했다(왕상 22장). 예레미야
때에도 하나냐가 이스라엘의 하나님이 바벨론 왕의 멍에를 꺾을
것이라고 예언했다(렘 28장). 이들은 이스라엘 하나님의 이름으로
예언했지만 거짓 예언이었다. 예언을 했지만 하나님으로부터 받은
말씀 없이 듣는 사람이 좋도록 자기 마음대로 예언했다. 이런 거
짓 예언자들에게 혹독한 심판이 선고된다(겔 13장). 그래서 신명기
18장 22절에는 참 예언의 기준을 말하고 있다: "만인 선지자가 있
어 여호와의 이름으로 말한 일에 증험도 없고 성취함도 없으면 이
는 여호와께서 말씀하신 것이 아니요 그 선지가가 제 마음대로 한
말이니 너는 그를 두려워하지 말지니라." 구약시대 문서 예언자들
의 선포는 소수에 의해 인정되고 전달되었다. 그것이 문서로 기록
된 것은 그 예언이 사실임이 입증된 훗날의 일이다. 구약성서에서

---

　1) 예언자의 말씀과 행적이 예언자 자신의 이름으로 된 책이 남아있는 사람들을
가리킨다. 예컨대 아모스, 미가, 호세아, 이사야 등.

예언서로 남아 있는 예언들은 이러한 검증과정을 거친 말씀들이다. 문서예언자들의 활동이후 더 이상 기록된 하나님의 말씀으로서의 예언은 없다. 이후의 모든 예언은 기록된 말씀에 대한 해석이거나 기록된 말씀의 토대 위에서 전개되어야 한다.

신약시대에도 예언현상이 있었고 예언자들이 있었다. 하지만 그들은 구약의 문서예언자들과 같은 권위는 갖지 못했다. 바울은 여러 가지 은사를 설명하면서 예언은 방언과 달리 교회의 덕을 세운다고 말한다(고전 14:4). 예언은 사람들에게 말하여 덕을 세우고 권면하며 위로하는 것이 되어야 한다고 말한다(고전 14:3). 예언하는 사람들은 그것을 하나님으로부터 직접 받은 것이라고 하지만 그 예언이 '선한'지 그렇지 않은지를 분별하여 적용해야 했다. 고린도전서 14장 29-33절에는 예언을 어떻게 실행해야 할지에 대한 지침을 제공한다. 예언하는 자는 둘이나 셋이나 말하고 다른 이들은 분별하라고 말한다. 예언을 막지는 말되 다만 그것이 선한 것인지를 분별하여 사용하라고 권면한다(살후 2:2 이하). 이때 예언의 활용과 적용 여부를 결정하는 것은 위에서 말한 대로 성경이다. 기록된 하나님의 말씀인 성경에 부합하느냐에 따라 예언의 효용성과 진위가 결정되는 것이다.

오늘날도 '예언'을 한다고 하는 사람들을 만날 수 있다. 하지만 '예언'을 한다고 하는 사람들을 보면 대부분 미래의 일을 말한다는 의미에서 예언의 의미를 사용한다. 이러한 이해는 위에서도 살펴본 바와 같이 성경에서 말하는 '예언'의 의미를 왜곡할 위험을 내포하고 있다. 성경에서 말하는 예언은 그 시대와 개인을 향한 하나님의 말씀을 선포하는 것이기 때문이다. 결정된 미래를 전하는 것이 아니라 받은 말씀을 토대로 현재가 변하기를 바라는 것이 예언의 근본정신이기 때문이다(겔 18:30-32).

오늘날도 예언은 존재한다고 할 수 있다. 하지만 그것은 구약성서에서와 같이 기록된 말씀의 의미로서의 예언이 아니다. 하나님의 말씀을 맡은 자가 하나님의 뜻을 선포한다는 의미에서 설교가 구약성서의 예언과 가장 비슷한 형태의 말씀선포이다. 이러한 의미에서 오늘날의 설교는 '예언'이 되어야 한다. 거짓 예언이 난무하는 이 시대에 설교자는 하나님의 백성들에게 이 시대를 향하신 하나님의 뜻을 선포하고 하나님의 길을 제시하는 '참 예언'을 해야 한다. 또한 우리가 쓰고 나누는 말이 '예언'이 되어야 한다. 우리의 말이 덕을 세우고 권면하며 위로하는 하나님의 말씀이 되어 교회를 세우고 세상에 하나님의 뜻을 전하는 '참 예언'이 되어야 한다.

구약에 나타난 계시 이해
– 오늘날 계시는 존재하는가?

　'계시(啓示)'라는 용어는 요한계시록 1장 1절의 '예수 그리스도의 계시'에서 '계시'에 해당하는 헬라어 <아포칼륍시스>(ἀποκάλυψις)에서 유래되었다. 이것과 관련하여 가장 근접한 히브리어 표현을 찾는다면 <하존>(חָזוֹן)이다. 이것은 구약성서의 예언서에서 예언자들이 하나님께로부터 받은 계시를 의미하는데, 우리말로는 '환상'이나 '계시' 혹은 '묵시'라는 말로 번역되었다(사 1:1; 옵 1:1; 합 2:2-3 등). 구약성서에서 하나님의 계시를 표현하는 말은 다양하게 나타난다. 이것은 12소예언서의 표제어를 통해 확인할 수 있는데, 세 가지로 분류된다. 첫째는 '야훼의 말씀'이라고 표현하고 있는 경우들이 있고(호 1:1; 욜 1:1; 암 1:1; 욘 1:1; 미 1:1; 습 1:1; 학 1:1; 슥 1:1), 둘째는 위에서 본 바와 같이 '묵시'라고 표현하기도 하며(옵 1:1), 셋째로 본래는 '부담' 또는 '짐'이란 의미를 가진 '경고'(히브리말로는 <맛사> מַשָּׂא)라고 표현하기도 한다(나 1:1; 합 1:1; 슥 9:1; 12:1; 말 1:1). 하지만 이 세 가지 용어는 배타적이거나 독립적인 것이 아니라 서로 깊이 연관되어 있다. 예컨대, 아모스 1장 1절에서는 "...드고아 목자 중 아모스가 이스라엘에 대하여 이상으로 받은 말씀이라"고 소개하고 있어, '말씀'과 '묵시'가 결합되어 있다. 나훔 1장

1절에는 "니느웨에 대한 경고 곧 엘고스 사람 나훔의 묵시의 글
이라"고 하여 '경고'와 '묵시'가 연결되어 있다. 이뿐 아니라 말라
기 1장 1절(슥 9:1; 12:1에서도)에는 "여호와께서 말라기를 통하여 이
스라엘에게 말씀하신 경고라"라고 하여 '말씀'과 '경고'가 함께 나
타난다.

위와 같은 고찰을 통해 알 수 있는 것은 우선 '계시'라는 것은
'보는 것'과 관련이 있는데, 그것은 하나님이 보여주시는 것을 보
는 것이다. 하지만 이것은 단지 시각적인 감각만을 말하지 않는다
는 것을 알 수 있는데, '묵시'가 '말씀'과 '경고'와 함께 나타나고
있듯이 하나님의 말씀을 '듣는 것'을 포함한다. 따라서 예언자들이
받은 계시는 하나님이 보여주시는 것을 보고 하나님이 말씀하신
바를 들었던 것을 의미한다. 그래서 많은 경우 '봄'과 '들음'의 경
험이 함께 기술되어 있다(민 24:4; 사 6:1, 8; 21:1 이하; 겔 1:28; 욥
4:16; 단 8:13, 16 등).

하나님의 계시는 여러 방식을 통해서 이루어졌다. 때로는 천사를
통해(예컨대, 창 16:7 이하; 21:17 이하; 22:11 이하 등), 야훼의 영광
을 통해(출 14:4, 17; 16:7 등), 야훼의 영을 통해(삼하 23:2), 또한
때로는 꿈을 통해(창 28:10-19; 단 2, 4, 7장 등) 나타난다. 더 나아
가 하나님의 계시는 이스라엘의 역사(오경과 역사서로 분류되는
책들과 시 78편, 106편과 같은 역사시편을 통해서)와 시편 104편이
나 시편 19:1-6에서 보는 바와 같이 자연을 통해서도 나타났다. 하
지만 가장 분명한 형태는 하나님이 말씀하시는 것이었다. 그것이
1인칭 형태로 나타나기도 하고(창 22:2; 출 3:17; 삼상 2:30; 9:17; 호
2:25; 렘 3:19; 시 95:10 등), 사람들이 하나님의 말씀을 인용하기도
한다(출 33:12; 시 90:3). 하나님 말씀은 약속의 형태(창 12:1-3; 17:1
이하; 18:10; 28:10-15; 출 20:22; 33:14이하; 신 4:33 등)로, 때로는 의

지의 표현(창 6:7; 출 20:1이하; 34:1, 10; 레 17:1; 신 1:5이하; 5:5 등)
으로 나타난다.

구약성서는 이렇게 다양하게 나타나는 계시경험을 담고 있는 책
이다. 이러한 계시의 내용은 정경으로 확정된 이후에는 새로운 내
용이 더해지거나 빠질 수 없다(신 4:12; 12:32 참조). 이러한 사실
을 '정경화 과정이 끝난 후에는 계속 쓰여지지(fortschreiben) 않고
필사될(abschreiben) 뿐이다'라는 말로 표현한다.

성서가 정경으로 확정된 이후 하나님의 계시를 경험하는 방식은
'토라경건'(Torafrömmigkeit)을 통해 알 수 있다. 토라는 개별적인
'율법조항'에서 '오경'과 '율법' 전체를 가리키는 말이 되기도 하지
만, 구약성서의 모든 내용을 가리키는 말이 되기도 한다(요 10:34).
그러므로 토라는 구약성서를 비롯하여 하나님 말씀 전체를 가리키
는 말로도 이해할 수 있다. 마치 신약성서에 나오는 '성경'이라는
말이 본래는 '구약성서'를 가리키는 말이지만 이 말이 성경 전체를
가리키는 말로 이해하여 적용하는 것과 마찬가지 원리이다(딤후 3:
16; 눅 24:27, 45).

믿음을 가진 경건한 자들은 자신들의 모든 결정이 야훼의 토라
가 지시하는 삶의 길과 일치해야만 했다. 그들에게 토라는 모든 사
람들에게 분명하게 드러나는 삶의 길을 보여 주는 역할을 한다(시
119:14, 27, 32, 33, 35). 또한 토라는 경건한 자들로 하여금 그 길
을 위한 결정을 내릴 수 있게 하고(30절), 그 길 안에서 걷게 하며
(3, 32, 45절), 하나님의 인도하심과 깨닫게 하심에 힘입어(5, 27, 37,
105절) 그 길로부터 벗어나지 않게 하기도 했다(110절). 토라는 묵
상(시 119:6, 15, 18)과 치밀한 연구(45, 94절; 115절), 깊은 반성(15,
23, 27, 48, 78, 148절)과 이해(79, 125, 152절)와 배움(7, 71, 73절)을
통해서 접근할 수 있다. 그들은 낮(97, 164절)과 밤(147절 이하)을

가리지 않고 묵상하며 연구했다. 개인이 토라를 연구할 때 하나님
은 그들에게 참된 가르침(119:12, 26, 64, 66, 68, 108, 124, 135, 171)
과 올바른 이해(27, 34, 73, 125, 130, 144, 169절)를 주실 것이다.

그래서 시편 19편 기자는 야훼의 율법에 관하여 다음과 같이 말
한다. "여호와의 율법은 완전하여 영혼을 소성시키며, 여호와의 증
거는 확실하여 우둔한 자를 지혜롭게 하며, 여호와의 교훈은 정직
하여 마음을 기쁘게 하고, 여호와의 계명은 순결하여 눈을 밝게 하
시도다. 여호와를 경외하는 도는 정결하여 영원까지 이르고 여호와
의 법도 진실하여 다 의로우니, 금 곧 많은 순금보다 더 사모할 것
이며 꿀과 송이꿀보다 더 달도다"(7-10절).

하나님의 말씀 계시는 예수 그리스도를 통해 완성된다(히 1:1-2).
말씀이 육신이 되어 우리 가운데 거하시게 됨으로 살아계신 하나
님의 영광을 보게 되었다(요 1:14). 하지만 예수 그리스도의 말씀과
행적은 다시 신약성서에 기록되었고(요 20:30-31), 사도들의 활동과
서신들도 신약성서에 포함되어 성서 전체를 이루게 되었다. 성도들
은 기록된 말씀 성서를 통해 하나님과 만나고 하나님의 음성을 듣
는다. 말씀 이외의 경험과 지식은 성서와 같은 절대적 권위를 가질
수 없다. 그 어떤 경험과 지식도 성서에 의해서 검증되고 지지되어
야 한다. 그러한 의미에서 성서는 하나님의 말씀으로서 계시의 총
체이자 기준이다.

구약에 나타난 회개 이해

— 한 번 구원받은 사람은 회개할 필요가 없는가?

구약성서에서 신앙인의 삶의 여정을 보여주는 가장 분명한 유비는 출애굽 사건에서 출발하여 광야유랑을 거쳐 가나안 땅에 진입하는 일련의 과정이다. 이것은 이스라엘 초기 역사를 구성할 뿐만 아니라 구약성서에서 보여주는 이스라엘 신앙의 요체다. 출애굽 사건을 경험한 이스라엘은 구원의 백성이라 불린다. 이들은 시내산 언약을 통해 '제사장 나라'가 되고 언약의 백성인 '이스라엘'이 된다(출 19:5-6). 하지만 이들에게는 궁극적인 목적지가 있었다. 그것은 '약속의 땅' 가나안이었다.

이 약속의 땅은 이스라엘 역사의 시작에서부터 줄기차게 언급된다. "내가 너에게 보여줄 땅으로 가라."는 명령이 아브라함의 소명이었다(창 12:1). 이스라엘은 자신의 역사의 시초를 약속의 땅과 함께 시작한다. 하지만 이 땅은 처음부터 확고한 소유가 아니라 하나님의 약속으로 나타난다(창 17:7-8). 이것은 이스라엘에게 하신 하나님 언약의 본질적인 내용으로 간주된다. 그러한 사실은 이 약속이 "야훼께서 너희 조상들에게 줄 것이라고 맹세하신 땅"(출 6:8; 13:11; 33:1; 민 14:23; 신 1:8; 6:10, 18; 수 21:43; 느 9:15 등)과 같이 정형화된 방식으로 반복된다는 사실을 통해서도 확인된다.

땅에 대한 약속과 그것의 성취는 출애굽 사건에서도 중심적인 요소로 나타난다. 모세는 이스라엘 백성을 이집트에서 이끌어내어 약속의 땅으로 인도해야 했다. 그 땅이 처음에는 "젖과 꿀이 흐르는 아름답고 광대한 땅"(출 3:8)으로 소개되지만 나중에는 조상들에게 약속한 땅(출 6:4, 8)으로 소개된다. 시내산에서 금송아지 사건으로 인해 진멸위기를 맞았을 때 모세는 하나님의 약속맹세를 증거로 끌어들여 하나님의 뜻을 돌이키게 한다(출 32:13-14), 그 후 하나님은 모세에게 그 백성을 조상들에게 약속하신 땅으로 인도하실 것이라고 새롭게 명령하신다(출33:1). 마침내 이스라엘은 40년 광야유랑 생활을 끝내고 여호수아의 영도하에 요단강을 건너가 가나안 땅에 정착하게 된다. 가나안 땅을 차지하게 됐을 때 여호수아21장 43-45절은 이렇게 기록하고 있다: "여호와께서 이스라엘의 조상들에게 맹세하사 주리라 하신 온 땅을 이와 같이 이스라엘에게 다 주셨으므로 그들이 그것을 차지하여 거기에 거주하였으니 여호와께서 그들의 주위에 안식을 주셨으되 그 조상들에게 맹세하신 대로 하셨으므로 그들의 모든 원수들 중에 그들과 맞선 자가 하나도 없었으니 이는 여호와께서 그들의 모든 원수들을 그들의 손에 넘겨 주셨음이니라. 여호와께서 이스라엘 족속에게 말씀하신 선한 말씀이 하나도 남음이 없이 다 응하였더라." 여기에서 여호수아서는 온 땅에 안식을 주셨고 이스라엘 족속에게 약속하신 말씀이 모두 이루어졌다는 사실을 강조하고 있다.

이러한 일련의 역사를 히브리서에서는 신앙의 삶에 적용하고 있다. 히브리서 3-4장에서 구원받은 신앙인의 현재의 삶은 이스라엘이 광야유랑 시에 겪었던 삶에 유비된다. 히브리서 기자는 그리스도인의 궁극적인 목표를 '안식'으로 표현한다(3:18; 4:1, 10). 이것은 공관복음서에서 말하는 '하나님 나라'나 요한복음서에서 말하는 '생명'과 같이 궁극적인 구원의 상황을 표현하는 개념이다. 이스라엘이 '약속의 땅'으로 바라보고 광야를 지나왔듯이 신앙인들은 하나님이 약속하신 '안식'을 바라보며 현재의 삶을 산다는 것이다. 그런데 문제는 현재의 신앙인 모두가 하나님이 약속하신 '안식'을 경험하는 것은 아니다는 사실이다. 구원받은 백성이 모두 약속의 땅에 들어간 것은 아니듯이 그리스도인들 가운데서도 하나님에게서 떨어질 수도 있다는 점을 지적한다(히 3:12; 또한 6:4-8; 10:26-29 참조). 그래서 히브리서 기자는 3장 13-14절에서 다음과 같이 권면한다: "오직 오늘이라 일컫는 동안에 매일 피차 권면하여 너희 중에 누구든지 죄의 유혹으로 완고하게 되지 않도록 하라. 우리가 시작할 때에 확신한 것을 끝까지 견고히 잡고 있으면 그리스도와 함께 참여한 자가 되리라." 하나님의 약속을 믿고 끝까지 견디는 자가 '안식'에 들어갈 것이라고 말한다.

이것은 구원받은 신앙인들 가운데서도 낙오의 가능성을 염두해 둔 권면이다. 달리 말하면 출애굽을 경험한 이스라엘 백성과 같이 구원의 경험이 있는 자라고 할지라도 하나님의 약속을 믿고 끝까지 견디지 않으면 참된 '안식'에 들어갈 수 없다는 말이다. 이때 히브리서 기자는 믿음과 순종을 동의어로 사용한다(3:18; 4:6, 11). 하나님이 약속한 참된 안식에 들어가려면 믿음을 통한 순종의 삶을 살아야 한다는 것이다. 히브리서 기자는 그러한 삶을 위해 '오늘' 서로 권면하여 죄의 유혹으로부터 벗어난 삶을 살라고 강조하고 있는 것이다(히 3:12). 이것은 "의인이면서 동시에 죄인"(simul iustus et peccator)인 그리스도인의 실존을 잘 표현하고 있다. 우리가 예수 그리스도를 믿는 믿음으로 하나님께 죄사함의 은총을 덧입고 '의인(義人)'의 삶을 산다하더라도, 여전히 인간의 연약함으로 인해 언제든 죄로 기울어지기 쉬운 '죄인(罪人)'이기 때문이다.

그러기 때문에 구원의 백성이요 하나님의 자녀가 된 그리스도인
이라 할지라도 죄로 인해 넘어질 때가 있고 하나님으로부터 멀어
질 때가 있다. 이러한 때에는 돌아와야 한다. 하나님께로 돌이켜야
한다. 이것을 '회개(悔改)'라는 말로 표현할 수 있다. 구원의 백성
이었던 이스라엘도 끊임없이 '돌이키라'(슈브)는 음성을 들어야 했
다. 이것이 구약성서에 나타난 예언 선포의 핵심사항이었다. 왕정
시대 이스라엘과 유다의 역사를 회고하면서 야훼께서는 모든 예언
자들과 선견자들을 통해 다음과 같이 말씀하셨다고 요약한다. "너
희는 너희의 악한 길에서 돌이켜, 내가 너희 조상들에게 명하고 내
종 선지자들을 통하여 너희에게 보낸 모든 율법에 따라 내 계명들
과 내 규례들을 지키라"(왕하 17:13). 예언자들은 끊임없이 모세를
통해 주어진 토라를 지키도록 경고했고, 이스라엘 백성이 그것으로
부터 이탈할 때 돌이키라고 촉구했다. 하지만 구약성서에서 말하는
'회개'는 무엇보다 하나님 자신에게로 되돌아가는 것이며 귀환하는
것이다: "이스라엘아, 네가 돌아오려거든 내게로 돌아오라"(렘 4:1);
"내게로 돌아오라, 이는 내가 너를 구속하였음이라"(사 44:22). 예
레미야는 두 개의 무화과 광주리에 관한 비유에서 다음과 같이 말
한다: "그들이 내게 온전한 마음으로 돌아올 것이다"(렘 24:7). 스
가랴와 말라기에서는 돌이킴이 하나님과의 상호관계성 속에서 표
현된다: "내게로 돌아오라, 그러면 내가 너희에게로 돌아갈 것이다"
(슥 1:3; 말 3:7).

신앙인의 삶은 약속의 땅으로 가고 있는 여정의 삶이다. 완전한
구원과 안식을 향한 도상의 삶인 것이다. 한 번 회개로 끝났으니
괜찮다고 안심하거나 안주하지 않고, '의인이면서 죄인'인 인간의
실존을 자각하고 하나님과 올바른 관계에 있기를 힘쓰는 깨어있는
삶을 살아야 한다. 그러므로 '선 줄로 생각하는 자는 넘어질까 조

심하라'(고전 10:12)는 말씀을 명심해야 하며, '긍휼하심을 받고 때를 따라 돕는 은혜를 얻기 위하여 은혜의 보좌 앞에 담대히 나아가는'(히 4:16) 믿음의 삶이 필요하다.

구약에 나타난 율법 이해

– 율법 준수 여부가 구원의 조건인가?

율법의 준수와 구원의 관계에 대한 논쟁은 기독교 신학의 긴 전통 속에서 계속되어 왔다. 바울을 필두로 해서 중세의 어거스틴이나 종교개혁자 마틴 루터를 지나 불트만이나 바르트와 같은 현대 신학자들에 이르기까지 율법은 인간이 충족시킬 수 없는 것으로 여겨졌기 때문이다. 율법에 집착하는 것은 인간의 교만으로 여겨졌다. 인간은 불완전하고 죄에 빠지기 쉬운 연약성을 지니고 있기 때문에 율법의 요구를 충족시킨다는 것은 불가능하다는 것이다 (롬 4:13-15 참조).

하지만 신명기나 복음서의 예수, 더 나아가 종종 바울에게서까지도 율법을 지켜 행하라고 권면하는 것을 볼 수 있다. 신명기 18장 13절에서는 "너는 네 하나님 여호와 앞에서 완전하라."고 말씀한다(창 6:9; 17:1). 레위기 19장 2절에서는 "너는 이스라엘 자손의 온 회중에게 말하여 이르라. 너희는 거룩하라. 이는 나 여호와 너희 하나님이 거룩함이니라."고 말씀한다. 이스라엘 백성이 완전하고 거룩한 삶을 살 것을 말씀하고 있는 것이다. 이러한 말씀들이 신약성서에서 다양하게 적용된다. 산상수훈 중에 나타나는 예수 말씀 가운데 이런 것들이 있다. "내가 너희에게 이르노니 너희 의가 서

기관과 바리새인보다 더 낫지 못하면 결코 천국에 들어가지 못하리라"(마 5:20). "그러므로 하늘에 계신 너희 아버지의 온전하심과 같이 너희도 온전하라"(마 5:48). 바울도 이러한 교훈들을 충실하게 전하고 있다. 로마서에서 그리스도인들의 윤리적인 삶에 대한 가르침을 다음과 같이 시작한다(또한 롬 6:1-14; 7:7-25 참조). "그러므로 형제들아 내가 하나님의 모든 자비하심으로 너희를 권하노니 너희 몸을 하나님이 기뻐하시는 거룩한 산 제물로 드리라. 이는 너희가 드릴 영적 예배니라. 너희는 이 세대를 본받지 말고 오직 마음을 새롭게 함으로 변화를 받아 하나님의 선하시고 기뻐하시고 온전하신 뜻이 무엇인지 분별하도록 하라"(롬 12:1-2). 또한 데살로니가전서 4장 3절에서는 성도들이 마땅히 보여야 할 거룩함을 강조한다. "하나님의 뜻은 이것이니 너희의 거룩함이니라"(살전 4:3). 이외에도 신약성서의 여러 본문에서 동일한 교훈을 하고 있다. "오직 너희를 부르신 거룩한 이처럼 모든 행실에 거룩한 자가 되라"(벧전 1:15). "모든 사람과 더불어 화평함과 거룩함을 따르라. 이것이 없이는 아무도 주를 보지 못하리라"(히 12:14). 삶을 통해 보여주는 화평함과 거룩함은 하나님을 만난 증거요 신앙의 보증이다.

그렇다면 이렇게 서로 상충되는 것같이 보이는 율법에 대한 이해를 어떻게 조화시킬 수 있겠는가? 이것은 각 진술들에 대한 맥락을 이해할 때 가능하다. 전자는 구원론의 관점에서 율법을 말하고 있고, 후자는 윤리적인 관점에서 말하고 있는 것이다. 구원론의 관점에서 보면 율법 준수는 구원의 전제조건이 되지 못한다. 물론 이때 구원은 '신분의 변화'로서의 구원을 말한다. 일반인에서 하나님의 백성으로, 세상에 속한 자가 아니라 하나님께 속한 자로의 변화이다.[1] 이러한 구원에 대해서는 신명기에서도 하나님의 '은혜'

---

1) '구원'의 두 가지 의미에 대하여 "구약에 나타난 절기 이해 (2): 유월절을 지

를 말하고 있다. 이스라엘이 구원의 백성이 된 것은 순전히 하나님의 은혜로운 선택에 기초하고 있다(신 7:6-8; 9:4-5). 이뿐 아니라 노아의 선택이나(창 6:8) 아브라함의 부르심(창 12:1-3; 18:19)도 하나님의 은혜와 하나님의 주권적인 선택에서 이루어진 것이다. 이 모든 본문들이 이스라엘의 구원은 하나님의 은혜와 선택에 의해서 이루어진 것임을 동일하게 증언한다. '신분의 변화'로서의 구원은 율법 준수가 아니라 하나님의 은혜요, 행위가 아니라 믿음으로 이루어진 것이다(창 15:6; 엡 2:8-9).

그렇다면 후자의 윤리적인 관점에서 본 율법 이해는 어떠한가? 이것은 구원받은 자들의 삶의 모습에 대한 교훈의 맥락에서 말한 것임을 알아야 한다. 모세가 율법 준수에 대한 교훈을 말하고 있는 대상은 구원받은 이스라엘 백성이다(신 4, 30장). 바울이나 신약성서 기자들도 이미 언약의 백성이 된 그리스도인을 향하여 편지하고 있는 상황에서 거룩한 삶에 대한 교훈을 말하고 있는 것이다(위의 해당구절을 참조하라). 이러한 윤리적 삶에 대한 교훈의 의미를 예수의 말씀에서 더욱 잘 고찰할 수 있다. 예수께서 산상수훈 가운데 "너희는 세상의 소금이요, 세상의 빛이라"고 말씀하셨다(마 5:13-14). 이것은 예수의 제자들의 정체성을 말하고 있는 동시에 그들의 삶이 어떠해야 하는가를 잘 보여주는 말씀이다. '소금과 빛'이라는 표현은 구원받은 백성을 나타내는 은유이다. 예수의 제자들은 이미 구원받은 사람들이다. 하지만 그들은 구원받은 사람들답게 그들의 삶의 모습을 보여주어야 한다. 소금은 짠 '맛'을 통해 부패를 방지하고 음식의 맛을 제대로 나게 한다. 빛은 자신의 '비춤'을 통해 어둠을 밝히고 방향을 제시한다. 소금과 빛의 정체가 그들의 기능을 통해서 증명된다. 이것은 그들의 기능 때문에 소금과 빛이

키는 것이 구원의 조건인가?"「현대종교」443 [2012.2], 131.

된 것은 아니지만, 소금과 빛이라면 당연히 그러한 기능을 해야 한다는 것이다.

그러므로 윤리적 관점에서 말하는 율법 준수는 구원의 백성이라면 마땅히 보여야 할 삶의 모습이다. 이것은 '관계의 지속'이라는 차원에서 구원받은 백성으로서 보여야 할 언약에 대한 신실함을 의미한다.[2] 언약에 대한 신실함의 여부가 삶의 모습을 통해 드러난다(롬 4:1-5; 갈 3:10-14와 약 2:18-26의 차이를 비교하라). 그런데 율법 준수 문제에서 좀 더 깊이 살펴보면 어떤 율법을 지켜야 하는지의 문제가 대두된다. 율법을 크게 두 가지로 나누면 정체성을 지키기 위한 법과 윤리실천의 법이 있다. 정체성을 지키기 위한 법은 안식일 법, 할례법, 정결법 등이 있다. 윤리실천의 법에는 공동체 생활을 가능하게 하는 법으로서 공평과 정의, 사랑과 긍휼을 이루는 법들이 있다. 정체성을 지키기 위한 법은 주로 행위자 자신에게 의미가 있고 유익이 돌아가지만, 윤리실천의 법은 주로 공동체와 타인을 위하는 법이다. 이러한 법을 지킴으로써 우리가 살고 있는 땅의 '샬롬'을 이룰 수 있다. 그런데 복음서에 등장하는 예수님의 행동에서 강조되는 것은 전자보다는 후자였다(마 23:23). 이것은 정체성을 지키기 위한 법에 집착하면서 예수님과 격론을 벌였던 바리새인과 서기관들과는 크게 다른 모습이었다. 예수께서는 하나님 사랑과 이웃 사랑을 동등하게 강조하셨고(마 22:34-40과 평행구절, 요 13:34-35), 먼저 하나님 나라와 그의 의를 구하는 삶을 요구하셨다(마 6:33).

율법 준수가 구원의 전제조건은 되지 않는다. 하지만 율법 준수는 구원받은 자가 마땅히 보여야 할 삶의 모습이다. 이것은 언약에

---

2) 이러한 율법의 의미에 관하여, "구약에 나타난 절기 이해 (2): 유월절을 지키는 것이 구원의 조건인가?", 「현대종교」 443 [2012.2], 131-132쪽을 참조하라.

대한 신실성을 보여주는 것이며, 자신의 믿음을 증명하는 행위이다.
율법준수는 날마다 계속되어야 할 우리의 삶에서 하나님과 구원의
백성, 하늘 아버지와 자녀의 관계를 지속하게 하고 의미 있게 하는
신앙행위인 것이다.

구약에서 말하는 동방은 어디인가?
— 이사야가 예언한 동방의 의인은 누구인가?

　'동방의 의인'이라는 표현은 우리나라에서 자생한 거의 모든 기독교 이단들이 자신들의 교주를 가리키는 말로 사용하는 용어이다. 이단들의 전형적인 성서해석 방법인 아전인수식 해석이 적용된 사례다. 본문 자체가 말하고자 하는 바는 제대로 살피지 않고 문자의 표면적 의미만을 가지고 몇몇 성경구절을 연결시켜 자신들이 의도하는 방향과 의미로 성서본문을 해석하는 것이다. 이 글에서는 '동방의 의인'의 근거라고 거론되는 본문들을 살펴봄으로써 이들의 주장이 얼마나 터무니없는 것인가를 밝히고자 한다.

이들 이단들은 재림주는 이천여 년 전 이스라엘에 오셨던 예수님과는 달리 동방에서 나타날 것이라고 말한다. 이러한 주장은 요한계시록 7장 2-3절에 근거한다. "또 보매 다른 천사가 살아 계신 하나님의 인을 가지고 '해 돋는 데'($\dot{\alpha}\nu\alpha\tauo\lambda\dot{\eta}$ <아나톨레>)로부터 올라와서 땅과 바다를 해롭게 할 권세를 받은 네 천사를 향하여 큰 소리로 외쳐 이르되 우리가 우리 하나님의 종들의 이마에 인치기까지 땅이나 바다나 나무들을 해하지 말라 하더라." 여기에서 '해 돋는 데', 즉 <아나톨레>는 동방, 그 중에서도 극동아시아 대륙 끝에 있는 한국이라는 것이다. 동방이 한국을 의미한다는 주장의 근

거로 이사야 41장 1-2절을 내세우기도 한다. "섬들아 내 앞에 잠잠
하라. 민족들아 힘을 새롭게 하라 가까이 나아오라. 그리고 말하라.
우리가 서로 재판 자리에 가까이 나아가자. 누가 '동방'에서 사람
을 일깨워서 공의로 그를 불러 자기 발 앞에 이르게 하였느냐 열
국을 그의 앞에 넘겨주며 그가 왕들을 다스리게 하되 그들이 그의
칼에 티끌 같게, 그의 활에 불리는 초개같게 하매." 여기에서 동
방은 히브리어로 '(해가) 떠오르는 곳'이란 의미의 <미즈라흐>이
다. 예로부터 동방이라 하면 한국, 만주, 일본을 일컬었던 것인데,
일본은 섬나라이니 첫 구절 '섬들아 잠잠하라'는 구절에 걸려 해당
이 되지 않고, 만주는 대륙이어서 해당되지 않으며, 땅 끝, 즉 땅의
모퉁이인 나라는 3면이 바다로 둘러싸인 한국밖에 없다는 것이다.

그렇다면 성경에서 '동방'은 과연 한국을 가리키는 말일까? 동
방을 가리키는 히브리어는 두 가지이다. 하나는 <케뎀> (קֶדֶם)이고,
다른 하나는 <미즈라흐> (מִזְרָח)이다. <케뎀>은 본래 '앞'이라는 뜻
이 있고(시 139:5), 시간적으로는 고대, 옛날, 먼 과거의 시간을 가
리킨다(사 23:7; 신 33:27 등). 이것이 동쪽을 뜻할 수 있는 것은 구
약성서에 나타난 방위가 성전의 위치를 기준으로 정해져 있기 때
문이다. 성전 입구 전면이 동쪽을 향해 있기 때문에 '앞'은 동쪽을
가리킬 수 있고, 따라서 '뒤'는 서쪽을 의미할 수 있다(욥 23:8). 두
번째 용어인 <미즈라흐>는 '떠오르다'를 뜻하는 동사에서 나온 명
사이다. 떠오는 곳, 즉 태양이 떠오르는 곳은 동쪽이니까 '동방'을
의미한다. 이와 동일하게 '(해가)떠오르는 곳'이라는 의미로 동쪽을
가리키는 헬라어가 <아나톨레>(ἀνατολή)인 것이다.

동방과 관련하여 구약성서에는 '동방사람'(בְּנֵי קֶדֶם <베네 케뎀>)
이라는 표현이 등장한다. 이 용어는 다양하게 사용되었다. 창세기
29장 1절에서는 이 용어가 유프라데스 강 북부에 살던 아람인들을

지칭하고 있고, 이사야 11장 14절에서는 동방에 있는 이스라엘의 적
들, 즉 에돔, 모압, 암몬족을 가리키며 블레셋과 대조되는 말로 사
용되고 있다. 특별히 이 용어는 사사시대에 미디안인이나 아말렉인
들과 더불어 이스라엘을 침공하던 요단동편 유목민족을 의미하는
말로 사용된다(삿 6:3, 33; 7:12; 8:10). 또한 이것은 게달이나 암몬
의 동쪽 수리아 아라비아 사막의 유목민들을 의미하는 말로 쓰이
기도 한다(렘 49:28; 겔 25:4, 10). 이러한 용례를 살펴볼 때, '동방'
은 팔레스타인 지역에서 볼 때 요단 동편 지역을 폭넓게 아우르는
말이다. 북동쪽 메소포타미아 지역에서부터 남쪽 에돔이나 아라비
아 사막지역까지를 포괄한다. 이것은 이스라엘의 관점에서 생겨난
용어이다. 그런 의미에서 욥의 출신지에 대한 연구는 '동방'을 이
해하는데 도움을 준다. 욥의 출신지 우스 땅이 어디인지 정확하지
는 않으나 창세기 족보나 성서의 다른 증거들을 통해 우스가 에돔
인근의 남부나 팔레스틴 북부 아람지역 중 어느 한 곳에 위치해
있었을 것이라고 추정되는데,1) 그러한 욥을 '동방사람 가운데 가장
큰 자'(욥 1:3)라고 말하고 있다. 이것은 '동방'이 팔레스타인 지역
에서 볼 때 요단 동편 지역을 폭넓게 지칭하고 있음을 반증한다.

그러면 이사야서에서 예언된 동방은 어디이며 동방에서 오는 구
원자는 누구를 의미하는가? 이와 관련된 본문은 위에서 말한 이사
야 41장 1-2절 외에 아래와 같다.

"내가 한 사람을 일으켜 북방에서 오게 하며 내 이름을 부르는 자를
해 돋는 곳(미즈라흐)에서 오게 하였나니 그가 이르러 고관들을 석회
같이, 토기장이가 진흙을 밟음 같이 하리니" (사 41:25)

---

1) 우스 지역에 대한 전승에 관해서는 다음을 참조하라. 하경택,『질문과 응답
으로서의 욥기 연구: 지혜, 탄식, 논쟁 안에 있는 '신-학'과 '인간-학'』(서울: 한국
성서학연구소, 2006), 49.

"내가 동쪽(미즈라흐)에서 사나운 날짐승을 부르며 먼 나라에서 나의 뜻을 이룰 사람을 부를 것이라 내가 말하였은즉 반드시 이룰 것이요 계획하였은즉 반드시 시행하리라" (사 46:11)

"두려워 말라 내가 너와 함께 하여 네 자손을 동방(미즈라흐)에서부터 오게 하며 서방에서부터 너를 모을 것이며" (사 43:5)

"서쪽에서 여호와의 이름을 두려워하겠고 해 돋는 쪽(미즈라흐)에서 그의 영광을 두려워할 것은 여호와께서 그 기운에 몰려 급히 흐르는 강물 같이 오실 것임이로다" (사 59:19)

위의 본문들은 모두 '동방'을 <미즈라흐>로 표현하고 있다. 곧 '해 뜨는 곳'을 가리키는 것이다. 이들 가운데 세 번째와 네 번째 본문은 동방에서 오는 구원자에 대한 직접적인 본문이 아니다. 이스라엘의 회복과 구원이 어떻게 이루어지는지를 보여준다. 이사야 43장 5절은 동서를 포함한 사방에서 몰려오게 될 이스라엘의 귀환을 예고하고 있고, 이사야 59장 19절은 야훼의 이름과 영광이 동서 사방에서 높임을 받게 될 것을 예언하고 있다. 이스라엘의 귀환이 동서로부터 이뤄질 것이라고 예언된 것은 고향에서 쫓겨난 이스라엘 백성이 바벨론뿐만 아니라 북부 메소포타미아 지역(왕하 17:6)과 이집트 지역(렘 43:4-7)에도 있었기 때문이다. 이와 마찬가지로 하나님의 공의를 드러내시는 심판과 구원은 온 세계에서 이루어져 동서 사방에서 야훼의 이름과 영광이 나타나게 될 것이다.

그러나 첫 번째와 두 번째 본문은 동방에서 오는 구원자를 말하고 있다. 이사야 41장 25절에서 하나님이 일으키실 구원자는 '북방에서' 그리고 '해 돋는 곳'에서 오게 될 것이다. 이사야 46장 11절에서는 '동쪽에서' 그리고 '먼 나라에서' 자신의 뜻을 이룰 사람을 보내겠다고 말씀하신다. 이것이 누구를 뜻하는가? 그것은 이사야의 다른 본문에서도 지지하고 있으며(사 44:24-45:8), 이스라엘 역사에서도 증명된(대하 36:22-23; 스 1:1) 페르시아의 고레스 왕을 가리킨다. 하나님께서 고레스 왕을 구원의 도구로 삼아 이스라엘을 회복시키시고 구원하실 것을 말씀하신 것이다.

이러한 고찰을 통해서 볼 때 '동방'이라는 것은 성서가 기록된 이스라엘의 상황을 고려해서 해석되어야 하며, 구약성서의 상황에서 '동방'이 의미하는 바는 이스라엘의 관점에서 요단 동편 지역을 폭넓게 일컫는 말임이 분명하게 드러난다. 또한 '동방'에서 일으킬 한 구원자는 이사야서의 문맥에서 살펴볼 때 페르시아의 고레스 왕을 지칭하는 것임을 알 수 있다. 따라서 글자의 표면적 의미만을 가지고 '동방'의 의미를 극동아시아의 한국에 적용하는 것은 터무니없는 억지주장이며, 더 나아가 이단의 교주들이 자신들을 '동방의 의인' 혹은 구원자라고 말하는 것은 성서본문의 상황은 고려하지 않은 채 자신들의 주장과 교리 입증을 위해 성서본문을 사용하는 이단들의 전형적인 성서왜곡임을 알 수 있다.

구약에 나타난 죄 이해
― 성경에서 말하는 죄에 대한 올바른 이해

구약성서에서 말하는 인간상은 죄에 빠져 곤경에 처해 있는 피조물로서의 모습을 적나라하게 보여준다. 에덴동산에서의 타락 이후 인류의 역사는 하나님에 대한 반역의 역사라고 할 만큼 하나님이 뜻하신 바와는 거리가 멀게 행동했다. '범죄하지 않는 사람은 없다'(왕상 8:46)라는 성전봉헌 기도에 나타나는 솔로몬의 진술은 이스라엘 백성뿐 아니라 모든 인간이 가지고 있는 범죄에 취약한 인간의 실존을 잘 보여준다. 이러한 통찰은 구약성서에 다양하게 나타나 있다(창 8:21; 욥 4:17-19; 14:4; 시 14:2 이하; 53:2 이하; 잠 20:9; 전 7:20; 사 9:7; 렘 5:1-5 등). 하지만 이러한 인식과는 다른 특별한 경우들도 몇 가지 나타난다(창 5:24; 6:9; 욥 1:1; 2:3).

구약성서에서 죄를 뜻하는 단어로 20여 개 정도 사용된다. 대표적인 예가 '(과녁을) 빗나감'을 뜻하는 <하타아트>(חַטָּאת), '굽어짐'을 뜻하는 <아본>(עָוֹן), '(관계의 파기를 초래하는) 위반/반역'을 뜻하는 <페샤>(פֶּשַׁע), '사악함'을 의미하는 <라아>(רָעָה) 등이 있다.

이 단어들을 근거해 죄의 의미를 유추해 볼 때 죄는 목표점을 빗나가 잘못된 상황에 이른 것을 의미하며, 올바르지 않고 굽은 것이며, 법을 어겨 기준에서 이탈된 악하고 부정한 것이라고 정의할 수 있다.1) 구약성서에서 죄는 자연의 현상에 대한 훼방도 아니고 우주의 조화로운 상태를 파괴한 일탈행위도 아니다. 구약성서에서의 죄는 은혜로우시고 의로운 하나님의 의지에 대한 침해 내지는 인격적인 교제를 파괴한 반역, 즉 하나님과의 교제에 대한 침해, 하나님의 사랑에 대한 배신, 하나님의 주권에 대한 반역을 의미한다.2) 한편 드브리스(S. J. de Vries)는 구약성서의 죄와 관련된 단어들을 1) 선하고 옳은 것으로부터의 이탈, 2) 하나님에 대한 반역, 3) 죄인의 내적 상태, 4) 윤리적 측면의 강조, 5) 죄의 유해한 결과, 6) 죄책 등을 나타내는 용어로 분류하고, 이외에도 죄는 완악함, 교만, 퇴보, 어리석음, 속임, 부정 등의 의미와 관련된 것으로 보았다.3)

구약성서에서 이스라엘 역사 안에 나타난 죄에 대한 개념규정을 다시금 요약하면 다음 두 가지로 표현될 수 있다. 하나는 자신의 구원자이신 야훼를 떠나 이방신들에게로 향하는 우상숭배이고, 다른 하나는 자신의 사회 속에서 저지르는 각종 불의들이다.4) 이 두 측면은 긴밀하게 연관되어 있다. 그래서 신명기는 야훼 하나님을 마음과 뜻과 힘을 다해 사랑하라고 말하면서 동시에 하나님이 명령하신 율법을 다 지키라고 말하고 있다(신 6:4 이하; 7:9; 10:12; 11:1, 13; 13:3; 19:9; 30:6). 하나님 사랑과 이웃 사랑이 함께 가야함을 말하고 있는 것이다(마 22:37-40과 평행구절 참조). 이것을 다시 요약하면 구약성서의 죄는 모두 하나님과의 관계에 달려있음을 알게 된다. 인간의 모든 죄악은 하나님을 대항해서 일어난 범죄들이요,

1) A. B. Davidson, *The Theology of the Old Testament* (New York: Scribners, 1910), 204-207.

2) G. E. Wright, *God Who Acts* (London: SCM, 1952), 20.

3) S. J. de Vries, "Sin, Sinners," *IDB* Vol. 4 (New York: Abingdon, 1962), 361-362.

4) R. P. Knierim, "Sünde II," *TRE* 32, 371.

특별히 선택된 이스라엘 백성은 자신들에게 요구되는 의무사항들인 율법을 제대로 지키지 못한 것이다.

초기에는 구약성서의 죄 개념이 인격적인 특성을 지니고 있었으며, 이어서 등장한 죄 인식은 율법을 행동이나 태도를 판단하는 외적인 규범으로 삼은 사회로 발전을 가져왔다.5) 이러한 구약의 인격적 죄 인식은 죄의 내면성과 인간의 마음을 부패시키는 죄의 영향력이 더 이상 강조되지 않는 구약시대 말기에 가서는 약화되고, 율법의 외적 규범들을 지키는 데에 강조점을 두었다. 이어서 성서시대 이후의 유대교는 구약과는 다른 죄 인식을 가졌는데, 그것은 모세의 율법을 깨뜨리는 것을 죄로 정의했다. 그런데 여기에서 더 나아가 유대교는 낙관적인 인간론에 대한 주장에까지 이르게 된다. 유대교에서는 인간이 더 이상 악한 충동을 이겨낼 수 없는 존재가 아니라 능히 이겨낼 수 있는 존재이며, 하나님은 그들에게 구원의 수단으로 율법을 준 것으로 이해했다. 이러한 랍비적 유대교의 인간과 죄에 대한 낙관적인 견해는 기독교의 비관적인 인간이해와 첨예하게 대립하게 된다. 신약성서는 구약의 죄 개념을 역사적으로 확장시키고 신학적으로 심화시켰다. 신약시대에 예수는 서기관들과 바리새인들의 죄 이해의 차원을 넘어섰으며, 바울은 죄와 의에 대한 기준으로서 율법개념을 극복하여 율법을 인간의 실패와 죄성의 깊이를 보여주는 것으로 이해했다(롬 3:20; 5:20; 7:7-24; 갈 3:19-24). 결국 신약성서의 죄 이해는 예수 그리스도에 의해 인간의 죄가 정복된다는 선언으로 마무리된다.

---

5) 드브리스는 여러 용어로 설명되는 성서의 죄를, a) 하나님에 대한 반역으로서의 인격적인 죄; b) 외적 기준으로부터 일탈로서의 도덕적인 죄; c) 인간의 피조성 또는 육체적 특성과 동일시되는 일원론적인 죄; d) 죄를 금기에 대한 위반으로 보는 역동적인 죄 등으로 범주화하였다. S. J. de Vries, "Sin, Sinners," *IDB* Vol.4 (New York: Abingdon, 1962), 362.

그렇다면 구약성서는 죄 용서를 어떻게 설명하고 있는가? 가장 우선적인 방식은 '희생제사'를 통한 것이다(예컨대 창 8:21-22). 두 번째 방식은 구약성서의 5대 제사중 하나인 '속죄제'를 통해 죄사함받는 것이다. 세 번째 방식은 예언자들이 주로 외쳤던 바인데 그것은 하나님께로 돌아오는 '회개'를 통해서 하나님의 죄사함을 경험하는 것이다. 하지만 이러한 행위들이 하나님의 죄사함을 보장하거나 자동적으로 그러한 결과를 초래한다고 보아서는 안 된다(호 6:1-3 참조). 죄용서는 하나님의 자유에 속한다. 또한 죄사함 받았다고 해서 죄의 결과가 완전히 사라진 것은 아니다. 밧세바 사건이후 다윗의 삶을 보라. 다윗이 자신의 잘못을 인정함으로 죄용서를 받았으나 형벌의 위협이 사라진 것은 아니었다(삼하 12:9-12). 그러므로 구약성서에서 보여주는 죄사함은 결코 형벌의 면제가 아니라 파괴되었던 관계의 회복을 의미하는 것이다. 그럼에도 불구하고 구약성서는 하나님이 결코 죄를 가볍게 여기지는 않지만 얼마든지 죄인을 자유롭게 하실 수 있는 분임을 분명하게 보여주고 있다(시 103:1-5; 107:10-14; 사 61:1-3).[6]

구약성서의 인간관과 죄 이해는 모두 하나님과 관련되어 있다. 인간이 저지르는 모든 죄악은 하나님과의 문제이며 하나님 앞에서 하나님께 범죄한 것이다(시 51:4). 이러한 죄의 문제는 인간 스스로 극복할 수 없고 오직 하나님의 구원을 통해서 가능하다. 그러기 때문에 시인은 이렇게 노래한다. "허물의 사함을 받고 자신의 죄가 가려진 자는 복이 있도다"(시 32:1).

---

6) 박해령, "구약성서의 죄개념과 사유의 하나님,"『신학논단』 57 (2009), 20.

구약에 나타난 하나님 이해
– 어머니 하나님은 성경적인가?

시내 사막 지역의 무역상들을 위한 숙박처였던 쿤틸렛 아즈룻 (Kuntillet 'Ajrud)에서 주전 800년경의 것으로 여겨지는 항아리 파편들이 발견되었다. 여기에는 그림과 함께 '야훼와 그의 아내 아세라에게'라는 비문이 새겨져 있어서 학계의 커다란 반향을 불러일으켰다.[1] 오직 야훼 한 분만을 섬기라는 것이 구약성서의 가르침이지만, 이스라엘 신앙의 현실은 그렇지 않았고 이방종교의 영향을 받아 혼합주의가 성행했다는 사실을 보여주는 증거물이기 때문이다. 이스라엘 주변 세계에 있는 신들이 모두 부인을 두고 있기 때문에, 이방 종교의 영향 속에 있었던 이스라엘 안에서도 야훼 하나님에게 아내가 있어야 한다는 사고가 생겨났던 것으로 보인다.

구약성서는 가나안의 초기 사사시대 때부터 왕정시대 말까지, 민간 신앙의 차원을 넘어서 국가 종교에서까지 바알과 아세라를 섬기는 혼합주의적 신앙형태를 유지하고 있었다는 사실을 보여준다 (삿 2:11-13; 왕하 17:13-17). 예언자 예레미야와 호세아는 광야에서 야훼 하나님과 밀월을 나누던 이스라엘이 가나안에 정착하자마자 가나안의 이방 신들을 숭배하는 잘못을 범하였다고 비난하였다. 이

---

1) 리차드 S. 히스, 『이스라엘의 종교』, CLC, 391쪽 이하를 참조하라.

스라엘의 우상숭배는 예후(주전 839-822년)와 히스기야(주전 727-699년), 그리고 요시야(주전 641-609년)의 종교 개혁을 통해 점차적으로 사라져 갔다. 하지만 바알과 아세라 여신을 섬기는 우상숭배는 민간 신앙 가운데 여전히 남아 있었고, 바빌론 포로 후기 시대에 가서야 사라진 것으로 보인다. 그것은 여신 숭배에 사용되던 여러 작은 입상들이 페르시아 시대에 가서야 유다 땅에서 발견되지 않기 때문이다.

이와 같이 구약시대에 여신 숭배가 쉽게 사라지지 않고 끈질기게 이어져 온 것은 메소포타미아와 가나안의 문화에서 아이의 출산과 양육을 주관하는 신이 여신이었기 때문에, 이스라엘 사람들도 가족의 건강과 풍요를 위해 이러한 능력을 가진 여신을 필요로 하였던 것이다. 이와 유사하게 오늘날도 어머니 하나님을 믿는 이단과 사이비 종파가 있다. 교주를 하나님으로, 교주의 부인을 하늘 어머니로 섬기는 것이다.

하지만 이와 같은 사고는 성경적일 수 없다. 우선 하나님은 인간과 다르다는 사실을 인지해야 한다. 구약성서에서 하나님을 사람들이 잘 이해할 수 있도록 하나님을 자주 신인동형론적으로 표현하고 있지만, 그렇다고 하나님이 인간과 동일시될 수는 없다. 엄밀한 의미에서 말하면, 하나님은 남자도 또한 여자도 아니다. 하나님은 인간이 아닌 신일뿐이다. 하나님을 아버지라고 표현하는 것은 인간이 하나님을 이해하기 쉽고 그분의 사랑을 깨닫게 하기 위한 수단일 뿐이다. 하나님에게는 어머니적인 모습도 나타난다. 하나님의 성품을 묘사할 때 '자비롭다'(raḥûm, 예컨대, 시 111:4; 145:8)라는 말은 동사 '불쌍히 여기다'(rḥm, 피엘형)에서 파생되었다. 이것들은 모두 '모태'(reḥem 혹은 raḥam)와 관련되어 있으며, 그러한 표현들은 하나님의 '모성적' 측면을 드러낸다. 이사야 46장 3-4절에서는 하나님이 이스라엘을 태어날 때부터 노년에 이르기까지 돌보고 양육한 어머니의 모습으로 묘사되고 있다. 하지만 이것도 하나님의 사랑과 돌보심을 사람들이 이해하기 쉽도록 설명한 것일 뿐 하나님이 여성이라는 의미는 아닌 것이다.

어머니 하나님을 주장하는 이단종파는 '어린양의 아내', '신부', '새 예루살렘'이 자신들이 섬기는 하늘 어머니를 가리킨다고 주장한다. 하지만 그러한 것들은 이스라엘이나 교회를 가리키는 표현들이다. 하나님과 이스라엘, 그리스도와 교회의 언약관계를 결혼에 비유하여 언약의 상대자로서 이스라엘이나 교회를 신부로 나타낸 것이다. 이러한 비유적 설명이 어머니 하나님을 주장하는 이단종파처럼 하나님 자신이 여성 배우자를 가지고 있다는 주장으로 변질되어서는 안 된다. 성서는 홀로 하나님이심을 증거한다(신 6:4; 32:39; 사 43:10). 하나님은 초월자 하나님이다. 그분의 모습은 인간적인 관계나 속성으로 제한되지 않는다. 어머니 하나님은 사람의 호기심이나 욕구를 만족시킬 수는 있어도 성경적이지 않다.

제3부
주제 연구

구약성경과 위경

1. 서론

　성경(聖經)[1]과 관련하여 사용되는 용어에는 정경(正經), 외경(外經), 위경(僞經)의 세 가지 용어가 있다. 이 용어들을 한자말로 표현된 뜻으로만 보면 각각 '바른 경전', '경전 밖의 책들', '거짓 경전'의 의미가 있다. 그러나 이 용어들이 의미하는 바를 제대로 이해하기 위해서는 원어적인 의미와 함께 이 낱말들이 쓰이게 된 배경을 살펴보아야 한다. 필자는 이 글을 통하여 간략하게나마 정경, 외경, 위경의 의미를 교회사적인 맥락 속에서 살펴보고, 외경을 어떻게 평가할 수 있는지에 대해서 알아보고자 한다.

2. 정경(正經)

　정경(Canon)이란 말은 히브리어 카네(קָנֶה)에서 나왔다. '카네'란

---

1) 성경에 대한 용어 사용의 역사를 살펴보면, 구약은 본래 히브리어로 "하 세파림"(Ha Sefarim)이라고 불리었다. 이 뜻은 단순히 "그 책들"(the books)이라는 뜻이다. 그런데 구약성경이 히브리어(Hebrew)에서 헬라어(Greek)로 번역될 때, 책에 대한 명칭도 "ta biblia" (the books)로 번역되었고, 이것은 다시 라틴어(Latin)를 거쳐 영어의 "Bible"이 되었다.

줄기, 곧은 갈대, 저울대 등을 뜻한다. 이 말이 헬라어로 건너가서 '카논'(κανών)이 되었고, 그 뜻도 단순한 막대기라는 의미에서 무엇을 재고 측량하는 '기준'이나 '표준'으로 바뀌었다. 이것을 주후 4세기경 기독교에서는 '정경'이라는 의미로 사용하게 되었다. 이것은 기독교회가 하나님의 말씀이라고 고백하며 신앙과 행위에 대한 최고의 규범이요, 절대적인 권위를 부여하는 성경(구약성경과 신약성경을 모두 포함)을 가리키는 말이 되었다.

39권으로 이루어진 구약 정경은 주후 90년경 팔레스틴의 얌냐 (Jamnia)에서 모인 유대인 학자들의 회의를 통해 그 범위가 확정된다. 구약성경 가운데 가장 먼저 정경의 권위를 인정받은 것은 오경(Pentateuch)인데, 그 시기를 주전 450년경 에스라시대로 본다(느 8장). 그 다음으로 정경의 권위를 인정받은 것은 예언서이다.2) 예언서는 적어도 주전 2세기 초에 정경으로 확정되었을 것이라고 추측하는데, 그 근거는 주전 2세기 초의 저작으로 인정되는 집회서 (또는 벤 시락서)에 구약성경을 오경과 예언서와 다른 책들이라고 분류하고 있기 때문이다. 그리고 구약성경의 나머지 책들, 즉 성문서의 범위가 위에서 말한 얌냐회의를 통해 확정되어 39권(히브리어 성경은 24권)의 구약성경이 된 것이다. 이 회의 결정은 헬라어로 쓰여진 문헌들은 정경에서 제외시키고 히브리어로 쓰여진 책들 (아람어로 된 소수의 본문포함)만 정경의 범위에 포함시킨 것이었다. 이렇게 확정된 구약성경은 정경의 범위를 결정한 장소를 따라 "팔레스틴 정경"(Palestinian Canon)이라고 부르기도 한다.

---

2) 여기에서 말하는 예언서는 히브리 성서의 구분에 따른 것인데, 여기에는 흔히 역사서로 분류되는 책들도 포함된다. 히브리 성서의 예언서는 또한 전기 예언서와 후기 예언서로 나눌 수 있는데, 전기 예언서에는 여호수아, 사사기, 사무엘기, 열왕기서가 포함되며, 후기 예언서에는 이사야, 예레미야, 에스겔, 12소예언서가 들어 있다. 오경과 예언서를 제외한 모든 책들이 성문서로 분류된다.

3. 외경(外經)

외경을 우리말로만 생각하면 '경전 밖의 책들'이란 의미로서 비정경(非正經, non-canonical)의 책들을 가리키는 말이 된다. 그러나 이에 해당하는 헬라어 <아포크뤼파>(τὰ ἀπόκρυφα)는 기본적으로 '감추어진, 숨겨놓은 책들'이란 의미를 가지고 있다. 여기에는 긍정적인 의미와 부정적인 의미가 함께 들어 있는데, 한편으론 이 책들이 신비하고 심오한 지식들을 포함하고 있어서 일반인들에게는 '감추어진 것'일 수밖에 없다는 의미와 다른 한편으론 그 내용이 황당무계하고 이교적이어서 읽으면 도리어 신앙에 해(害)를 줄 수 있기 때문에 '숨겨두어야 할 책'으로서의 의미가 있다.3)

그런데 외경의 유래를 이해하기 위해서는 소위 "70인경"이라고 불리는 구약성경의 헬라어 번역성서의 생성과 전승의 문제를 알아야 한다. 주전 333년 알렉산더 대왕이 페르시아 제국을 물리치고 승리함으로써 고대 중동 지역은 희랍세계로 편입되었다. 그 이후로 헬라어는 고대 중동세계의 통용어가 되었고, 유대인들도 모국어(히브리어, 더 정확히 말하면 아람어)가 아니라 헬라어를 상용하게 되었다. 그러다 보니 유대인들조차도 히브리어로 기록된 구약성경을 이해하지 못하게 되었고, 구약성경을 헬라어로 번역할 필요가 생기게 되었다.

기원전 100년경에 아리스테아스(Aristeas)가 기록한 편지에 의하면, 이 헬라어 번역 성서는 기원전 3세기 중반 프톨레미 2세(B.C. 285-264년)의 명에 따라 72명의 장로들에 의해 번역되었다고 한다. 이렇게 번역된 헬라어 번역 성서를 70인경(Septuagint, 약어 LXX로 표기)이라고 부른다.4) 이 번역작업은 당시 희랍 문명의 중심지

---

3) B. M. Metzger, 『외경이란 무엇인가? 신구약중간기 문학』, 민영진 옮김 (서울: 컨콜디아사, 1979), 11.

중의 하나였던 알렉산드리아(Alexandria)에서 이루어졌다.

한편 신구약 중간기라 일컫는 주전 200년부터 주후 100년까지의 시기에는 구약정경에 포함된 책들 이외의 많은 종교적 문헌들이 생겨났고 사람들에 의해서 널리 애독되었다. 이 당시 출현한 많은 종교적 저작물들 중에서 '15권의 책들'5)이 특별한 사랑을 받았다. 그래서 이 책들은 히브리어 구약성경과 동등한 권위를 인정받게 되었고, "70인경"이 완성되었을 때 이 책들도 구약성경에 포함되었다. 따라서 헬라어 구약성경은 히브리어 성경보다 15권이 더 많은 분량으로 되었고, 이것을 번역된 장소의 지명을 따라 "알렉산드리아 정경"(Alexandrian Canon)이라고 부르기도 한다. 앞에서 언급한 대로 헬라어 성서에 추가된 15권의 책은 얌냐회의를 통해 정경의 범위에서 제외되었기 때문에, 이 책들은 '팔레스틴 정경'의 입장에서 보면 정경 밖의 책, 즉 외경(外經)이 되는 것이다.

4. 위경(僞經)

위경이란 말은 헬라어 <프슈데피그라파>(ψευδεπίγραφα)를 옮긴 것인데, 이 낱말의 본래 의미를 살리자면 '가명(假名)으로 쓰여진

---

4) 70인경은 처음에는 오경 부분만 번역되었을 것으로 추정된다. 그러나 일반적으로 말할 때는 헬라어 번역 구약성경 전체를 통틀어 "70인경"이라고 부른다. 이것은 이스라엘의 12지파에서 각각 6인씩 선출되어 모두 72명이 된 번역자들을 어림숫자 70으로 표현한 것이다. 전승에 의하면 70인이 각각 독방에서 70일 만에 번역을 완성하였고, 이를 대조해보니 모든 번역이 완전히 일치했다고 한다. 이러한 전승은 "70인경"도 하나님의 영감으로 된 것이라는 사실을 강조하기 위해서 생겨난 것으로 추정된다.

5) 15권의 책들은 다음과 같다: 토빗서, 유딧서, 에스더 첨가서, 솔로몬의 지혜서, 집회서(벤 시라의 지혜서 또는 시락서), 바룩서, 예레미야의 편지, 세 청년의 노래, 수산나 이야기, 벨과 뱀의 이야기, 마카비 일서, 마카비 이서, 에스드라 일서, 에스드라 이서, 므낫세의 기도.

글들'(mit falscher Überschrift)을 가리킨다. 이것은 위경에 속한 책들이 책 이름으로 된 저자에게서 연원하지 않고 후대의 사람들이 해당본문의 권위를 인정받기 위해서 중요한 인물이나 시대와 연관시키고 있다는 점에서 그렇게 명명되었다. 그러나 실제로는 "초기 유대교(주전 250년-주후 200년)와 초기 기독교 안에서 생겨나서 이 두 종교의 근원에 대한 이해에 본질적인 도움을 줄 수 있는 책들이지만 정경과 외경에 속하지 않는 책들을 가리켜 위경"6)이라고 한다.

이러한 위경을 사해(쿰란)문헌이나 낙함마디(Nag Hammadi) 문헌7)과 같은 20세기에 동굴이나 사막에서 발견된 고대의 수집물과 혼동해서는 안 된다. 대부분의 위경이 그 기원의 문제에 있어서 어떻게 되는지 불분명하지만, 그것들 가운데서 적어도 에녹서, 희년서, 솔로몬의 시편, 12족장의 언약서 등은 분명히 고대 팔레스틴 지역에서 저술되었을 것으로 여겨진다. 대부분의 문헌들이 아담, 에녹, 아브라함, 이삭, 야곱, 요셉, 모세, 다윗, 솔로몬, 이사야, 예레미야, 바룩, 에스라와 같은 구약의 주요 인물들의 작품으로 돌려지고 있다. 지난 200년 간의 연구가 이러한 귀속(Zuschreibungen)이 '실제가 아닌' 것이라는 사실을 밝혀냈지만, 고대의 저술가들이나 교회들은 이러한 문헌의 진술을 신뢰하였다(예컨대 대부분의 시편을 다윗의 저작으로 여기거나 잠언, 전도서, 아가서 등을 솔로몬의 저작으로 여기는 것과 같이).8) 위경에 속한 책들의 숫자는 확정되지 않고 있는데, 챨스워쓰(J. H. Chalesworth)는 65권까지 헤아리

---

6) 박동현, 『구약성경과 구약학』(서울: 장로회신학대학교출판부, 1999), 184.

7) 1945년 부근에서 '나그함마디 파피루스 문서'가 발견되어 현재 카이로 콥트박물관과 취리히 융연구소에 소장되어 있다. 이 문서는 주후 3~4세기에 만들어진 13개의 그노시스파(派) 성서사본과 그 성서를 콥트어(語)로 번역한 주석서이다.

8) James H. Charlesworth, "Pseudepigrahie I," in: *TRE* 27, 639-640.

기도 한다. 위경에 속한 책들을 문학적인 성격에 따라 대략 나누어
보면 다음과 같다:9)

1) 묵시문학서: 에녹1,2,3서, 바룩2,3서, 에스라4서, 아담 묵시록, 아브
라함 묵시록, 엘리야 묵시록, 에스라 묵시록, 에스겔 묵시록, 스바냐
묵시록 등.

2) 언약서(또는 유언 문학서): 12족장 언약서, 아담 언약서, 삼 족장(아
브라함, 이삭, 야곱) 언약서, 모세 언약서, 욥 언약서, 솔로몬 언약서.

3) 구약 내용의 확대 또는 전설: 아담과 하와 전기, 야곱의 사다리, 요
셉의 역사, 바룩4서, 이사야 순교승천기, 희년서, 얀네와 얌브레, 예
언자들의 생애, 아리스토텔레스의 편지 등.

4) 지혜나 철학문헌: 마카베오3, 4서, 아히카르 등.

5) 기도·시·송시(Ode): 야곱의 기도, 요셉의 기도, 므낫세의 기도, 솔로
몬의 시편, 솔로몬의 송시 등.

6) 유대 헬레니즘의 저작 단편들: 비극작가 에스겔, 주석가 아리스테아
스 등.

5. 개신교 정경의 확정에 대한 교회사적 고찰

초대 기독교회는 유대교로부터 구약성경을 이어받았다. 회당과
교회는 구약성경을 같이 사용하게 되었다. 교회에서는 히브리어를
모르는 개종한 이방인들 때문에 헬라어 번역성서인 70인경이 널
리 사용되었고, 기독교회와 갈등을 빚었던 유대교 회당에서는 히브
리 성경을 선호하고 점차 70인경을 사용하지 않게 되었다. 따라서
시간이 지남에 따라 유대교는 히브리어로 기록된 책들만 들어있는
'팔레스틴 정경'(Palestinian Canon)의 전통을 따르게 되었고, 기독

---

9) 박동현, 『구약성경과 구약학』, 184-185; 또한 다음을 참조하라. 천사무엘, 『구
약외경의 이해』(서울: 한국신학연구소, ³2003), 18-21.

교회는 15권의 외경이 포함된 헬라어 번역성서의 '알렉산드리아 정경'(Alexandrian Canon)의 전통을 따르게 된 것이다.

70인경에 외경이 포함되게 된 정황을 책 제작과정의 변천사에서 찾는다.[10] 히브리어 성서에 들어있지 않는 책들이 아무런 암시도 없이 70인경에 포함되게 된 것은 코덱스(codex) 형태의 사본제작이 가능했기 때문이라는 것이다. 두루마리 형태의 책에서는 새로운 책들을 추가하는 것이 매우 어려웠으나 코덱스 형태의 책에서는 두 장의 겉장 안에 다양한 종류의 책들이 쉽게 편집될 수 있었다. 그래서 유대인들에 의해서 덕을 세우는데 도움을 줄 수 있는 정도의 책들로 인정되던 외경이 정경과 나란히 한 코덱스 안에 놓일 수 있었다.

70인경으로부터 고대 라틴어 번역본(Old Latin Version)이 만들어졌는데 여기에는 물론 외경도 포함되어 있었다. 여기에서 흥미로운 것은 초대 교부들의 외경에 대한 입장이다. 히브리어를 몰랐던 이레니우스, 터툴리안, 알렉산드리아의 클레멘트, 키프리안 등과 같은 2-3세기 라틴 교부들은 구약성경과 차이를 두지 않고 외경을 인용했다. 외경도 자신들이 사용하던 성경에는 차이 없이 들어 있는 책들이었기 때문에 어쩌면 이것은 당연한 일이었다. 그러나 히브리어에 대한 지식이 있다거나(예컨대 오리겐과 제롬) 유대교 정경의 한계를 알기 위해 노력한(예컨대 사르디스의 멜리토) 소수의 교부들은 외경의 정경성을 인정하지 않으려 했다. 이러한 입장차이는 4세기 이후 동방교회와 서방교회의 교부들에게서 나타나는데, 오리겐의 영향 아래 있는 동방교회 교부들(예컨대 예루살렘의 씨릴, 나지안주스의 그레고리, 암필로키우스)은 외경이 포함되지 않는 구약성경 목록을 작성할 정도였는데 반해, 서방교회의 어거스틴은 구약

---

10) B. M. Metzger, 『외경이란 무엇인가?』, 192-194.

성경과 차이가 없는 듯이 외경의 책들을 자주 인용했다.[11]

이런 흐름이 지속되다가 정경의 범위에 대한 논란이 큰 문제가
된 것은 종교개혁시대이다.[12] 그 이유는 종교개혁자들이 당시 교
회의 제도와 교리를 성서에 비추어 바로잡으려 했기 때문이다. 루
터는 연옥 문제나 죽은 자들을 위한 기도와 미사의 효과에 대한 증
거본문으로서 외경이 인용되었을 때 처음으로 외경을 비난하게 되
었다. 그리고 선행을 통해 얻어지는 공덕에 대해 강조하고 있는 외
경의 내용들(토비트 12:9; 집회서 3:30; 제2에스드라 8:33; 13:46 등)
을 못마땅하게 생각했다. 그래서 루터는 1534년 독일어 번역을 마
쳤을 때 외경(제1, 제2에스드라서 제외)을 구약성경 끝에 부록으로
처리하고, 서문에 다음과 같이 말했다: "외경-이는 성서와는 동등
시될 수 없는 책들이지만 읽어서 유익하고 좋은 책들이다(Bücher,
so der Heiligen Schrift nicht gleichgeachtet und doch nützlich und gut
zu lesen sind)." 이러한 전통이 굳어져 개신교회에서는 15권의 외
경을 제외한 히브리어 성서의 39권만을 구약의 정경으로 받아들이
게 되었다. 즉, 구약성경에 대해 유대교가 취했던 '팔레스틴 정경'
(Palestinian Canon)의 전통을 따르게 된 것이다.

한편 로마 가톨릭 교회에서는 루터의 종교개혁에 대항하여 이태
리 트렌트에서 종교회의(Trent Council, 1545-1563)가 소집되었는데,
1546년 4월 8일 회의에 참석한 53명의 가톨릭 사제들은 불가타 성
서 전체를 정경으로 인정하지 않는 자를 정죄했다. 이것은 초대 기
독교회가 따랐던 '알렉산드리아 정경'(Alexandrian Canon)의 기본 입
장을 재확인한 것이다.[13] 그런데 이상한 것은 이때 가톨릭 교회는

---

11) B. M. Metzger, 『외경이란 무엇인가?』, 194-195.
12) B. M. Metzger, 『외경이란 무엇인가?』, 196-199.
13) 이러한 결정 이후 가톨릭 학자 가운데는 외경을 구약의 39권보다 늦게 정경
이 되었다고 해서 '제2정경'(deuterocanonical)이라고 부르기도 한다. 따라서 이

15권의 외경 가운데서 에스드라 상·하와 므낫세의 기도 3권을 포
함시키지 않았다. 그 결과 오늘날 로마 가톨릭 교회에서 정경으로
인정하는 외경은 '알렉산드리아 정경'의 15권이 아닌 12권이 되었
다.14)

또한 기독교회의 3대 주류 가운데 하나인 동방정교회는 로마 가
톨릭 교회와 같이 '알렉산드리아 정경'의 전승을 따르고 있는데, 특
이한 점은 1672년 예루살렘회의에서 바룩서와 예레미야의 편지 두
권의 책을 정경에서 제외시킨 것이다.

6. 위경을 어떻게 볼 것인가?

위에서 간략하게나마 교회 역사를 통해서 살펴본 대로 위경은 정
경에 속한 책들과는 그 질과 가치 면에서 비교할 수 없다. 기독교
초기 역사 1500년 동안 일정 부분 기독교 정경의 가치를 가졌던
외경과 비교해도 그 가치가 현저히 떨어진다. 그 내용에 대한 신빙
성이 의심되었기 때문에 일찌감치 외경의 범주에서도 제외되었다.
그러나 위경의 가치가 전혀 없는 것은 아니다. 구약성경의 수용과
신약성서의 배경을 이해하는데 유용한 자료가 된다.15) 특별히 주후
70년 예루살렘 파괴 이전 유대인들의 삶을 이해하고 재건하는데 중

들은 개신교가 '위경'이라고 부르는 책들을 '외경'이라고 부른다. 이 점에 대해서
다음을 참조하라. B. M. Metzger, 『외경이란 무엇인가?』, 13.

14) 한국 개신교회가 가톨릭 교회와 공동으로 펴낸 '공동번역 성서(외경포함)'
는 번역의 대본을 70인경으로 하지 않고 라틴어 성서인 불가타 성서로 했다. 이때
정경에 있는 책의 추가된 부분, 즉 에스더 첨가서는 에스더에, 세 청년의 노래와 수
산나 이야기와 벨과 뱀의 이야기는 다니엘서에 추가하고, 예레미야의 편지는 바룩
서 포함시켰다. 결과적으로 공동번역 성서의 구약의 범위는 구약의 정경보다 총 7
권의 책이 늘어나 46권이 되었다.

15) 박동현, 『구약성경과 구약학』, 186.

요하게 사용되며, 예수께서 사용하신 상징과 용어, 예컨대 '하나님 나라', '인자', '생수'와 같은 말들을 이해하는데 큰 도움이 된다.

결론적으로 위경은 기독교 신앙의 규범과 근거로서 여길만한 책은 되지 못하지만, 구약성경의 수용과 신약성서의 배경을 이해하는데 활용할 수 있는 자료로서의 의미는 충분하다고 하겠다.

잠언에 나타난 '말'

1. 들어가는 말

피조물 가운데 인류가 가지고 있는 특별함 가운데 하나는 '언어사용'이다. 다른 동물들과 달리 인류는 '언어'를 사용하여 의사소통을 한다. 이러한 독특성만큼이나 언어사용은 중요하다. 언어는 '말'과 '글'을 모두 포함하기 때문에, 말과 글을 구별하여 생각할 수 있다. 그러나 고대사회에는 문자의 사용이 보편화되지 못하였기 때문에 말의 사용이 언어생활의 주된 문제였다. 구약성경에서 글의 사용에 대한 언급은 거의 찾아볼 수 없다. 따라서 본고에서는 말과 글을 구별하지 않고, 글의 의미를 말에 포함시켜 함께 생각하기로 한다.

말의 중요성은 문화와 시대를 넘어서 동일하게 인식되었다. 우리말 속담에도 말의 중요성에 관한 속담이 많다. 남아일언중천금(男兒一言重千金)이나 '말 한마디로 천 냥 빚을 갚는다.'와 같은 속담은 말의 중요성을 잘 드러낸다. 또한 '말이 씨가 된다.'나 '발 없는 말이 천리 간다.'나 '아 다르고 어 다르다.' 그리고 '살은 쏘고 주워도 말은 하고 못 줍는다.' 등과 같은 속담들도 말이 중요하기 때문에 신중해야 한다는 교훈을 담고 있다. 이렇듯 말에 관한

교훈은 동서고금을 막론하고 큰 차이가 없이 찾아볼 수 있다.1)

이 글에서는 지혜의 삶을 주제로 하고 있는 잠언을 중심으로 말에 관한 교훈들을 탐구하고자 한다. 먼저 구약성서에 나타난 말의 의미에 대해 고찰한 후 잠언에서 말하고 있는 말에 관한 교훈들이 무엇인지 주제를 따라 분석할 것이다. 이를 통해 오늘날 우리가 사용하는 말에 대한 올바른 태도와 사용에 관한 지혜가 분명해지기를 바란다.

2. 구약성서에 나타난 말의 의미

구약성서는 그 무엇보다 말의 중요성을 강조한다. 말의 중요성은 다음과 같이 세 가지 측면에서 살펴볼 수 있다.2)

첫째, 말에는 축복과 저주의 능력이 있다. 창세기 1장에는 하나님께서 말씀으로 세상을 창조하신 과정이 서술되어 있다(히 11:3). 즉 창조는 하나님의 말씀이 일으킨 사건의 결과물임을 보여준다. 그러나 구약성서에서 이러한 말의 힘은 하나님의 말씀에만 국한되지 않는다. 인간의 말에도 사건을 일으키는 힘이 있음을 알 수 있다. 그 대표적인 예가 민수기 22장 이하에 나오는 발람의 이스라엘 축복사건이다. 모압의 왕이었던 발락은 이스라엘의 도착 소식에 위협을 느껴 발람을 통해 이스라엘을 저주하려 한다. 하지만 발락의 이러한 계획은 하나님의 개입으로 수포로 돌아간다. 오히려 하나님

---

1) 동양적 지혜를 담고 있는 논어와 잠언의 언어관을 비교하고 있는 다음 글을 참조하라. 한동구, "잠언, 그 동양적 지혜-잠언과 논어의 언어관," 『기독교사상』 604 (대한기독교서회, 2009) 42-53.

2) 이 단락은 필자의 글, "성경과 언어생활-<구약>올바른 언어생활을 위한 구약성서적 고찰," 『성서마당』 64 (한국성서학연구소, 2004), 5-6의 내용을 수정 보완한 것이다.

이 발람에게 축복의 말을 주심으로써 이스라엘을 네 번이나 축복하게 하셨다. 이 사건을 통해 인간을 통해서 선포되는 말도 축복과 저주의 능력이 있음을 잘 보여주고 있다. 시편 109편 18절에서는 저주가 사람 몸을 뚫고 들어가 영향을 준다고 말하고 있다. 히브리어에서 <다바르>(דבר)는 '말'이라는 의미와 '사건'이란 의미를 동시에 가지고 있다. '말'이 곧 '사건'이라는 사고가 들어 있다. 그만큼 말에는 힘이 있다는 것이다. 아브라함에 대한 복에도 하나님은 아브라함을 축복하는 자는 하나님이 복을 주고 아브라함을 저주하는 자를 저주하시겠다고 말씀하셨다(창 12:3). 아브라함에 대한 말이 그대로 말의 당사자에게 돌아가게 하시겠다는 하나님의 약속이다. 이러한 내용들은 말의 효력이 얼마나 큰지를 잘 보여주는 사례들이다.

두 번째로 말은 의사소통의 수단이다. 말은 자신의 생각과 뜻을 전달하는 가장 중요한 수단이다. 따라서 올바른 언어생활이야말로 올바른 인간관계의 첫걸음임을 알 수 있다. 창 11장에는 인간들이 하나님을 대적하여 바벨탑을 쌓자 언어의 혼잡을 통해 인간들을 흩으시는 것을 볼 수 있다. 언어가 혼잡 되자 사람들은 서로 뜻을 통하지 못하고 흩어지는 것을 볼 수 있다. 이러한 의사소통의 수단으로서 말의 기능은 인간 사이의 관계에서뿐 아니라 하나님과의 관계에서도 중요하게 작용한다. 구약성서에서 율법서와 예언서의 '율법'과 '예언'이 인간에 대한 하나님의 계시의 내용이라 한다면, 성문서의 '시편'은 하나님 앞에서 이스라엘 백성들의 고백, 즉 하나님의 계시에 대한 하나님의 백성의 '응답'으로 볼 수 있다. 하나님과 인간사이의 이러한 의사소통적 구조에서 인간은 언어(시편)를 통해 하나님께 찬양과 탄식의 반응을 보인다. 시편은 시편 기자들이 처한 다양한 상황에서 보여준 하나님의 행위와 말씀에 응답의 행위들인 것이다.[3] 특히 이러한 찬양과 탄식의 시편 언어에는 하나님과의 관계에서 '기도'의 요소가 있다. 하나님의 구원행동에 감사하고, 자신이 처한 곤경에서 벗어나기를 간구하는 기도이다. 시편기자들은 이러한 기도를 통해서 하나님의 응답을 경험하고 더 깊은 하나님과의 관계로 나아간다. 이렇듯 말은 인간관계에 있어서나 하나님과의 관계에 있어서 관계를 이어주고 발전시키는 의사소통의 수단으로 작용한다.

세 번째로 말은 말하는 사람의 존재를 나타낸다. 말은 그 사람이 내면에 가지고 있는 바를 나타내게 한다(마 15:11,18과 관련구절 참조). 말을 통해 그 사람의 됨됨이와 성숙도를 보여준다. 말은 곧 그 사람이 된다. 잠언 4장 23절은 "모든 지킬 만한 것 중에 더욱 네 마음을 지키라. 생명의 근원이 이에서 남이니라."고 하면서 마음의 중요성을 강조한다. 하지만 이러한 교훈을 시작으로 사람의 마음이 나타나는 말과 행동에 대한 교훈으로 이어진다. 24-27절에서 입과 눈과 발에 대한 가르침으로 확대된다. 마음의 상태가 말과 시선과 발의 움직임으로 나타나기 때문이다:

> ²⁴구부러진 말을 네 입에서 버리며 비뚤어진 말을 네 입술에서 멀리 하라. ²⁵네 눈은 바로 보며 네 눈꺼풀은 네 앞을 곧게 살펴 ²⁶네 발이 행할 길을 평탄하게 하며 네 모든 길을 든든히 하라. ²⁷좌로나 우로나 치우치지 말고 네 발을 악에서 떠나게 하라."

또한 잠언의 여러 말씀들은 말하는 자와 말의 내용 사이의 긴밀한 연관관계를 보여주고 있다. 의인과 악인, 지혜로운 자와 어리석은 자의 구별이 말을 통해 이루어진다:4)

---

3) C. Westermann, 『구약신학의 요소』, 박문재 옮김 (서울: 크리스찬 다이제스트, 1999), 197-225.

4) 잠언의 말을 지혜로운 말과 어리석은 말의 관점에서 설명하는 다음 글을 참조하라. T. Longman III, 『어떻게 잠언을 읽을 것인가?』, 전의우 옮김 (서울: IVP, 2005), 203-217.

(10:11) 의인의 입은 생명의 샘이라도 악인의 입은 독을 머금었느니라.
(15:28) 의인의 마음은 대답할 말을 깊이 생각하여도 악인의 입은 악을 쏟느니라.
(10:14) 지혜로운 자는 지식을 간직하거니와 미련한 자의 입은 멸망에 가까우니라.
(15:2) 지혜 있는 자의 혀는 지식을 선히 베풀고 미련한 자의 입은 미련한 것을 쏟느니라.
(18:4) 명철한 사람의 입의 말은 깊은 물과 같고 지혜의 샘은 솟쳐 흐르는 내와 같으니라.

이처럼 말에는 중요한 의미와 기능들이 있다. 그러므로 이러한 관찰을 통해 우리의 삶에 올바른 언어생활이 얼마나 중요한 것인가를 알 수 있다.

3. '생명'과 '죽음'을 부르는 말의 위력

말은 말 자체로 끝나지 않고 말하는 사람의 가치와 존재의 의미를 결정한다. 뿐만 아니라 말을 듣는 사람에게 영향을 미친다. 말에는 영향력이 있다. 위에서도 말했지만 말은 사건을 일으킨다. 말은 듣는 사람에게 감동을 주기도 하지만 아픔을 줄 수도 있다. 더나아가 어떤 사람의 말은 그 사람 개인의 행동으로 그치지 않고 전염된다. 호수의 돌이 파문을 일으켜 호수 전체로 퍼지듯이 좋은 말이나 나쁜 말 모두 파장을 일으킨다.

구약성서에서 강조하는 행동윤리가 있다. 그것은 행위와 그 결과가 밀접한 연관관계에 있다는 사실이다. 팔그렌(K. H. Fahlgren)은 구약성서의 <체다카>(צְדָקָה, 의/정의) 개념에 대한 사전적 연구를 통해 구약성서의 독특한 윤리의식을 파악하였다.5) 그는 히브리어에

---

5) K. H. Fahlgren, Ṣᵉdāqā, nahestehende und entgegengesetzte Begriffe im

는 한 낱말 안에 어떤 행위와 그 결과가 이중적으로 표현되는 용
례들이 많음을 밝혀냈다. 예를 들면 <라아>(רע)에는 "윤리적으로
타락한"과 "불행을 가져오는"의 의미가, <라쇠>(רשע)에는 "악인"
과 "불행에 처한 사람"이란 뜻이, 또한 <라쇠>의 히필형에서도 "자
신을 죄 있게 만들다"나 "어떤 사람을 죄가 있다고 선언하다"와
"죄인을 불행으로 이끌다"의 두 가지 의미가 동시에 있음을 지적
한다. 또한 <하타아트>(חטאת)는 "죄"와 "불행"을, <페쇠>(פשע)는
"불법적인 반란"과 "자신의 불행"을, <아본>(עון)은 "범죄"와 "불
행"을, <하마스>(חמס)는 "폭력행위"와 "(자신의) 멸망"을 동시에
의미할 수 있다. 이와 동일한 이중성이 <체다카>에도 있다. 의로운
행동과 관련하여 <체다카>는 "공동체적 성실"(창 18:19; 왕상 3:6)
과 그것의 열매, 즉 구원도 동시에 의미한다. 이러한 사실을 잘 나
타내고 있는 곳이 잠언 21장 21절이다:

> 정의<체다카>와 신의를 좇아서 살면, 생명과 번영<체다카>6)과 영예
> 를 얻는다(표준새번역).

이러한 연구에 힘입어 코흐(K. Koch)는 구약성서에는 인과응보
의 교리가 아니라 "운명을 결정하는 행위영역"(schicksalwirkende
Tatsphäre)의 사고가 있다고 주장했다.7) 그는 어떤 행동의 결과는
소유물처럼 그 행위와 긴밀한 연관성 속에 있는데, 씨앗이 자라서

Alten Testament, Theol. Diss. Uppsala 1932, 47쪽 이하; K. Koch, "Gibt es
Vergeltungsdogma im Alten Testament?," in: 동저자, *Spuren des hebräischen
Denkens: Beiträge zur alttestamentlichen Theologie. Bd. 1. Gesammelte Auf-
sätze*, B. Janowski und M. Krause (Hg.) (Neukirchen-Vluyn: Neukirchener,
1991), 89쪽에서 재인용.
  6) 개역개정은 <체다카>의 결과로 나타나는 후반절의 <체다카>도 전반절과 똑
같이 '공의'로 번역하고 있다.
  7) K. Koch, "Gibt es Vergeltungsdogma im Alten Testament?," 72.

나무가 되고 결실을 맺듯이 어떤 행위는 그의 상응하는 결과를 맺
는다는 것이다(잠 11:18, 30; 호 10:12-13). 이러한 결과에 이르는 행
위의 과정에 하나님께서 개입하셔서 그 일을 완성하신다(잠 25:21
이하; 19:17). 우리말에는 '상을 주신다' 혹은 '갚아 주신다'고 번역
되어 있는 곳에 <샬람>(שׁלם)의 피엘형이 쓰였다. 이 낱말은 "완
성하다, 완전케 하다"의 기본적인 뜻을 가지고 있다. 이것은 하나
님께서 어떤 행위가 결과까지 이르게 함으로 그 행위를 완전케 한
다는 의미다.8) 행위와 그 결과가 얼마나 깊은 연관성 속에 있는가
를 잘 보여준다. 이러한 사고가 욥기9)나 전도서에서는 의심되기도
하지만, 결국 이러한 사고가 구약성서에 나타나는 행동윤리의 중
심을 이룬다는 사실이 부정되지는 않는다(전 12:12-13). 이러한 연
구들은 어떤 행위든 행위 그 자체에 이미 그 결과를 배태하고 있
을 만큼 행위에 상응하는 결과를 맞게 된다는 구약성서의 행동윤
리 사상을 인식하게 한다.

잠언 18장 20-21절은 말의 영향력을 간결하나 분명하게 잘 보
여준다:

사람은 입에서 나오는 열매로 말미암아 배부르게 되나니 곧 그의
입술에서 나는 것으로 말미암아 만족하게 되느니라. 죽고 사는 것이
혀의 힘에 달렸나니 혀를 쓰기 좋아하는 자는 혀의 열매를 먹으리라.

---

8) 잠언 24장 12절에서는 하나님께서 각 사람의 행위대로 '보응하신다'는 사실
을 '되돌아가게 하다'는 기본 의미가 있는 <슈브>(שׁוב) 동사의 히필형을 통해 나
타낸다.

9) 욥기에 나타난 세 친구들의 문제는 이러한 "행위화복관계"를 기계론적으로
적용하여 욥을 정죄하고 있다는 점이다. 이러한 점에서 친구들은 하나님께 옳다는
인정을 받지 못한다. 이를 통해 우리는 구약성서에 나타난 "행위화복관계"에 대
한 사고가 결과론적인 분석일 뿐 아니라 그렇게 되기를 희망한다는 믿음의 차원도
동시에 있음을 알게 된다.

두 구절의 짧은 본문이지만 말에 대한 총체적 영향력을 다양한 차원에서 생각하게 한다. 우선 발화기관으로서 혀와 입과 입술 세 가지 신체부위가 모두 언급되고 있다. 이 세 부위는 모두 말과 동일시 될 수 있는 신체기관이다. 혀나 입이나 입술을 통해서 발화되는 모든 말들은 그러한 영향력을 가진다는 사실이다.

여기에서 잠언의 교훈은 농경사회에서 경험되는 생활 진리를 인용하여 말의 효력에 적용시킨다.10) 이때 사용된 낱말이 '열매'이다. 농부가 씨를 뿌리면 그것이 자라 열매로 나타나듯이 말도 그러한 결과를 얻게 된다는 것이다(시 126:5-6; 갈 6:7-8). 어떤 행위의 결과를 '열매'로 표현하는 예들은 여러 곳에서 고찰된다(잠 8:19; 11:30; 12:14; 13:2; 31:16, 31). 자신이 한 말의 결과를 얻게 된다는 사실을 말하면서도 '배부르게 되다', '만족하게 되다', '먹다' 등 실생활에서 경험되는 신체활동에 견주어 설명하고 있다. 말의 영향력에 대한 교훈을 실제적으로 느끼게 하려는 지혜자들의 지혜가 돋보이는 대목이다. 이와 유사한 교훈이 잠언 1장 31절에 나타나 있다: "그러므로 자기 행위의 열매를 먹으며 자기 꾀에 배부르리라." 그런데 말의 중요성은 말이 가져오는 결과에서 분명해진다. 그것은 생명과 죽음을 결정한다. 죽고 사는 것이 말에 달려 있다. 잠언에서는 다양한 본문을 통해 삶과 죽음을 말한다. 공의와 지혜가 있는 곳에는 생명이 있고, 불의와 어리석음은 사망으로 이끈다(잠 2:18-19; 5:5-6; 8:35-36; 12:28; 13:14; 14:27; 16:14-15). 이처럼 말도 삶과 죽음을 가져올 만큼의 절대적인 영향력이 있다. 말을 통해 공의와 불의, 지혜와 어리석음이 드러나기 때문이다. 의인의 말과 정직한 자의 말은 사람을 구원한다. "악인은 입으로 그의 이웃을 망하

---

10) B. K. Waltke, *The Book of Proverbs Chapters 15-31* (NICOT) (Grand Rapids, Michigan/Cambridge, U. K.: W. B. Eerdmans Publishing Company, 2005), 85-86쪽을 참조하라.

게 하여도 의인은 그의 지식으로 말미암아 구원을 얻느니라"(11:9). "악인의 말은 사람을 엿보아 피를 흘리자 하는 것이거니와 정직한 자의 입은 사람을 구원하느니라"(12:6). "지혜 있는 자의 교훈은 생명의 샘이니 사망의 그물에서 벗어나게 하느니라"(13:14). 또한 지혜자의 말은 양약과 같이 사람을 치유한다. "칼로 찌름같이 함부로 말하는 자가 있거니와 지혜로운 자의 혀는 양약과 같으니라"(12:18). 또한 선한 말은 사람을 즐겁게 한다. "근심이 사람의 마음에 있으면 그것으로 번뇌하게 되나 선한 말은 그것을 즐겁게 하느니라"(12:25). 이처럼 말은 사람을 치유하고 살리며 즐겁게 한다.

그러나 반대로 악인의 말은 사람을 죽인다. "의인의 입은 생명의 샘이라도 악인의 입은 독을 머금었느니라."(10:11). 또한 그들은 강포와 재앙을 말함으로써 사람을 파괴시킨다. "너는 악인의 형통함을 부러워하지 말며 그와 함께 있으려고 하지도 말지어다. 그들의 마음은 강포를 품고 그들의 입술은 재앙을 말함이니라"(잠 24:1-2; 6:12-15 참조). 그들은 거짓으로 방망이와 칼과 뾰족한 화살처럼 이웃을 공격한다(25:18).

이처럼 말은 강력한 영향력을 가지고 있다. 말은 온 몸을 더럽히고 삶의 수레바퀴를 불사를 만큼 무서운 위력을 가진 불과 같다(약 3:5-6 참조). 더 나아가 말의 사용은 말하는 사람의 운명을 결정짓는다. 말의 결과가 돌아와 결국 자신에게 미치는 것이다(잠 10:6-14). 그러므로 우리는 말의 사용에 신중해야 한다. 하지 말아야 할 말은 하지 않고 해야 할 말을 해야 한다. 또한 그 시기도 잘 판단해야 한다. 이제부터는 그리스도인들이 어떤 말을 써야 할지에 대해서 알아보도록 하자.

3. 해야 할 말에 대한 교훈들

3.1. 진실을 말하라.

진실을 말한다는 것은 거짓을 말하지 않는 것이다. 바르고 정직한 말을 하는 것이다. "구부러진 말을 네 입에서 버리며 비뚤어진 말을 네 입술에서 멀리 하라"(4:24). 진실한 말이 요구되는 가장 중요한 상황은 증인으로 섰을 때이다. "신실한 증인은 거짓말을 아니하여도 거짓 증인은 거짓말을 뱉느니라"(14:5). 거짓 증언은 자신을 속이는 일일 뿐 아니라 이웃에게 타격을 주는 일이기 때문에 하지 말아야 한다. "진실한 증인은 사람의 생명을 구원하여도 거짓말을 뱉는 사람은 속이느니라"(14:25). "너는 까닭 없이 네 이웃을 쳐서 증인이 되지 말며 네 입술로 속이지 말지니라"(24:28). 이렇게 진실을 말하는 것은 우리의 일상에서 중요하게 작용하기 때문에 십계명 중 하나로도 나타난다(출 20:16; 신 5:20).

지혜의 삶을 교훈하는 잠언에서 진실을 말해야 하는 이유를 분명하게 제시한다. 그것은 진실과 거짓을 말하는 사람에 대한 평가가 있다는 사실이다. '거짓된 혀'는 야훼께서 미워하시는 것이다(6:16-19). 하지만 진실하게 행하는 자는 그 분의 기뻐하심을 받는다(12:22). 이러한 평가는 하나님만이 아니라 사람들에게도 동일하게 받는다. "의로운 입술은 왕들이 기뻐하는 것이요, 정직하게 말하는 자는 그들의 사랑을 입느니라"(16:13). 그러한 평가의 결과가 말한 사람의 삶을 통해 나타난다. "거짓 증인은 벌을 면하지 못할 것이요 거짓말을 하는 자도 피하지 못하리라"(19:5, 9). 이러한 평가는 긴 안목에서 볼 때 더욱 분명하게 나타난다. "진실한 입술은 영원히 보존되거니와 거짓 혀는 잠시 동안만 있을 뿐이니라"(12:19).

3.2. 선한 말을 하라.

사회적 동물로서 인간관계를 가지면서 하는 가장 기본적인 인간

활동은 말을 하는 것이다. 말은 의사소통의 수단일 뿐만 아니라 상대에게 치명적인 영향을 주는 도구이다. 말에는 축복과 저주의 능력이 있다. 말을 어떻게 하느냐에 따라 사람을 살리기도 하고 죽이기도 한다. "온순한 혀는 곧 생명 나무이지만 패역한 혀는 마음을 상하게 하느니라"(15:4). 선한 말은 양약처럼 사람의 마음을 치유하기도 하고("선한 말은 꿀송이 같아서 마음에 달고 뼈에 양약이 되느니라" 16:24), 기름과 향처럼 사람의 마음을 기쁘게 한다 ("기름과 향이 사람의 마음을 즐겁게 하나니 친구의 충성된 권고가 이와 같이 아름다우니라" 27:9). 하지만 이웃을 속이고 희롱하는 말은 사람의 마음에 비수를 꽂고 불을 지른다("횃불을 던지며 화살을 쏘아서 사람을 죽이는 미친 사람이 있나니 자기의 이웃을 속이고 말하기를 내가 희롱하였노라 하는 자도 그러하니라" 26:18-19).

인간관계 속에서 해야 할 선한 말 가운데 중요한 것이 이웃의 허물을 덮어 주는 것이다. "허물을 덮어 주는 자는 사랑을 구하는 자요 그것을 거듭 말하는 자는 친한 벗을 이간하는 자니라"(17:9). 이것은 관계의 개선과 회복으로 나아가게 한다. 하지만 악인은 반대로 행동한다. 두루 다니며 남의 말 하기를 좋아하며(18:8; 26:22), 남의 비밀을 누설한다(11:13). 이것은 결국 다툼을 일으키는 원인이 된다("미움은 다툼을 일으켜도 사랑은 모든 허물을 가리느니라" 10:12). 이것은 이웃에게 심한 상처를 주고 관계의 단절과 파괴를 가져온다. 그래서 베드로전서 4장 8절에서도 허물을 덮어 주는 사랑을 말하고 있다. "무엇보다도 뜨겁게 서로 사랑할지니 사랑은 허다한 죄를 덮느니라."

3.3. 말할 때를 분별하라.

말을 할 때 고려해야 할 사항은 말할 때를 분별하는 것이다. 때를 분별하지 못하면 말하는 사람의 의도와 전혀 다르게 전달된다. "이른 아침에 큰 소리로 자기 이웃을 축복하면 도리어 저주 같이 여기게 되리라"(27:14). 그래서 이것은 때의 분별에 대한 지혜와 절제의 덕목과 연결된다. 말을 할 때 원칙은 말을 함부로 하지 않는 것이다. 절제함으로 말의 가치를 높이는 것이다. 그러한 행동은 지혜자의 특성이다. "말이 많으면 허물을 면하기 어려우나 그 입술을 제어하는 자는 지혜가 있느니라"(10:19). "말을 아끼는 자는 지식이 있고 성품이 냉철한 자는 명철하니라. 미련한 자라도 잠잠하면 지혜로운 자로 여겨지고 그의 입술을 닫으면 슬기로운 자로 여겨지느니라"(17:27-28). 말을 할 때 보여주는 절제의 덕목은 생명까지도 보전하게 된다. "입을 지키는 자는 자기의 생명을 보전하나 입술을 크게 벌리는 자에게는 멸망이 오느니라"(13:3). "입과 혀를 지키는 자는 자기의 영혼을 환난에서 보전하느니라"(21:23). 특별히 때에 맞는 말이 주는 유익이 있다. 그것은 듣는 사람에게 기쁨을 준다는 사실이다. "사람은 그 입의 대답으로 말미암아 기쁨을 얻나니 때에 맞는 말이 얼마나 아름다운고"(15:23). 이러한 기쁨은 아름다움과 연결되어 있다. 말이 주는 미학이다. 이러한 아름다움이 잠언에서 미학적인 표현을 통해 잘 나타나 있다. 잠언 24장 26절에서는 '입맞춤'에 비유된다. "적당한 말로 대답함은 입맞춤과 같으니라." 입맞춤이란 은유를 통해 대답한 사람의 말의 상응성이 돋보인다. 이뿐 아니라 입맞춤이 주는 달콤함을 묘사한다. 적당한 말로 한 대답은 말하는 자와 듣는 사람 모두에게 기쁨을 주는 것이다. 잠언 25장 11절에는 '금 사과'에 비유된다. "경우에 합당한 말은 아로새긴 은 쟁반에 금 사과니라." 이것도 어울림의 가치를 탁월한 표현으로 묘사한다. 쟁반위의 사과는 안성맞춤의 짝이다. 거기에 은과 금은 귀중한 가치를 나타내는 귀금속의 대명사이다. 따라서 적절한 때와 상황에 맞는 말은 문제를 해결하고 사건을 완성시키는 화룡점정(畵龍點睛)이다.

3.4. 지혜의 말을 하라.

지혜의 삶을 교훈하는 잠언은 말의 사용에서도 지혜를 강조한다. 말은 자신을 드러내는 일이기 때문에 지혜는 말의 사용에서도 기초가 된다. 지혜는 생활의 모든 면에서 유익을 가져온다. 지혜자의 말은 지식과 깨달음을 준다. 하지만 우매자의 말은 미련과 파멸을 가져온다. "지혜로운 자는 지식을 간직하거니와 미련한 자의 입은 멸망에 가까우니라"(10:14). "지혜 있는 자의 혀는 지식을 선히 베풀고 미련한 자의 입은 미련한 것을 쏟느니라"(15:2). "지혜로운 자의 입술은 지식을 전파하여도 미련한 자의 마음은 정함이 없느니라"(15:7). "지혜로운 자의 마음은 그의 입을 슬기롭게 하고 또 그의 입술에 지식을 더하느니라"(16:23). 그리하여 우매자가 당면하는 말의 결과는 채찍이다. "명철한 자의 입술에는 지혜가 있어도 지혜 없는 자의 등을 위해서는 채찍이 있느니라"(10:13). 결국 지혜 없는 자는 채찍을 통해서나 자신의 우매함을 깨우치게 된다.

잠언은 생생한 생활 언어와 표현을 통해 독자들을 교훈한다. 특별히 지혜의 말과 어리석음의 말이 주는 효과를 비유 언어를 통해 독자들에게 감명 있게 교훈한다. 지혜의 말이 깊은 물과 흐르는 시내에 비유된다. "명철한 사람의 입의 말은 깊은 물과 같고 지혜의 샘은 솟구쳐 흐르는 내와 같으니라"(18:4). 지혜자의 말에는 깊은 물이 주는 시원함과 흐르는 시내가 주는 생명력이 있다. 갈증을 해소하고 생기를 얻게 한다(또한 12:18 참조). 하지만 미련한 자의 말은 그 반대다. "미련한 자의 입의 잠언은 술 취한 자가 손에 든 가시나무 같으니라"(26:9). 술 취한 자는 자신의 몸을 제대로 가누지도 못하며 자신이 어디로 가는지 알지 못한다. 그러한 사람의 손에 가시나무가 들렸다면 그것의 위험성은 가히 짐작하고도 남는다. 그가 휘두르는 가시나무는 다른 사람을 해칠 뿐만 아니라 자기 자신에게도 상처를 남기기에 충분하다. 이러한 생생한 비유는 독자들에게 지혜의 삶을 갈망하게 하는 동기로 작용한다.

5. 말에 관한 교훈을 되새기며

인터넷의 발달로 요즈음은 발 없는 말이 천리가 아니라 눈 깜짝할 사이에 전 세계에 퍼지는 시대에 살고 있다. 이러한 말의 영향력을 생각할 때 얼마나 더 주의를 기울여 말을 해야 할지 실감하게 된다. 말에 대한 교훈은 말의 중요성을 인식하는 데에서 출발한다. 말은 곧 그 사람의 인격이다. 말하는 자의 모든 것을 드러내는 마음의 창이다. 언어사용에서도 구약성서의 행동윤리가 동일하게 적용된다. 사람이 행한 모든 행동은 반드시 그 결과를 맞게 된다는 사실이다. 나의 입을 떠난 말은 타인에게 영향을 줄 뿐만 아니라 그 결과가 자기 자신에게로 돌아온다. 말의 위력은 아무리 강조해도 지나치지 않는다. 생명과 죽음을 가져온다는 말로 압축될 수 있다. 따라서 말을 할 때는 신중해야 한다. 진실을 말해야 하고 선한 말을 해야 한다. 때를 분별할 수 있어야 하고 지혜로운 말을 해야 한다. 어느 교수가 자신의 조교에 대해서 고백하는 아래의 이야기는 말이 얼마나 중요한지를 새삼 느끼게 한다.

그 조교는 키도 작고 그리 볼품 있는 외모도 아니었으나 인간관계를 성숙하게 유지해 나갈 줄 아는 지혜로운 아가씨였다. 항상 따뜻하고 여유로웠다. 그래서 목사나 전도사들까지도 그녀에게 자신의 속내를 털어놓을 정도로 신용을 얻고 있었다. 우연히 그녀와 같이 식사를 할 기회가 있었다. "어떻게 그렇게 원만하게 자랄 수 있었지?"

"두 마디 말 때문이었어요." "제 고향은 강원도 깊은 산골짜기예요. 우리 집은 하루 세 끼를 걱정해야 할 만큼 가난했지요. 어머니는 제가 다섯 살 때 동생을 낳다가 돌아가셨어요. 어머니가 죽자 아버지는 재혼을 하셨고 새엄마를 통해 동생들이 줄줄이 태어났어요. 어느 겨울 아버지가 도박으로 땅 몇 뙈기를 다 날려 버리고 자책을 하시다가 농약을 먹고 자살해 버렸어요."

그녀는 아버지가 죽자 계모 밑에서 찢어지게 가난한 생활을 했다. 새 엄마가 열심히 일해도 모든 식구의 입을 감당할 수 없었다. 강원도 첩첩산중에서 양말도 신어보지 못하고 학교에 다녔다. 어려운 환경 속에서 잔뜩 주눅이 들었고 친구들과도 어울리지 못했다. 그런데 어느 날 학교 운동장을 터덜터덜 걸어가던 그녀의 어깨를 담임선생님이 붙들었다. 1년 365일 한 번도 웃는 일이 없다 해서 별명이 '얼음선생'인 담임선생님이 그녀를 보고 활짝 웃으며 '금주야, 너는 보통 놈이 아니여!'라며 그녀를 토닥여 주었다. 담임선생님의 말 한 마디가 가슴에 화인처럼 깊이 박혔다. 하루는 청소일지를 들고 교무실에 들어가려는 순간 담임선생님의 말소리가 들려왔다. '우리 반에 금주라는 애가 있는데 어려운 처지에도 공부를 하겠다고 애쓰는 것을 보면 가슴이 뭉클해지곤 해요. 그 애 얼굴만 보면 얼마나 기특한지 모르겠어요.' 선생님이 자신을 그렇게까지 생각하고 있는지 몰랐다. 청소일지를 교무실 문앞에 가만히 내려놓고 울면서 집으로 돌아왔다.

그날부터 그녀는 눈에 띄게 달라졌다. 우선 이상하게도 배가 고프지 않았다. 그리고 누구를 만나든 자신감과 떳떳한 기분이 들었다. 그녀는 마침내 시골 고등학교 개교 이래 처음으로 서울의 명문대학교 경상대학에 합격했다. 그녀의 마음속에서 떠나지 않은 한 마디가 그녀를 대학원까지 이끌었다. '금주야, 너는 보통 놈이 아니여!'

전도서의 <헤벨>(הֶבֶל) 연구

1. 왜 <헤벨>인가?

전도서의 가장 중요한 주제는 인간의 삶을 <헤벨>이라고 말하는 것에 있다.[1] 히브리 성경에서 <헤벨>은 모두 73회 나오는데, 구약의 히브리어 용례 중 주로 후기 문헌층에 등장한다. 그 가운데 38회가 전도서에서 사용되었다. 전도서가 <헤벨> 용례의 압도적 다수를 차지하고 있다. 이것은 단순히 전도서에서 <헤벨>의 용례가 집중되어 있다는 사실뿐 아니라 전도서의 중심주제가 <헤벨>을 통해서 드러난다는 사실을 알 수 있게 한다.[2] 더군다나 전도서의 중심어구인 "전도자가 가로되 헛되고 헛되며 헛되고 헛되니 모든 것이 헛되도다"(הֲבֵל הֲבָלִים אָמַר קֹהֶלֶת הֲבֵל הֲבָלִים הַכֹּל הָבֶל)가 책의 서두(1:2)와 결말(12:8)에 반복되어 나온다. 여기에는 한 절 안에 <헤벨>이 5회(단수형 3회, 복수형 2회)나 사용되었다. 전도서 전체를 아우르고 있는 형태로 등장하는 이 진술은 전도서의 중심 주제를 나타내는 표제어 구실을 하고 있다.[3] 따라서 <헤벨>에

---

1) D. J. Estes, 『지혜서와 시편개론』, 강성열 역 (서울: 크리스챤다이제스트, 2007), 388.
2) <헤벨>과 전도서의 중심주제의 관련성에 관하여 다음을 참조하라. O. Loretz, Qohelet und der Alte Orient, 1964, 169ff.

대한 연구는 전도서의 중심 주제와 사상을 이해하기 위해서 필수
적이다.

2. <헤벨>의 어원적인 설명

이 낱말의 정확한 어원은 밝혀지지 않았다.4) 서부셈어에서는 이
낱말의 어근이 구약성서에 영향을 준 후기 아람어 방언에서 나타
날 뿐이다(heḇlā 또는 habāla). 남부셈어에서는 이 낱말의 어근이
외래어로서 후기 이집트어에서 발견된다(hbl′). 아랍어에서는 동사
habb(a)의 용례에서 <헤벨>의 어원을 찾을 수 있다. 아카드어에서
는 이 낱말과 일치하는 어근이 발견되지 않았다.

아마도 이 용어는 다른 언어에서 이와 상응하는 표현들처럼(헬
라어 ἀτμίς, ἀτμός; 독일어 'Atem', 'Odem'; 호흡, 숨, 입김), 의성
어적으로 형성된 낱말(eine eigene onomatopoetische Wortbildung)
이라고 여겨진다. 특히 숨소리를 나타내는 어근 hb > hbb 또는 hbl
과 관련된 것으로 보인다.5) 단수와 복수 형태 모두 사용되고 대부
분 단독으로 나타나지만 드물게 앞에 나온 명사의 주인 노릇하는
'지배명사'(nomen regens)로 사용된다. 이 낱말은 전치사와 함께
사용되기도 한다. 비교적인 관계를 표현할 때 전치사 <민>(מִן)이나
<레>(לְ)와 함께 사용되는데 이때는 이 낱말이 암시하는 가치판단
이 내재되어 있다(시 62:9; 잠 13:11; 144:4). 또한 전치사 <베>(בְ)와
사용되기도 하고(시 78:33; 전 6:4) 부사적인 위치에서(사 49:4; 슥10:
2; 욥 9:29; 21:34; 27:12; 35:16) 꾸밈을 받는 대상에 대한 (부정적

---

3) 최창모, "전도서의 수사적 질문과 헤벨(הבל)의 상징적 기능에 관한 연구,"
『신학사상』 (1999년 봄), 114-115.

4) K. Seybold, "הֶבֶל", in: ThWAT II, 335.

5) K. Seybold, "הֶבֶל", in: ThWAT II, 335-336.

인) 평가를 나타낸다. 그러나 이 낱말의 지배적인 용례는 명사문장에서 서술어로 사용된 경우들이다.6)

이 낱말과 비슷한 뜻을 가지고 병행되어 사용되는 낱말들이 많지만,7) 이 낱말과 함께 가장 빈번하게 사용되는 낱말은 <루아흐>(רוּחַ)이다(사 57:13; 렘 10:14; 전 1;14 등). 그렇지만 <루아흐>가 가지고 있는 주요 의미(1.바람, 2.생명의 호흡, 3.영/혼(animus), 4.하나님의 영)들 가운데 앞의 두 가지 의미(바람과 생명의 호흡)만 공유한다. <헤벨>과 같거나 유사한 기능을 하는 경우는 비교적 드물게 나타난다(예컨대, 시 135:17; 욥 7:7; 사 26:18; 41:29; 미 2:11; 욥 20:3; 15:2; 16:3; 렘 5:13; 전 5:15).

3. <헤벨>의 번역과 용례들

아퀼라, 심마쿠스, 테오도시온 번역본과는 달리 70경은 이 낱말을 대체로 추상명사를 사용하여 번역하였다.8) 거의 한결같이 "헛됨"을 뜻하는 <케노스>(κενός)나 <마타이오테스>(ματαιότης)로 번역되어 있고, 실명사(concreta)로 번역된 경우는 아주 드물게 나타난다: 예컨대, 전 9:9 <아트모스>(ἀτμός) "입김, 연기"; 사 57:13 <카타이기스>(καταιγίς) "폭풍"; 신 32:21; 렘 14:22; 16:19 <에이돌론>(εἴδωλον) "우상". 이와 같은 번역은 이 낱말이 가지고 있는 본질적인 의미를 살리고자 하는 노력의 결과라고 여겨진다. 이 낱말이 의성어적인 기원을 가지고 있다는 사실을 고려한다면 이 낱

---

6) K. Seybold, "הֶבֶל", in: *ThWAT II*, 336.

7) 예컨대, רִיק "무익한" (사30:7), תֹּהוּ "아무것도 아닌" (사49:4), שֶׁקֶר "거짓" (렘10:14; 슥10:2; 잠31:30), אָוֶן "속임수" 또는 שָׁוְא "허망한 것" (슥10:2), לֹא הוֹעִיל "무익한 것" (사30:6; 57:12; 렘16:19; 참조. 애4:17).

8) K. Seybold, "הֶבֶל", in: *ThWAT II*, 336-337.

말이 뜻하는 바가 "입김"이나 "미풍"과 같은 것을 의미함을 알 수
있고, 특별히 "안개, 수증기, 연기"와 같은 가시적인 현상과 깊은
관련성을 맺고 있다.9) "입김"이라는 의미에서 무상성과 덧없음의
심상(心想)들이 연상되며, 그러한 심상들은 이 낱말이 추상적인
의미를 산출할 수 있도록 돕는다.

위에서 살펴본 바와 같이 <헤벨>이 구체적인 의미를 가지고 사
용된 예들은 흔치 않다. 그러한 구체적인 의미들이 드러나는 경우
는 <루아흐>와 함께 병행되어 사용되거나 본문의 맥락에 의해서
분명하게 나타난 경우들이다. 예컨대 이사야 57장 13절에서는
<헤벨>이 <루아흐>에 상응하는 의미로 사용되었다: "네가 부르짖
을 때에 네가 모은 것들로 너를 구해 내게 하라. 그래도 바람(<루
아흐>)이 그것들을 모두 다 멀리 옮길 것이요, 헛된 기운(<헤벨>)
이 그들을 가져갈 것이다. 그러나 나를 의뢰하는 자는 그 땅을 차
지할 것이요, 내 거룩한 산을 상속받을 것이다." 시편 62편 10절
에는 사람이 <헤벨>에 비유되며 인생의 덧없음이 저울에 다는 것
과 비교된다: "아, 슬프도다. 사람은 입김(<헤벨>)이며 인생도 속
임수(<카자브>)이니 저울에 달면 그들은 입김(<입김>)보다 가벼울
것이다." 잠언 21장 6절에서는 "속이는 말로 재물을 모으는 것"이
"불려 다니는 안개(<헤벨>)"라고 말한다. 그것은 죽음을 자초하는
일이라는 것이다.

또한 이러한 용례들과 함께 어떤 것에 대한 가치판단이 내포된
진술들을 만날 수 있다: "사람은 한낱 숨결(<헤벨>)과 같고, 그의
일생은 사라지는 그림자(<첼>)와 같습니다"(시144:4). 이러한 입김
이 불러일으키는 '덧없음'이나 '허무함'의 의미는 <헤벨>에서 파
생된 동사의 용례들을 통해서도 확인된다(예컨대, 렘2:5; 왕하17:15;

9) K. Seybold, "הֶבֶל", in: *ThWAT II*, 337.

욥27:12; 시62:11 등). <헤벨>이 창출해 내는 부정적인 의미는 특별히 이 낱말이 서술적이며 은유적으로 사용될 때 자주 고찰된다. 애굽이나 다른 나라들의 도움이 헛되고(사30:7; 애4:17), 아름다움도 헛되며(잠31:30), 젊음이 헛되다(전11:10). 일반적으로 통용되고 높게 평가되는 가치들이 <헤벨>을 통해서 부정적으로 묘사되고 있다.

이러한 용례들 가운데는 일상적인 언어사용의 상황들이 반영되어 있다. 특별이 탄식자가 자신의 상황을 묘사할 때 <헤벨>이 사용된다(시39:5, 6, 11; 62:10, 11; 144:4; 사 49:4; 욥 7:16; 9:29; 21:34; 27:12; 전6:12; 7:15; 9:9). 이러한 진술들의 특별성은 <헤벨>을 통해서 묘사되는 주어가 다음 두 가지뿐이라는 사실이다: 모든 인간(시 39편; 62편; 94편; 144편)과 인생의 날들(욥기; 시 78편; 전도서). 여기에서 다시금 의미의 변화가 목격된다. "입김, 숨결"에서 시작된 의미가 "덧없음, 무상성"이라는 완전히 추상적인 의미로 발전한다. 여기에는 인생에 대한 비관적인 평가가 작용하고 있다.

<헤벨>의 용례 가운데 특별히 주목해야 할 경우는 이방신들과 우상들에 관한 논쟁의 상황에 사용된 경우들이다. 이방신들과 우상들이 <헤벨>에 비유된다.10) 이렇게 <헤벨>이 이방신을 가리키는 말로 쓰인 것은 그것이 본래 가나안 신을 나타내는 말에서 연유하기 때문이라기보다는 본래 이방신에 대한 은유적인 표현으로 사용되던 <헤벨>이 점차 이방신을 나타내는 상징어로 자리잡게 되었다고 보는 것이 더 적절할 것이다. 이러한 과정에서 <헤벨>의 본래

---

10) 이방신들과의 논쟁에서 <헤벨>이 이방신을 비유적으로 표현하는 것을 근거로 이 낱말이 <후발> (Hubal)이라는 가나안 신의 이름에서 유래했다는 주장이 있었다. 하지만 이러한 증명되지 학계의 폭넓은 지지를 얻지 못한다. 이 점에 관하여 다음 글들을 참조하라. K. Seybold, "הֶבֶל", in: ThWAT II, 335, 339; W. E. Staples, The "Vanity" of Ecclesiastes, JNES 2 (1943), 95-96.

적인 의미는 후퇴하고 이방신에 대한 논쟁에서 이방신의 무익함을
돋보이게 하는 이차적인 의미가 이방신에 대한 용어로 대체된다(사
57:13; 렘 10:14f; 51:18 등).

4. 전도서에서의 <헤벨>

4.1. <헤벨>의 용례들

전도서 안에서 나타나는 <헤벨> 용례를 살펴보면 <헤벨>이 사
용될 수 있는 거의 모든 경우들이 전도서 안에서 고찰된다는 사실
이 분명해진다.11) 1장 14절에서 보는 바와 같이 <루아흐>와 결합
되어 나타나는 용례는 이 낱말의 구체적이며 회화적인 기본개념을
떠오르게 한다. <루아흐>와 함께 쓰이는 용례에서 일반 피조물,
즉 동물과 사람을 비교함으로써 <헤벨>은 생명의 호흡에 대한 생
각을 떠오르게 한다(3:19; 참조. 3:21). 또한 <헤벨>은 무가치성을
드러내는 발언에서 사용된다(11:10). 이같은 사실들을 통해 <헤
벨>은 무엇보다 탄식의 상황에서 유래된 인간에 대한 판단이 자
신이 성찰하고 있는 바의 본질적인 요소가 되고 있음을 보여준다
(참조. 2:17). 이뿐 아니라 전도서는 종교적인 논쟁에서 흔한 일이
되어 고착화된 표현들을 모르고 있거나 아니면 개의치 않고 있어
서 <헤벨>을 대명접미어와 함께 과감하게 사용하고 있음을 알 수
있다(6:12; 7:15; 9:9).

<헤벨>의 의미와 기능은 정반대의 뜻을 가진 낱말들과 사용된
용례들을 보면 더욱 분명하게 드러난다.12) <이트론> (יִתְרוֹן)은 어
떤 일에 대해서 댓가로 주어지는 결과를 의미한다. 이 낱말은 전

---

11) K. Seybold, "הֶבֶל", in: *ThWAT II*, 340.
12) K. Seybold, "הֶבֶל", in: *ThWAT II*, 341.

도서에서만 사용되는 것으로 "유익"(advantage)이나 "이득"(profit)
이라고 번역할 수 있다(1:3; 2:11, 13; 3:9; 5:8, 15; 7:12; 10:10-11).
이것과는 달리 <헤벨>은 수고에 대한 아무런 결과 없이 끝나는
일을 나타내며 아무것도 없는 상태를 가리킨다. 이렇게 <헤벨>과
정반대의 노선에 있는 것들로서 <헬레크>(חֵלֶק, 몫; 2:10), <토브>
(טוֹב, 선한; 2:3; 6:11), <요테르>(יוֹתֵר, 장점, 유익; 6:11))와 같은 낱
말들이 있다. 이와는 반대로 <헤벨>과 같은 노선에 있는 낱말들로
서는 <첼>(צֵל, 그림자; 6:12)이나 <루아흐>(רוּחַ, 바람; 5:15)가 있다.

　　라이너 알버츠(R. Albertz)는 <헤벨>의 용례들을 다음 세 가지
부류로 나눈다.13) 첫째로, 인간의 수고와 일이 결과나 유용성 없
이 끝난 경우를 나타낸다(2:1, 11, 19, 21, 23; 4:4, 8; 5:9; 6:2). 여
기에서는 <이트론> ("유용하다")의 반대개념이다(참조. 2:11). 어떤
일이 의미가 없다. 왜냐하면 하나님이 일의 열매를 어떤 사람에게
는 누리지 못하게 만들고 임의적으로 다른 사람이 누리도록 하시
기 때문이다(2:24-26). 결국 그 사람은 죽고 그의 소유를 다른 사
람에게 넘겨 주어야 하기 때문이다(2:18-21; 6:1-2).

　　둘째로, 인간의 행동과 그 결과를 선명하게 이해하려고 하는 지
혜사상적인 삶의 노력이 의미가 없다는 사실을 표현한다. 왜냐하
면 의로운 자들이 불경건한 자들의 운명을 맞는 일이 발생하기 때
문이다(8:10-14). 지혜자들이 어리석은 자와 같은 종말을 맞는다
(2:15; 6:7-9). 셋째로, 이러한 판단 뒤에는 인간의 무상함에 대한
전도자의 통찰이 있다(6:12; 11:8, 10; 참조. 7:15; 9:9). 인간을 모
든 피조물과 같게 만드셨다(3:19). 인간의 모든 미래는 위협적인
죽음의 운명 아래 놓여 있다(11:8). 모든 사건은 미리 알 수도 없을
뿐만 아니라 의미있게 파악되지도 않는다(1:14; 2:17). 하나님은

---

13) R. Albertz, "הֶבֶל", in: *THAT I*, 469.

<헤벨>이란 말로 표현되지 않는다. 그렇다고 해서 그것을 없애는 반대자로도 지칭되지 않는다. 인간의 유한성에 대한 최종적인 근거는 하나님의 불가해한 행동에 놓여 있다. 이렇게 <헤벨>은 다양한 용례들을 통해 전도서의 신학적 주제를 극대화시키는데 사용된다.

4.2. <헤벨>의 번역

전도서에 사용된 <헤벨>은 번역가들에 의해서 다양하게 번역되었다: "한 숨"(breath), "의미 없음"(meaningless/make no sense), "덧없이 지나가는"(fleeting), 삶의 제한을 뜻하는 "하루살이"(ephemaral), "부질없는 생각"(안개, vapor), "무상"(transience), "공허"(vanity), "헛수고"(hollow mockery/thing), "무용지물"(futility/futile), "무"(emptiness), "불합리"(absurdity) 혹은 "이치에 맞지 않는"(absurd), "이해할 수 없는"(incomprehensible), "일치하지 않는"(incongruous) 혹은 "아이러니한"(ironic), "영"(zero/Nichtiger) 등.14) 이러한 번역들 가운데 <헤벨>의 의미를 평가하는 대표적인 두 입장이 소개될 수 있다: 하나는 <헤벨>을 "비어있음"(empty)으로 해석하여 중립적인 의미로 이해하는 입장(Wright)이고, 다른 하나는 이 낱말이 삶의 "불합리성"(absurdity)을 표현하는 부정적인 의미로 사용되었다고 생각하는 입장(Crenshaw)이다.15) 이러한 사실은 <헤벨>이 얼마나 다의적 의미(multiple sense)로 사용되고 있는가를 잘 보여준다. 이것은 하나의 개념이나 한 가지 방향의 의미로만 파악하기에는 부적절하다는 사실을 나타낸다. 이것은 텍스트 내의 각기 다른 주제-존재, 삶, 경험, 행위, 사건 등-와 다양한 문학적 상황에서

14) 최창모, "전도서의 수사적 질문과 헤벨(הבל)의 상징적 기능에 관한 연구," 115-116.
15) D. J. Estes,『지혜서와 시편개론』, 388.

다의적 의미를 산출해 내는 "다원적 개념"(multivalency)임을 알
수 있다.16)

4.3. <헤벨>의 신학적 의미

전도서는 자신의 핵심적인 논제로서 하나님 대 인간, 인간 대
인간의 양극성을 제시한다.17) 전자는 하나님의 능력과 인간의 무
능함(2:25; 7:13), 하나님의 불가해성과 뒤틀린 인간 세계의 현실
성(2:19; 3:21, 22; 6:12; 7:24; 10:14) 사이의 양극성을 강조하며,
후자는 계층간의 긴장 속에서 지혜 대 지혜(8:1), 지혜자와 우매자
(2:15; 3:21; 6:6; 6:8), 왕과 가신의 관계(8:4)의 양극성을 반영한
다. 전도서가 보여주는 이러한 양극성은 히브리 성경 안에서 지혜
문학의 발전 과정에 중대한 영향을 끼쳤다. 정상적인 인과 관계의
질서가 보장되는 상황 안에서 지혜는 도덕적 판단의 가치 기준이
되지만, 그 질서가 깨진 상태에서는 전혀 효과를 발휘할 수 없게
된다. 여기서 전도서는 급진적으로 실재의 불가지성을 강조(7:24)
할 뿐만 아니라, 지혜자의 지혜라는 것도 사실상 상대적으로 무용
지물이라는 입장을 표명함으로써(7:13; 8:17), "낡은" 지혜 문학적
전통－지혜의 목표란 식별할 수 있는 우주의 질서를 인식하는 것
이라는, 혹은 지혜의 목적이 "무질서 속에 질서를 두는 것"이라는
－의 입장에 대하여 정면으로 대립(공격)적 위치에 서 있다.

전도자가 강조하려는 것은 하나님의 "능력(활동)"과 지식은 인
간의 지각이나 이해로는 완전하게 파악할 수 없으며, 결국 그에게

---

16) 최창모, "전도서의 수사적 질문과 헤벨(הבל)의 상징적 기능에 관한 연구,"
116.

17) James A. Loader, *Polar Structure in the Book of Qohelet* (Berlin:
Walter de Guyter, 1979), 65-66; 또한 다음을 참조하라. 최창모, "전도서의 수사
적 질문과 헤벨(הבל)의 상징적 기능에 관한 연구," 136.

순응할 수밖에 없는 존재임을 깨닫게 하려는 것이다. 이러한 양극성의 구조에서는 인간의 모든 수고(행위)가 부정적인 평결을 받을 뿐이고, 사람이 할 수 있는 말은 "아, 모든 것이 헛되어 바람을 잡는 것과 같다"(1:14; 2:11; 참조. 2:17, 26; 4:4, 16; 6:9)는 은유적인 선언이다.18) 전도자는 "무한의 절대부정"(infinite absolute negativity)을 통해 아무것도 남지 않을 때까지 모든 가치를 부정하여 모든 것을 허무적으로 만든다. 이러한 아이러니 효과를 극대화시키는 용어가 바로 인간의 모든 수고는 무익하다는 사실을 상징적으로 나타내는 <헤벨>이다(2:15, 19; 5:10, 15). 저자는 이러한 아이러니를 사용함으로써 독자/청중들로 하여금 의미의 표면적인 (하부)구조를 거부하게 하며, 저자가 일축해버린 가치나 의미의 세계(상부 구조)를 그도 아울러 파괴한다. 그런 의미에서 거부와 파괴는 아이러니의 과업의 일부이다.19)

그러나 전도서의 작업은 거부나 파괴로만 끝나지 않는다. "창조적 파괴"(destroy for creation)의 과정을 걷는다. 전도자는 이 과정을 위해 많은 수사적 질문을 사용한다.20) 전도자의 수사적 질문

---

18) 최창모, "전도서의 수사적 질문과 헤벨(הבל)의 상징적 기능에 관한 연구," 136.

19) 최창모, "전도서의 수사적 질문과 헤벨(הבל)의 상징적 기능에 관한 연구," 139.

20) 전도서에서 수사적 질문은 코헬렛의 주요 주제 - "삶은 헛되며, 유익이 없다"(1:3; 2:22; 5:10; 6:8, 11) - 를 진술하는데 중요한 역할을 한다. 6장 9절을 전후로 해서 주제가 바뀐다. 이전의 질문은 주로 "무엇이 유익한가"에 관련된 질문이었다면(2:19; 3:21, 22), 이후의 질문은 한 곳(6:11)을 제외하고는 모두 지식을 주제로 한 물음들이다(6:12a/b; 7:24; 8:7; 10:14). 이처럼 질문 형식의 변화는 작품 안에서 변화의 가능성을 암시하는 것이며, 인간의 노력에 대한 전반부(1:3-6:9)의 주제로부터 인간의 지식에 대한 후반부(6:10-12:7)의 주제로 바뀌고 있음을 보여준다. 최창모, "전도서의 수사적 질문과 헤벨(הבל)의 상징적 기능에 관한 연구," 137.

은 독자/청중들에게 부정적 대답을 요구함으로써 결국 회의주의적 이해를 만들어 준다. 그러나 부정적인 대답을 통하여 긍정적 결론, 즉 쓰디쓴 약초로부터 추출해 낸 독한 약을 찾아내도록 도와준다. 이는 다름 아닌 삶을 긍정하고 즐기도록 권고하는 전도자의 긍정적 요구이다. 전도자는 인간의 수고가 아무런 유익이 없음을 길게 논의한 후에 수고의 가치란 먹고 마시며 삶을 즐기는 것이 아니겠느냐고 반문한다(2:24-26; 3:12-13; 5:17-19; 8:15; 9:7-10).[21]

이러한 전도서의 신학은 전통적인 지혜와는 크게 다른 것이다. 전통적인 지혜에서는 세상의 "종말"에 대해 주의 깊게 생각하라고 권고하면서 세상의 "종말"에 대한 지혜가 있으면 생명을 얻는다고 확신한다. 그러나 전도서는 "종말"에 관한 이 질문이야말로 아무런 희망도 갖지 못한 채 좌절해 있는 인간의 모습을 폭로하는 길이라고 생각한다.[22] 그렇다고 해서 전도서 기자를 진정한 의미의 회의론자라고 말할 수는 없다. 왜냐하면 그는 자신이 제기하는 모든 질문들 위에는 가치있는 실재이자 모든 일을 주관하시는 하나님이 계시다는 사실을 전혀 의심하지 않고 있기 때문이다. 전도서에서 분명하게 드러나고 있는 사실은 하나님이 이런 창조신학의 틀 안에서 부족한 모든 사람과 모든 시간과 우연히 일어나는 모든 일의 주님이라는 사실이다.[23] 인간은 "하늘 아래"와 "해 아래"의 공간에 산다. 그렇기 때문에 그 곳에서는 이 공간을 뛰어넘는 분을 두려워할 수밖에 없다. 세상 만물을 구부려 놓은 일은 틀림없이 하나님이 하신 일인데, 그런데(7:13) 그것이 마치 힘을 지닌 자가 실수(과실)한 것처럼 보이는 곳에서도(10:5 – 이것은 전도서

---

21) 최창모, "전도서의 수사적 질문과 헤벨(הבל)의 상징적 기능에 관한 연구," 141-142.

22) W. Zimmerli, 『구약신학』, 김정준 역 (서울: 한국신학연구소, 1991), 210.

23) W. Zimmerli, 『구약신학』, 213-214.

기자가 할 수 있는 가장 극단적인 말이다) 모든 것을 제 때에 맞추신 하나님을 두려워하라고 외치고 있다.

폰라트(G. von Rad)는 전도서의 기본적인 통찰을 다음 세 가지로 요약한다.[24] 첫째로, 삶에 관한 합리적인 탐구로는 어떤 지탱력 있는 의미도 찾을 수 없다. 다시 말하면, 모든 것이 '헛되다'. 둘째로, 모든 사건들은 하나님에 의해서 결정된다. 하나님이 모든 것의 주관자시다. 셋째로, 그러나 인간은 이 섭리들을, 세상에서의 '신의 일'을 인식할 수 없다. 전도서 안에서 이 세 가지 명제는 서로를 제약하면서 서로 불가분의 관계로 연결되어 있다.

그렇다면 전도자가 제안하는 무상한 삶을 탈출할 수 있는 방법은 무엇인가? "해 아래에서"의 삶은 <헤벨>이라는 결론을 피할 수 없다. 진정한 해결은 "해 위로" 이동하는 것일 것이다.[25] 그러나 전도자는 "해 아래에서" 사람이 제 "몫"("분복")을 찾고 그로써 하나

---

24) G. von Rad, 『구약성서신학: 이스라엘의 지혜의 신학』, 허혁 역 (왜관: 분도출판사, 1976), 259. 크렌쇼(J. L. Crenshaw)에 의하면 죽음은 모든 것을 말소한다는 것(2:15, 19; 5:15; 6:6), 지혜는 그것의 목표를 달성할 수 없다는 것, 하나님은 불가해하다는 것(7:13, 24), 세상은 뒤틀려 있다는 것(7:13), 그리고 낙을 누리라는 것(2:25) 등이 전도서의 중심 주제들이다. James L. Crenshaw, 『구약지혜문학의 이해』, 강성열 역 (서울: 한국장로교출판사, 1993), 176.

25) 바울은 로마서 8장 18-25절에서 하나님이 어떻게 창조를 "무익함"에 굴복시켰는가에 관하여 말하고 있다. 그는 구약성서 헬라어 번역이 전도서 있는 <헤벨>을 번역하는데 사용하는 동일한 헬라어 낱말 <마타이오테스> (ματαιότης)를 사용한다. 이것은 바울이 "현재의 고난"을 묘사할 때 타락의 결과들(창3장)에 대해서 숙고하고 있음을 보여준다. 삶이 "무익하다"는 인식은 전도자를 철저히 낙심케 했다. 그러나 그것이 바울에게는 희망의 원천이 된다. 왜냐하면 바울은 "창조 자체가 썩어짐의 속박에서 해방될 것을 희망하는 가운데" 하나님이 이 세계를 무익함에 복종시키셨다는 사실과 이 세계가 "하나님의 자녀가 누리는 영광의 자유를 획득하게 될 것"을 인지하고 있기 때문이다. 이 점에 관하여 다음을 참조하라. Tremper Longman III, 『레노바레성경』 (서울: 두란노서원, 2006), 1101.

님의 행하시는 바 가운데서 제 자리를 차지할 수 있는 길을 제시한다. 그것은 다음 두 가지로 압축된다: 첫째는 하나님을 경외하는 것(3:14; 5:7; 7:18; 12:13)이며, 둘째는 삶 가운데서 하나님이 주신 좋은 것을 기뻐하며 누리는 것(2:10; 3:12-13; 5:18: 9: 9)이다.[26]

5. 나가는 말

전도자는 자신이 살던 시대의 부조리하고 뒤엉킨 불확실성의 사회 현실 속에서 무한히 연약하며 한계가 분명한 인간의 지식으로는 하나님을 제대로 이해할 수도 없고 제대로 만날 수도 없는 가치의 진공 상태를 채워나가기 위해 몸부림 친 사람이었다. 그는 믿음을 상실한 불신앙의 사람이 아니라, 하나님에 대한 믿음이 위기를 맞고 있을 때, 이를 극복하기 위하여 고뇌한 "경건한 의심"의 사람이었다.[27] 자신의 의심과 고민을 압축적으로 대변하는 말이 <헤벨>이었다. 그러나 전도자의 마지막 말은 <헤벨>이 아니다. 그것은 진정한 삶의 의미와 긍정의 삶을 찾기 위한 부정이다. 이 부정을 통해서 모든 것을 주관하시고 가능하게 하시는 하나님을 바라보게 한다("하나님 경외"). 그러한 의미에서 전도서의 결론(12:13-14)은 전도자의 결론이기도 하다. 또한 각자에게 주어진 삶의 "분복"을 즐거워하며 누리는 것이 "해 아래에서" 사람이 할 수 있는 최상의 삶임을 가르쳐 준다. 전도서는 여전히 분명치 않고 변화무쌍하며 혼돈의 요소로 가득 찬 세계 속에서 살아가는 우리들에게 나아갈 방향과 자세를 가르쳐주는 빛나는 지혜와 통찰로 변함없이 남아있다.

---

26) "전도서 안내," 『독일성서공회해설성경』, 927.
27) 최창모, "전도서의 수사적 질문과 헤벨(הבל)의 상징적 기능에 관한 연구," 144.

시가서(시편, 욥기, 잠언, 전도서)에 나타난 재물사상

1. 들어가는 말

전 세계가 하나의 경제권을 이루고 사는 오늘날의 현실에서 경제가 가장 중요한 화두로 꼽힌다. 어느 나라를 막론하고 모든 정책과 판단에 경제문제가 최우선 순위로 작용한다. 정치인들마다 각 정당마다 서민경제를 살리겠다고 입을 모으고, 일자리를 창출하여 국민의 근심을 덜겠다고 야단이다. 경제문제가 부각될수록 우리의 생활에서 재물이 차지하는 의미는 점점 커진다. 이러한 상황에서 재물에 관한 가치관을 정립하는 것은 매우 중요한 일이다. 특별히 구약의 지혜문학에 나타난 재물사상에 관한 연구는 일상생활 가운데 실제적인 지침과 원칙을 제공할 것이기 때문에 더욱 절실히 요청되는 과제이다. 본 연구에서는 시편, 욥기, 잠언, 전도서에 나타난 재물사상을 여섯 가지 주제로 나누어 서술하고자 한다.

2. 재물은 하나님의 선물이다.

구약성서는 우선 재물이 하나님의 선물임을 분명히 밝힌다. 인간이 누리는 모든 자원과 조건들은 하나님으로부터 온 것들이다.

이 모든 것을 향유하는 것은 창조주이시며 만물의 주관자가 되시는 하나님이 공급해 주실 때 가능하다. 전도서 저자는 이러한 인간의 상황을 다음과 같이 설파(說破)하고 있다. "사람이 하나님께서 그에게 주신 바 그 일평생에 먹고 마시며 해 아래에서 하는 모든 수고 중에서 낙을 보는 것이 선하고 아름다움을 내가 보았나니 그것이 그의 몫이로다. 또한 어떤 사람에게든지 하나님이 재물과 부요를 그에게 주사 능히 누리게 하시며 제 몫을 받아 수고함으로 즐거워하게 하신 것은 하나님의 선물이라"(전5:18-19).

하지만 그러한 선물이 아무나에게 주어지는 것은 아니다. 몇 가지 조건들을 말할 수 있다.

첫째, 하나님은 자신을 경외하는 자에게 재물을 허락하신다. 시편 112편 1-3절에서 시인은 다음과 같이 말한다. "할렐루야, 여호와를 경외하며 그의 계명을 크게 즐거워하는 자는 복이 있도다... 부와 재물이 그의 집에 있음이여 그의 공의가 영구히 서 있으리로다." 잠언 22장 4절에서도 겸손한 자와 함께 야훼를 경외하는 자에게 주시는 보상 가운데 하나로 재물이 명시되어 있다: "겸손과 여호와를 경외함의 보상은 재물과 영광과 생명이니라." 재물은 하나님이 당신을 경외하며 사랑하는 자에게 주시는 복이다.

둘째, 재물은 지혜를 사랑하는 자에게 주어진다. 잠언 8장은 지혜의 초대와 약속이 기록되어 있다. 지혜가 의인화되어 사람들을 초대한다(1-4절). 그 가운데 지혜는 자신을 사랑하는 자들에게 약속한다. 지혜를 사랑하는 자는 지혜의 사랑을 입고 간절히 찾는 자가 만날 것이다(17절). 이뿐 아니라 지혜에게는 부귀가 있고 재물과 공의도 있다(18절). 지혜의 열매는 금이나 정금보다 낫고 순은보다도 좋은 것이다(19절). 결국 지혜를 사랑하는 자는 재물을 얻어서 자신의 곳간에 채우게 된다(21절. 또한 잠14:24 참조).

셋째, 재물은 근면한 자에게 주신다. 잠언 10장 4절에서 "손을 게으르게 놀리는 자는 가난하게 되고 손이 부지런한 자는 부하게 되느니라"고 말한다. 성실히 노력하는 사람에게 주시는 복이다. 잠언 12장 27절에서도 부지런한 사람이 부귀를 얻는다고 말한다.[1] 반대로 게으르고 태만한 사람은 빈궁에 처하게 된다. 그래서 잠언에서는 게으른 자에 대해서 분명하게 경고한다. "게으른 자여 네가 어느 때까지 누워 있겠느냐 네가 어느 때에 잠이 깨어 일어나겠느냐? 좀더 자자, 좀더 졸자, 손을 모으고 좀더 누워 있자 하면 네 빈궁이 강도 같이 오며 네 곤핍이 군사 같이 이르리라"(9-11절; 또한 다음 구절들을 참조하라. 잠 19:15; 20:13; 24:33-34).

욥의 사례를 통해서 우리는 하나님이 주시는 복과 선물로서의 재물의 의미를 잘 알 수 있다. "온전하고 정직하여 하나님을 경외하며 악을 떠난 자"(욥 1:1)이던 욥에게 하나님은 번영을 누리게 하셨다. 일곱 아들과 세 딸 외에 그가 가지고 있던 소유는 양이 칠천, 낙타가 삼천, 소가 오백 겨리, 암나귀가 오백 마리였으며,[2] 종도 많아 동방에서 가장 '큰' 자라고 하는 평가를 받았다. 욥은 이러한 지난 날을 회상하며 이렇게 말한다. "그 때에는 그의 등불이 내 머리에 비치었고 내가 그의 빛을 힘입어 암흑에서도 걸어다녔느니라. 내가 원기 왕성하던 날과 같이 지내기를 원하노라. 그 때에는 하나님이 내 장막에 기름을 발라 주셨도다. 그 때에는 전능자가 아직도 나와 함께 계셨으며 나의 젊은이들이 나를 둘러 있

---

1) '근면함'에 대한 반대의 모습으로 '조급성'을 말할 수 있다. 부지런히 애쓰는 자가 풍부함에 이르고 조급한 자는 궁핍함에 이른다(잠21:5). 또한 조급하게 부자가 되려고 할 때 악을 행하게 되고, 그것은 도리어 빈궁함에 이르는 결과를 낳는다 (28:22).

2) 욥의 소유물에 대한 표현에서 드러나는 숫자의 상징성에 관하여 참조. 하경택, 『질문과 응답으로서의 욥기 연구: 지혜, 탄식, 논쟁 안에 있는 '신-학'과 '인간-학'』(서울: 한국성서학연구소, 2006), 50-51.

었으며, 젖으로 내 발자취를 씻으며 바위가 나를 위하여 기름 시내를 쏟아냈으며"(29:3-6). 욥이 누렸던 번영은 모두가 하나님이 주신 것들이었다. 그래서 욥은 자신이 가진 소유를 잃었을 때 "주신 이도 여호와시오, 거두신 이도 여호와시오니 여호와의 이름이 찬송을 받으실지니이다"(1:21)라고 고백한다.

3. 재물은 삶의 유용한 수단이다.

구약성서는 재물의 유용성에 대해서도 말한다. 우선 재물은 그것을 가진 자에게 '견고한 성읍'과 같이 기능할 수 있다(잠10:15). 부(富)를 가진 자는 자신이 가진 부로인해 어느 정도 뒷받침과 보호를 받을 수 있다. 재물은 힘으로 작용하고 영향력을 크게 하기도 한다. 현재 우리가 맞고 있는 자본주의 사회에서는 이러한 현상이 더욱 뚜렷이 나타난다. 이에 반해 가난한 자들은 궁핍함으로 인해 고통을 맛보아야 한다. 때론 가난의 비참함으로 인해 절망하게 된다.

재물은 또한 친구를 많게 하기도 한다(잠 19:4). 재물을 가진 자에게는 사람들이 모이지만 가난한 자에게는 이웃 사람들마저 떠나게 된다. 욥도 자신이 가진 것을 다 잃어버린 불행을 경험한 후 가까이 지내던 사람들이 다 떠나버린 비참한 자신의 현실에 대해서 탄식했다(욥 19:13-14). 종이나 하찮은 사람들까지도 그를 업신여긴다(19:15-16, 18; 또한 30:9-10 참조). 심지어는 아내를 비롯한 가족들도 싫어한다(19:17).

그래서 전도서 저자는 7장 12절에서 지혜가 주는 유익을 돈이 주는 유익에 빗대어 설명한다. 또한 10장 19절에서는 "돈은 범사에 이용된다"(10:19)라고 말한다. 이 부분을 히브리어 원문을 따라 직역하면 "돈은 모든 것에 응답한다3)"(NIV: money is the answer for everything)고 말할 수 있다. 이것은 자칫 돈이면 다 된다고 오해할 수 있을 만큼 강력한 표현이다. 하지만 이 본문을 통해 알아야 할 사실은 이 본문이 재물이 주는 유익함을 강조하기는 하지만, 재물의 만능성을 주장하는 것은 아니라는 사실이다. 재물의 유한성에 관하여 말하고 있는 다른 본문들의 내용들을 생각한다면 그러한 오류에 빠지지는 않을 것이다(아래 참조).

어쨌든 재물이 삶의 유용한 수단인 것은 분명하다. 그것을 가진 자에게 힘을 주고 영향력 있게 만든다. 하지만 그것은 재물을 잘 관리하고 사용할 때 그렇다. 이제부터는 재물에 관하여 주의해야 할 교훈들을 살펴보자.

4. 재물은 영원하지 않다.

구약성서는 재물의 한계에 대해서도 분명히 말하고 있다. 재물이 아무리 유용하다고 해도 영원한 것은 아니다. 그것은 언제든 사라질 수 있고 영원히 간직할 수 있는 것도 아니다. 잠언 23장 5절에서는 이렇게 말한다. "네가 어찌 허무한 것에 주목하겠느냐? 정녕히 재물은 스스로 날개를 내어 하늘을 나는 독수리처럼 날아가리라." 잠언 27장 24절에서도 재물의 유한성에 대해서 경고한다. "대저 재물은 영원히 있지 못하나니 면류관이 어찌 대대에 있으랴?" 그러므로 재물을 가진 자는 재물이 자신을 영원히 지켜주지 못한다는 사실을 알아야 한다. 시편 49편의 시인은 재물을 의지하고 사는 사람의 허망함에 대해서 노래한다. 어리석은 부자는 자기의 재물을 의지하고 부유함을 자랑하지만 죽음을 면하게 해주지는 않는다(9절). 자신의 재물로 형제를 구원할 수도 없고 그를

---

3) 여기에 '응답하다'의 기본 의미를 가지고 있는 히브리 동사 <아나> (ענה)가 사용되었다.

위한 속전을 바칠 수도 없다(7절). 사람들은 자신의 집이 영원이 있고 그들의 거처가 대대에 있으리라고 생각하여 토지에 자신들의 이름을 붙여 봐도 소용없다(11절). 결국 지혜 있는 자나 어리석은 자나 모두 죽어서 "재물을 남에게 남겨 두고 떠나는 것을 보게" (10절) 될 것이다.

　사람들 가운데는 돈이나 재물에 절대적 가치가 있는 양 착각하고 사는 사람들이 있다. 재물이 자신들의 신이 되어 그것을 통해 안전과 보호를 누리려 한다. 이런 사람들은 진정한 안전과 보호가 어디에서 오는지 모르는 어리석은 자이다. 이러한 어리석은 삶을 사는 사람 가운데 재물을 도구삼아 도리어 포악을 일삼는 악인들이 있다. 그들은 "하나님을 자기 힘으로 삼지 아니하고 오직 자기 재물의 풍부함을 의지하며 자기의 악으로 스스로 든든하게 하던 자"(시52:7)이다. 그러나 그들은 자신들의 잘못된 믿음에서 비롯된 악행 때문에 결국 하나님의 심판을 맞게 된다. "그런즉 하나님이 영원히 너를 멸하심이여 너를 붙잡아 네 장막에서 뽑아내며 살아 있는 땅에서 네 뿌리를 빼시리로다"(5절).

　그러므로 진정한 보호와 안전이 어디에 있는 지를 아는 자가 지혜로운 자이며 복 있는 사람이다. 잠언 18장 10-11절에서는 무엇이 진정한 보호와 안전을 제공하는지를 대조를 통해 보여준다. "여호와의 이름은 견고한 망대라 의인은 그리로 달려가서 안전함을 얻느니라. 부자의 재물은 그의 견고한 성이라 그가 높은 성벽 같이 여기느니라." 부자들은 자신의 재물을 견고한 성이라 생각하고 높은 성벽으로 여길 수 있지만, 견고한 망대는 야훼의 이름이며, 그곳에 진정한 안전이 있음을 분명히 알게 한다. 그래서 시편 39편의 시인은 다음과 같이 노래한다. "진실로 각 사람은 그림자 같이 다니고 헛된 일로 소란하며 재물을 쌓으나 누가 거둘는지 알지 못하나이다. 주여 이제 내가 무엇을 바라리요. 나의 소망은 주께 있나이다"(6-7절). 우리의 소망이 어디에 있어야 하는가? 이세상의 모든 것이 그림자 같고 사라지기 때문에 그것에 우리의 소망을 둘 수 없다. 하지만 야훼 하나님은 모든 것의 주인되시고 공급자가 되시기 때문에 그분께 우리의 소망을 둘 수 있는 것이다. 이 시편은 사람의 절대적 기준이 어디에 있어야 하는지, 그리고 참된 구원과 소망이 무엇인지를 분명히 알게 한다.

5. 불의한 재물은 무익하다.

재물이 절대적 기준이 되거나 그것에 절대적 가치가 있는 것이 아니라는 사실이 재물 가운데도 좋지 못한 재물이 있다는 점에서도 드러난다. 모든 재물이 유익한 것은 아니다. 불의한 재물은 유익하지 못하다. 잠언 10장 2절에서는 불의한 재물의 무익함에 관하여 말한다. "불의의 재물은 무익하여도 공의는 죽음에서 건지느니라." 여기에서 재물보다 더 중요한 가치가 있음을 알 수 있다. 그것은 재물을 가진 자의 '의로움'(צְדָקָה <체다카>)이다. 진노의 날에 사람을 구하는 것은 재물이 아니라 그의 공의인 것이다. "재물은 진노하시는 날에 무익하나 공의는 죽음에서 건지느니라"(잠 11:4). 잠언 11장 4절에서 다시 한 번 재물의 한계성과 의로움의 효용성이 대구적인 어법을 통해서 강조된다. "자기의 재물을 의지하는 자는 패망하려니와 의인은 푸른 잎사귀 같아서 번성하리라." 그러므로 재물이 무조건적인 유익을 주는 것은 아니다. 재물을 가진 자의 의로움이 동반되어야 한다. 불의한 방식이나 무리한 방식으로 얻은 재물은 도리어 허망할 뿐이다. "망령되이 얻은 재물은 줄어가고 손으로 모은 것은 늘어가느니라"(잠 13:11). 의인의 재물은 늘어가고 대대로 이어지지만, 불의한 자의 재물은 짧은 시간에 소멸되고 만다. "선인은 그 산업을 자자손손에게 끼쳐도 죄인의 재물은 의인을 위하여 쌓이느니라"(잠 13:22). 심지어 불의한 재물은 재물을 가진 자에게 해가 된다. 삶에 안정과 평화를 주기 보다는 삶을 뒤흔들어 놓고 결국 패망에 이르게 한다. "속이는 말로 재물을 모으는 것은 죽음을 구하는 것이라. 곧 불려다니는 안개니라"(잠 21:6).

그러므로 지혜자는 재물보다 더 중요한 가치를 추구해야 한다. 재물이 최고의 가치가 되지 않도록 경계해야 한다. 시편 62편의 시인은 다음과 같이 교훈한다. "포악을 의지하지 말며 탈취한 것으로 허망하여지지 말며 재물이 늘어도 거기에 마음을 두지 말지어다"(시 62:10). 재물이 전부가 아님을 깨우쳐 주고 있는 것이다. 그렇다면 사람이 재물보다 더 우선적으로 추구해야 할 가치는 무엇인가? 그것은 선함과 의로움이다. 선함과 의로움이 있는 곳에 사람의 영예가 있고 하나님의 은혜가 함께 한다. 재물을 가진 자의 선함과 의로움이 재물이 유익이 되게 하느냐 그렇지 않느냐를 결정짓는다. 하나님은 선함과 의로움이 있는 사람을 보호하시고 붙드신다. 그래서 지혜자는 말한다. "많은 재물보다 명예를 택할 것이요. 은이나 금보다 은총을 더욱 택할 것이니라"(잠 22:1). 이처럼 더 중요한 가치가 무엇인지를 깨닫고 그것을 위해 애쓰는 자가 참된 지혜자인 것이다.

6. 재물에는 사회적 책임이 따른다.

재물은 그냥 주어지는 것이 아니다. 맡겨진 자에게 책임이 요구된다. 그것은 재물을 나누어 사회 공동체 구성원들이 함께 잘 살 수 있도록 하는 것이다. 함께 살고 있는 사람들에 대한 사회적 책임을 다하라는 것이다. 시편 112편의 시인은 영원히 흔들리지 않

는 의인의 삶을 다음과 같이 말한다. "그가 재물을 흩어 빈궁한
자들에게 주었으니 그의 의가 영구히 있고 그의 뿔이 영광 중에
들리리로다"(9절). 재물을 가난한 자들에게 나누어 주는 것이 그
사람의 의로움이요, 영광이 된다는 것이다. 나눔을 통해 의가 인정
된다. 이처럼 구약성서에서 말하는 '의'(<체다카>)는 구체적인 행
동을 통해서 드러난다. 그것은 공동체 안에 있는 구성원들에게 사
회적 책임을 다하는 것이다.

그래서 다른 여러 곳에서 가난한 자에게 마땅히 행할 바에 대
해 말하는 내용을 만날 수 있다. "이익을 얻으려고 가난한 자를 학
대하는 자와 부자에게 주는 자는 가난하여질 뿐이니라"(잠 22:16).
"중한 변리로 자기 재산을 늘이는 것은 가난한 사람을 불쌍히 여
기는 자를 위해 그 재산을 저축하는 것이니라"(잠 28:8). 두 구절
모두가 힘없는 가난한 자들을 괴롭혀 부당한 이익을 취하지 말라
고 교훈한다. 현대사회에서도 흔히 목격될 수 있는 일들이다. 재물
의 힘을 이용하여 가난한 자들을 어렵게 할 때에는 부정적인 결과
를 맞게 될 것이다.

구약성서의 가르침은 현실적인 문제만을 다루지 않는다. 사회현
상과 인간관계의 차원을 넘어서서 신학적인 차원의 문제로 발전되
어 나타난다. 잠언 14장 31절에서는 이렇게 말한다. "가난한 사람
을 학대하는 자는 그를 지으신 이를 멸시하는 자요, 궁핍한 사람
을 불쌍히 여기는 자는 주를 공경하는 자니라". 가난한 자에게 한
행동이 그 사람에게만 머물러 있지 않는다. 가난한 자에 대한 행
동은 곧 하나님께 한 행동이 된다(마 25:40). 왜냐하면 그를 지으
신 분이 하나님이시기 때문이다.4) 좋은 행동을 하든 나쁜 행동을

---

4) 창조신앙은 구약성서 윤리의 근본 토대를 제공한다. 그와 같은 사례를 욥기
에서 볼 수 있다. 욥기 31장에 나오는 욥의 마지막 발언에서 욥은 자신이 종들의
요구를 외면하거나 그들의 권리를 무시한 적이 없다고 말한다(13절). 그러면서 그

하든 상관없이 모두가 하나님을 향한 행동인 것이다. 또한 하나님은 가난한 자를 사랑하시고 그들을 돌보신다. 그분은 "가난한 자를 그보다 강한 자에게서 건지시고 가난하고 궁핍한 자를 노략하는 자에게서 건지시는 이"(시 35:10)시다. 그분은 "억눌린 사람들을 위해 정의로 심판하시며 주린 자들에게 먹을 것을 주시는 이시로다. 여호와께서는 갇힌 자들에게 자유를 주시는도다. 여호와께서 맹인들의 눈을 여시며 여호와께서 비굴한 자들을 일으키시며 여호와께서 의인들을 사랑하시며, 여호와께서 나그네들을 보호하시며 고아와 과부를 붙드시고 악인들의 길은 굽게 하시는도다"(시146:7-10).

재물을 가진 자는 가난한 자 뿐만 아니라 그것으로 하나님을 섬겨야 한다. 재물사용은 인간만을 위한 것이 아니다. 하나님을 위해서도 사용해야 한다. "네 재물과 네 소산물의 처음 익은 열매로 여호와를 공경하라. 그리하면 네 창고가 가득히 차고 네 포도즙 틀에 새 포도즙이 넘치리라"(잠 3:9-10).

구약성서에서는 이렇게 공동체 안의 어려운 사람들에 대한 사회적 책임을 다하라는 요구로 끝나지 않는다. 공동체적 책임을 다할 때 하나님이 주시는 복에 대해서도 말한다. 잠언 19장 17절에서는 "가난한 자를 불쌍히 여기는 것은 여호와께 꾸어 드리는 것"이라고 말한다. 하나님께서 그의 선행을 '갚아' 주실 것이라고 약속한다. 여기에 사용된 히브리말은 <샬롬>과 같은 어원의 낱말인 <샬렘> (שׁלם)의 히필형이다. 이것은 하나님이 그의 행동에 상응하도록 그 결과를 맞게 해 주실 것이라는 말이다. 이것은 결국 하나님

가 자신의 행동에 대한 근거로 내세우는 것은 종을 만드신 분과 자유자를 만드신 분과 '한 분' 하나님이시라는 사실이다(15절). 창조주 하나님에 대한 신앙고백이 고대사회에서 신분의 차이를 뛰어넘게 하고, 천부적인 인권을 인정하는 근거가 되고 있다. 이 점에 관하여 다음을 참조하라. 하경택(외 공저), 『욥기 어떻게 설교할 것인가』 (HOW주석 시리즈 - 16) (서울: 두란노서원, 2008), 285.

께서 그의 행동을 선하고 복되게 '완성해' 주실 것이라는 확신의 표현이다. 전도서 저자도 베푸는 자에게 주시는 하나님의 복에 관하여 다음과 같이 말한다: "너는 네 떡을 물위에 던지라. 여러 날 후에 도로 찾으리라"(전 11:1).

구약성서의 윤리에서 공동체에 대한 책임을 다하는 것은 선택이 아니라 필수다. 구약성서에서는 공동체적 의무가 강조된다. 구약성서에서 사회에 대한 책임성을 강조하는 내용은 다음 세 가지 낱말로 집약된다(슥 7:9-10). 그것은 공의(מִשְׁפָּט <미쉬파트>)와 인애(חֶסֶד <헤세드>)와 긍휼(רַחֲמִים <라하밈>)이다.5) 사회나 개인은 과부, 고아, 나그네들을 어떻게 대했는가에 따라 그것의 의로움과 악함이 판단되며(욥 31:16-32; 시 94:6), 사회의 건전성을 측정하는 기준이 되기도 한다(참조. 출 22:21-22과 관련구절들).6) 따라서 구약성서의 윤리에 대한 다음과 같은 평가는 적절하다. "구약성서의 율법이 말하는 가난한 사람들의 권리규정은, 뒤집으면 부자들의 의무규정이다."7)

---

5) D. E. Gowan, "구약에 있어서의 부와 가난," 『목회와 신학』 30 (1991), 254 (= "Wealth and Poverty in the Old Testament; The Case of the Widow, the Orphan, and Sojourners," *Interpretation: a journal of Bible and theology* 41/4 [1987], 341-353).

6) 가난한 자의 권익을 도모하며 공의로운 사회를 만드는 일차적인 책임은 야훼의 대표자로서 나라를 다스리는 왕에게 있었다(시72:2-4). 예언자들은 당시의 부자들이 가난한 자들에게 속한 땅을 전유하는 것(사5:8), 가난한 사람들을 빚 대산종으로 파는 것(암2:6; 8:6), 법정에서 공정한 판결을 어그러뜨리는 것(사1:23; 렘 5:27-28)과 같은 사회의 악들에 대하여 책망의 말을 선포하였다. D. E. Gowan, "구약에 있어서의 부와 가난," 262-263.

7) 민영진, "구약성서에 나타난 부자들에 대한 경고," 『기독교사상』 34/5 (1990), 42. 사도바울이 만나이야기에 나오는 말을 인용하여 고린도 교회에 권면하는 말은 의미심장하다. "이는 다른 사람들은 평안하게 하고 너희는 곤고하게 하려는 것이 아니요 균등하게 하려 함이니, 이제 너희의 넉넉한 것으로 그들의 부족한 것을 보충함은 후에 그들의 넉넉한 것으로 너희의 부족한 것을 보충하여 균등

264 말씀 안에 계신 하나님

7. 재물과 관련된 신학적 논쟁
－ 하나님의 공의에 대한 질문

재물과 관련하여 제기되는 신학적 문제는 하나님의 공의에 관한
질문이다. 위에서 말한 대로 재물은 의로운 자들에게 주시는 하나
님의 선물이다. 그것은 하나님을 경외하며, 지혜를 사랑하고 근면
한 자에게 주시는 하나님의 보응이며 축복이다. 하지만 악인들이
그러한 재물의 복을 누리는 것을 볼 때 문제가 된다. 불의한 재물
은 그것을 가진 자에게 해가 되고 하나님이 불의한 자를 심판하신
다고 했는데, 오히려 그들의 재물이 많아지고 부유한 삶을 누리는
것을 볼 때 의문을 갖지 않을 수 없다. 그것은 하나님이 그의 행
동에 상응하는 결과를 맞게 해 주시는 하나님의 '갚음'과 '완성'이
나타나지 않는 것을 말한다. 시편 73편의 시인이 그러한 상황을
경험했다: "볼지어다. 이들은 악인들이라도 항상 평안하고 재물은
더욱 불어나도다"(12절). 그래서 시인은 그토록 애써 마음을 깨끗
하게 하고 의로운 삶을 추구했던 자신의 삶이 '헛되게' 느껴진다
(13절). 시편 73편에는 하나님의 공의가 의문시 되는 상황을 맞이
했던 시인의 경험이 그 배경에 있다.

전도서에도 이와 비슷한 주제가 깔려 있다. 하나님의 공의로운
통치가 의문시되고, '행위화복관계'(Tun-Ergehen-Zusammenhang,
Deed-Consequence-Connection)가 분명히 드러나지 않는 현실에
대한 회의가 나타난다. "내가 해 아래에서 한 가지 불행한 일이
있는 것을 보았나니 이는 사람의 마음을 무겁게 하는 것이라. 어
떤 사람은 그의 영혼이 바라는 모든 소원에 부족함이 없어 재물과
부요와 존귀를 하나님께 받았으나 하나님께서 그가 그것을 누리도

─────────────

하게 하려 함이라. 기록된 것 같이 많이 거둔 자도 남지 아니하였고 적게 거둔 자
도 모자라지 아니하였느니라"(고후 8:13-15).

록 허락하지 아니하셨으므로 다른 사람이 누리나니 이것도 헛되어 악한 병이로다"(전 6:1-2). 전도서 저자가 경험한 바는 어떤 사람이 자신이 애써 일한 수고의 결실을 누리지 못하고 다른 사람이 그 결과를 누린다는 것이다. 이것은 자신이 행한 행위의 결과를 결국 보지 못하고 죽은 사례를 보여 준다. 그러한 사례는 전도서 저자에게 이해할 수 없는 '허망한 것'(הֶבֶל <헤벨>)이며, 악한 병처럼 고통스럽기까지 한 것이었다. 더 나아가 전도서 저자는 지혜자의 말씀을 통해 약속하고 있는 바가 이루어지지 않은 현실을 다양한 차원에서 경험한다: "내가 다시 해 아래에서 보니 빠른 경주자들이라고 선착하는 것이 아니며 용사들이라고 전쟁에 승리하는 것이 아니며 지혜자들이라고 음식물을 얻는 것도 아니며 명철자들이라고 재물을 얻는 것도 아니며 지식인들이라고 은총을 입는 것이 아니니 이는 시기와 기회는 그들 모두에게 임함이니라"(전 9:11).

이토록 믿음의 사람들에게 회의와 의문을 갖게 하는 사례 가운데 대표적인 것이 욥의 경우이다. 욥기는 행위화복관계에 대한 의문과 절망과 탄식이 가장 함께 어우러져 있는 지혜자의 책이다.[8] 욥과 친구들의 논쟁이 기록되어 있는 시문부(욥기 3-31장)에는 욥의 발언 가운데 하나님의 행동에 대한 질문과 탄식과 고발이 가장 큰 비중을 차지한다. 욥은 자신의 고난 가운데서 맹독성이 있는 '전능자의 화살'을 경험한다(욥 6:4). 그는 '까닭없이' 자신을 치시는 하나님의 행동에 대하여 탄식한다(욥 9:17). 자신을 '악인에게 넘기시고 행악자의 손에 던지시는' 하나님에 대해서도 질문한다 (16:11). 이뿐 아니라 오히려 악인이 장수하고 평안한 삶을 사는 현실에 대해서도 고발한다. "어찌하여 악인이 생존하고 장수하며

---

8) 욥기에서 다루어지고 있는 '욥-문제'에 관하여 필자의 졸저를 참조하라. 하 경택, 『질문과 응답으로서의 욥기 연구』, 33-36.

세력이 강하냐? 그들의 후손이 앞에서 그들과 함께 굳게 서고 자손이 그들의 목전에서 그러하구나. 그들의 집이 평안하여 두려움이 없고 하나님의 매가 그들 위에 임하지 아니하며, 그들의 수소는 새끼를 배고 그들의 암소는 낙태하는 일이 없이 새끼를 낳는구나. 그들은 아이들을 양 떼 같이 내보내고 그들의 자녀들은 춤추는구나. 그들은 소고와 수금으로 노래하고 피리 불어 즐기며 그들의 날을 행복하게 지내다가 잠깐 사이에 스올에 내려가느니라" (21:7-13).

이러한 현실을 경험하는 욥에게 하나님은 '측량할 수 없는 큰 일'과 '셀 수 없는 기이한 일'을 행하시는 분이다(9:10). 이렇게 이해할 수 없는 고난과 현실 속에서 욥은 하나님께 질문하고 탄식한다. 이러한 욥의 질문에 하나님은 응답하신다. 야훼 하나님은 모든 인간적인 지식을 뛰어 넘는 창조세계의 신비들을 보여줌으로써(38:4-38), 또한 사람에게 '혐오스럽게'(widrig) 보이나 하나님의 배려와 질서에 상응하는 다채롭고 불가사의한 동물의 세계를 묘사함으로(38:39-39:30), 더 나아가 '사람에게 적대적'(menschenfeindlich)이지만 하나님에 의해 다스려지는 '신화-실제적인'(mythisch-real) 두 동물(베헤못과 리워야단)의 묘사를 통해(40:15-41:34), 자신이 붙들고 있는 창조세계는 오묘한 질서 속에 운행되고 있으며, 자신은 창조주로서의 주권을 가지고 누구도 감당할 수 없는 악한 세력을 제압하시며 이 세계를 다스리고 있음을 보여준다.9) 여기에는 욥과 그의 친구들의 발언에 대한 이중적인 평가가 들어있다. 한편으로 하나님은 "친구들과는 달리 행위화복관계에서 드러나는 이 세계의 비합리성을 고수한 욥에게 그 정당함을 인정하면서", 다른 한편으로는 자신의 형편과 처지에 이 세계의 상태와 의미를

---

9) 하경택,『질문과 응답으로서의 욥기 연구』, 42.

귀속시켜버린 욥의 "자기(인간)-중심적인 세계관"(ego[anthropo]-zentrische Weltsicht)에 대해 비판적이라는 것이다.10) 결국 때로는 이해할 수 없고 모든 것이 뒤바뀐 것과 같은 현실을 경험하게 되지만, '신비로운' 하나님의 운행과 통치에 대한 신뢰와 믿음을 통해서 하나님의 공의와 응답을 경험하게 됨을 일깨워준다. '행위화복관계'에 대한 교훈은 언제 어디서나 검증과 확인이 가능한 기계적인 법칙이 아니다. 그것은 의로운 자들에게 복 주시고 악인을 심판하시는 하나님의 공의와 통치에 대한 희망이요 약속임을 기억해야 한다.

8. 재물은 복인가, 독인가?

구약성서에 나타난 재물사상은 다층적이다. 재물 자체는 중립적이다. 그것이 절대적인 선이나 악을 의미하지 않는다. 재물이 있으면 유익하지만 그것이 행복의 절대적 기준이 되는 것은 아니다. 그것은 전체적으로 볼 때 "그늘진 측면을 가진 하나님의 선물"11)이라고 말할 수 있다. 재물이 없기 때문에 불행한 사람도 많지만, 재물 때문에 불행한 사람도 많기 때문이다. 재물은 하나님을 사랑하는 자에게 주시는 하나님의 선물이다. 그것은 여러 면에서 유용하다. 삶에 힘이 되고 보호가 될 수 있다. 그러기 때문에 재물을 얻기 위해 힘쓸 필요가 있다. 하지만 재물에는 한계성이 있음도 알아야 한다. 그것은 영원한 가치를 보장하지는 않는다. 재물을 잘못 사용하면 독이 될 수도 있다. 재물을 얻는 것도 중요하지만, 그것을 어떻게 사용하고 관리하느냐가 더 중요하다. 재물을 가진 자는 하나님이 원하시는 사회적 책임을 다해야 한다. 그럴 때 재

---

10) 하경택, 『질문과 응답으로서의 욥기 연구』, 42.
11) R. Liwak, "Reichtum," *RGG*⁴ 7 (Tübingen: Mohr Siebeck, 2004), 231.

물을 통해 주시고자 하는 하나님의 복이 온전히 실현될 수 있다. 그러므로 재물에 관한 교훈의 출발점이자 종착점은 '재물의 주인이 하나님이심'을 아는 것에 있다. 다음과 같은 잠언의 말씀은 물질만능주의의 유혹이 점점 강해지는 시대에 꼭 필요한 기도이리라. "나를 가난하게도 마옵시고 부하게도 마옵시고 오직 필요한 양식으로 나를 먹이시옵소서. 혹 내가 배불러서 하나님을 모른다 여호와가 누구냐 할까 하오며 혹 내가 가난하여 도둑질하고 내 하나님의 이름을 욕되게 할까 두려워함이니이다"(잠 30:8-9).

시가서에 나타난 '소망'

1. 들어가는 말

전도자는 "모든 산 자들 중에 들어 있는 자에게는 누구나 소망이 있음은 산 개가 죽은 사자보다 낫기 때문이니라"(전 9:4)라고 말한다.1) 구약성서에서 부정한 짐승으로 여겨지는 개(삼상 17:43; 또한 신 23:19 참조)가 동물 가운데 영웅적 위치를 차지하고 있는 사자(잠 30:30; 창 49:8; 삼하 17:10; 호 5:14)보다도 더 낮게 여겨질 수 있는 것은 그것이 살아있을 때이다. 아무리 부정하고 못된 짐승이라고 해도 죽은 사자보다 나은 것은 그것이 살아있을 때는 회개의 가능성을 가지고 있기 때문이다. 이와 마찬가지로 아직 살아있는 자들에게는 '소망'을 말할 수 있다. 그들은 아직 살아있어서 개선의 여지가 있고 하나님께로 다시 돌아올 수 있으며, 새로운 삶을 살 수 있는 기회가 있기 때문이다. 한 해를 시작하면서 '소망'의 주제를 말하는 것은 여러 가지로 의미가 있다. 전도자의 교훈을 생각한다면 아직 살아있다는 것 자체가 감사요, 새롭게 주어진 시간 속에서 하나님의 뜻을 따라 살 수 있는 기회가 주어진다는 의미에서 소망이 있다. 본 글에서는 구약성서의 시가서(욥기, 시편,

---

1) 여기에서 '소망'이라고 번역된 <비타혼>(בִּטָּחוֹן) '확신'이라고 번역할 수도 있다(왕하 18:9 = 사 36:4).

잠언, 전도서)에서 '소망'의 주제가 어떻게 나타나며, '소망'에 관하여 어떠한 설교를 할 수 있을지를 살펴보고자 한다.

2. 구약성서에서의 '소망'[2)]

우선 구약성서 안에서 소망이 어떻게 표현되고 있는 지를 알아보자. '소망'이라고 번역되는 히브리어의 대표적 낱말은 <티크바>(תִּקְוָה)이다. 이 낱말은 '바라다'는 <카바>(קוה) 동사와 '(측량)줄'을 의미하는 <카브>(קַו)와 관련을 가진다. 이 낱말들의 기본의미는 '팽팽하게 긴장된 상태'를 보여주는데, 이러한 기본의미가 팽팽하고 곧게 늘여져 있는 '측량줄'의 의미로 발전했고, 긴장된 기대로서의 '소망'이라는 말로 발전된 것으로 보인다. 이 낱말의 분포도를 보면 동사와 명사의 분포도가 다른 것을 볼 수 있다. 명사는 지혜문헌에 압도적으로 많이 나타나고(32회 용례 중 20회가 욥기[12회]와 잠언[8회]에서 발견된다), 동사는 예언서(29회)와 시편(20회), 그리고 지혜문헌(27회) 순으로 나타난다.[3)]

소망과 관련된 낱말로서 두 번째 생각할 수 있는 것은 <야할>(יחל)이다. 이 낱말도 무엇을 끈기 있게 참고 고대하는 기다림으

---

2) 일반적으로는 '희망'(希望)이라는 말을 더 많이 쓰지만 교회 안에서는 '소망'(所望)이라는 말을 선호한다. 이러한 현상은 성경번역의 영향이 크다고 생각된다. 영어의 hope에 해당하는 본문을 우리말 개역개정에서는 대부분 '소망'으로 번역했다. 개정개역에서 '소망'이라는 낱말이 85회 등장하는 반면 '희망'이란 낱말은 22회 등장한다. 한 가지 흥미로운 점은 개정개역에서 '희망'으로 번역된 대부분의 본문이 욥기라는 점이다(22회 중 15회). 이에 반해 욥기에서 '소망'이라고 번역된 곳은 단 두 곳뿐이다. 이것은 욥기 번역자의 희망이라는 낱말에 대한 선호 경향이 반영된 결과라고 여겨진다. 본 글에서는 이러한 상황을 반영하여 특별한 경우가 아니라면 '희망' 대신 기독교적 용어가 된 '소망'이라는 말을 사용하도록 할 것이다.

3) E.-J. Waschke, "תִּקְוָה", *ThWAT* VIII, 747.

로서의 희망을 의미한다. 노아가 홍수의 물이 줄어들기를 기다린
것(창 8:10, 12)을 표현하거나, 하나님이 설령 자기를 죽이려 하실
지라도 그분을 기다리며(욥 13:15) 어떤 고통 속에서도 구원의 날
이 있을 것을 확신하며 기다린다(욥 14:14)는 욥의 말에서 이 동
사의 용례를 볼 수 있다. 특별히 시편 119편에서 하나님의 말씀과
약속을 기다린다는 의미로 집중 사용되었다(시 119:43, 74, 81, 114,
147). <아할>의 명사형 <토헬렛>(תּוֹחֶלֶת)도 <티크바>와 동의어로
서 소망을 의미한다(시 39:8; 욥 41:1; 잠 10:28; 11:7).

　이외에 '기다림'의 의미를 가진 낱말이 <하카>(חכה)다. 이 낱
말은 예언서에서 많이 발견되는데 자기의 얼굴을 숨기실 때에도
여전히 야훼를 기다린다(사 8:17)거나 야훼께서 자신의 백성들이
돌아오기를 기다리는 상황(사 30:18)을 표현할 때 사용되었다. 또
한 예언자가 전한 야훼의 말씀에서 묵시에 정한 때가 있음을 알고
기다리라(합 2:3)고 하거나 야훼의 심판의 날을 기다리라(습 3:8)는
명령에 이 동사가 나타난다.

　끝으로 <사바르>(שׂבר)는 피엘형으로 쓰일 때 '기대하다, 기다
리다'의 뜻을 가진다. 특별히 이 낱말은 시편에서 야훼의 공급을 기
다린다(시 104:27; 145:15)거나 야훼의 구원을 바라는 모습(시 119:
166)을 표현하고 있다. 또한 이것의 명사형 <세베르>(שֵׂבֶר)도 '소
망'의 의미를 표현한다(시 119:116; 146:5).

　이것을 종합하면 소망은 자신이 바라는 바에 대한 긴장된 기대,
하나님의 구원과 도우심을 확신하고 참고 지속적으로 기다리는 대
망을 의미한다. 이러한 소망의 주제는 특별히 율법서와 전기 예언
서에서는 드물게 등장하는 것과는 달리,4) 시편과 지혜문헌, 예언
서 등에서 많이 등장하고 있다.

---

4) 예컨대, <카바>라는 동사는 창세기 49장 18절에 단 한 번 사용될 뿐 율법서
와 전기예언서에는 나타나지 않는다.

3. 시가서에 나타난 소망의 주제들

위에서 고찰한 낱말들을 중심으로 시가서에 나타난 소망의 주제들은 무엇이 있는가? 그 내용을 아래 세 가지 주제로 요약할 수 있다. 아래의 내용들은 소망에 관한 설교의 주제들이 될 수 있을 것이다.

3.1. 야훼 하나님이 소망이다.

야훼 자신이 소망이라는 사실은 우선적으로 시편의 탄원시 가운데 분명하게 나타난다. 시편 71편에서 시인은 야훼가 자신의 '소망' 임을 분명히 고백한다. 그는 악인의 손에 붙들린 위험에 처해 있다. 대적들은 시인을 공격한다. 구체적인 내용은 명시되지 않았지만 혼자 당할 수 없어 피해야 하는 상황이다(1-3절). 이때 시인은 야훼 하나님을 찾는다. 그만이 자신의 소망(티크바)이요 어릴 때부터 신뢰한 이라고 고백한다(5절). 시인은 아직 대적들이 자신을 박해하는 상황이지만 하나님의 구원을 확신하고 자신의 입에 찬송과 영광 돌림이 종일토록 가득할 것이라고 말한다(8절). 시인은 후반부에서도 비슷한 고백을 한다. "나는 항상 소망을 품고(야할) 주를 더욱더욱 찬송하리이다"(14절)라고 말한다. 그는 측량할 수 없는 하나님의 공의와 구원을 자신의 입으로 종일 전할 것을 다짐한다.

시편 62편에서는 하나님을 신뢰함으로 기대하는 시인의 모습이 강조된다. 시인은 조용히 기다림으로 하나님 앞에 있다. 왜냐하면 그에게서 자신의 구원(예슈아)이 나오고(1절), 그에게서 자신의 소망(티크바)이 나오기 때문이다(5절). 이때 하나님은 시인에게 반석이요 구원이며 요새이시다(6절). 그에게 구원과 영광이 있다(7절). 그러기 때문에 하나님을 바라는 사람은 흔들리지 않는다. 이에 반해 사람 자체만 보면 인생은 입김에 불과하며 속이는 것과 같다.

저울에 달아 본다고 하면 그는 입김보다 가벼울 것이다(9절). 이러한 연약하고 무상한 존재인 인간에 대비되는 하나님은 힘의 반석과 피난처가 되신다(7절).

시편 39편은 인간의 무상성과 연약성을 잘 드러내 주고 있다. 시인은 인간의 실존을 이렇게 고백한다. "여호와여 나의 종말과 연한이 언제까지인지 알게 하사 내가 나의 연약함을 알게 하소서. 주께서 나의 날을 한 뼘 길이만큼 되게 하시매 나의 일생이 주 앞에는 없는 것 같사오니 사람은 그가 든든히 서 있는 때에도 진실로 모두가 허사뿐이니이다(셀라). 진실로 각 사람은 그림자 같이 다니고 헛된 일로 소란하며 재물을 쌓으나 누가 거둘는지 알지 못하나이다"(4-6절). 영원하신 하나님 앞에서 인간의 삶은 한 뼘 길이에 지나지 않으며 하나님의 영원성에 비하면 그것은 없는 것이나 마찬가지다. 그러기 때문에 인생은 하나님을 기대할 수밖에 없다. 그래서 시인은 이렇게 고백한다. "주여 이제 내가 무엇을 바라리요(카바). 나의 소망(토헬렛)은 주께 있나이다"(7절).

그렇기 때문에 낙심하고 불안해하고 있는 사람을 향해 권고나 격려할 때도 하나님께 소망을 둘 것을 말하게 된다. 시편 42편의 시인은 자신을 향해 이렇게 권고한다. "내 영혼아 네가 어찌하여 낙심하며 어찌하여 내 속에서 불안해하는가? 너는 하나님께 소망을 두라(야할). 그가 나타나 도우심으로 말미암아 내가 여전히 찬송하리로다"(5절). 시인은 곤경의 상황 가운데서 사람들에게 종일 비웃음과 조롱의 대상이 되고 있다(3절). 아마도 병 때문일 것인데 시인은 이제 하나님의 집에 갈 상황도 되지 못하는 형편에 처해 있다(2절, 4절). 이러한 상황 속에서 시인이 할 수 있는 일은 하나님을 소망하는 일이다. 대적들로부터 조롱과 비방을 당하고 억압과 압제 속에 있는 시인은 시편 42편과 43편에서 총 세 차례에 걸쳐 동일한 말로 자신을 위로하고 격려하고 있다(42:11; 43:5).

야훼가 이스라엘 백성의 소망이라는 것은 탄원시뿐 아니라 찬양시에서도 동일하게 고백된다. 곤경의 상황 속에서는 하나님의 구원과 도움을 기대하며 소망이신 야훼 하나님을 찾았다면, 이제는 하나님의 공평과 정의를 경험한 사람이 하나님에 대한 소망을 노래한다. "우리 영혼이 여호와를 바람이여 그는 우리의 도움과 방패시로다. 우리 마음이 그를 즐거워함이여 우리가 그의 성호를 의지하였기 때문이로다"(33:20-21).

이처럼 시편에서는 다른 것이 아닌 야훼 하나님이 언약의 백성의 소망임을 분명하게 증언하고 있다. 그분은 창조주이실 뿐만 아니라 어떤 곤경가운데서도 언약의 백성을 구원하시고 보호하실 방패와 피난처가 되시기 때문이다.

3.2. 야훼 하나님의 말씀이 소망이다.

위에서 본 바와 같이 구약성서는 야훼 하나님만이 인생의 '소망'이라는 사실을 보여준다. 이스라엘은 이러한 야훼 하나님에게만 소망을 두었거나 두어야 했다. 이렇게 야훼 하나님만이 인생의 소망이 될 수 있는 것은 야훼 하나님의 약속이 성취되었기 때문이다. 이스라엘은 자기 역사의 출발과 계속을 야훼 하나님의 약속이 그대로 이루어지는 과정으로 보았다. 야훼는 먼저 조상들에게 약속을 주셨고 그 다음에는 예언자들을 통하여 이스라엘에게 심판을 선포하고 구원을 약속하였다. 그러한 약속과 선포는 헛된 것이 되지 않고 그대로 이루어졌다. 그래서 신명기 역사서의 저자들은 여러 세대의 체험을 근거로 해서 '야훼의 말씀이 역사 속에서 작용하는 것'으로 묘사하였다.[5]

---

5) H. W. Wolff, 『구약성서의 인간학』, 문희석 옮김 (왜관: 분도출판사, 1976), 263-264.

그러기 때문에 야훼의 말씀과 약속은 소망의 대상이 된다. 시편 119편은 야훼 하나님의 말씀과 약속에 대한 대망을 집중적으로 묘사하고 있다. 시인은 야훼의 말씀이 그분의 인자하심과 구원에 대한 약속이며 야훼 하나님이 그러한 약속을 신실하게 지키시는 분임을 알기에 이렇게 고백한다. "여호와여 주의 말씀대로 주의 인자하심과 주의 구원을 내게 임하게 하소서. 그리하시면 내가 나를 비방하는 자들에게 대답할 말이 있사오리니 내가 주의 말씀을 의지함이니이다. 진리의 말씀이 내 입에서 조금도 떠나지 말게 하소서 내가 주의 규례를 바랐음이니이다(야할)"(41-43절).

또한 74절에서는 "주를 경외하는 자들이 나를 보고 기뻐하는 것은 내가 주의 말씀을 바라는(야할) 까닭이니이다"라고 말한다. '주(you)를 경외하는 자들'이 시인이 '주(you)의 말씀을 바란다'고 기뻐하는 이유는 무엇일까? 그것은 하나님의 말씀을 바라며 기대하며 소망하는 삶이 복된 삶이기 때문이다. 하나님의 말씀은 '발의 등이요, 길의 빛'이기 때문이다(105절). 말씀대로 살 때 하나님의 구원을 경험할 수 있고 참된 행복을 경험한다는 사실을 알기 때문이다. 그러므로 하나님을 경외하는 사람은 하나님의 말씀을 사모하며 그 말씀을 따라가는 사람이다.

81절에서도 시인은 하나님의 말씀을 '바란다'(야할)고 말한다. 하지만 이때의 상황은 매우 힘든 상황이다. 교만한 자들이 자신을 해하려고 웅덩이를 파고 이유없이 자신을 박해하고 있다(85-86절). 이렇게 어려운 상황을 견뎌내기는 쉽지 않다. 시인은 하나님의 구원을 기다린 기다림이 오래되었음을 '눈의 피곤함'으로 말하고 있다(81-82절). 눈이 피곤할 만큼 오랜 동안 간절히 사모하고 있다. 하지만 그러한 상황에도 하나님의 말씀을 바라는 것을 포기하지 않는다. 왜냐하면 하나님의 말씀은 신실하여 말씀하신 바를 이루시기 때문이다(86절). 이때 시인이 바라는 하나님의 말씀은 시인에게 하신 약속의 말씀으로서 시인을 곤경에서 구해주고 새로운 삶을 살게 하는 로드맵이다.

113-116절에서는 시인이 '주(you)의 법을 사랑하는 자'로서 '두 마음을 품은 자'들과 대비되어 나타난다. 시인을 유혹하고 말씀대로 살지 못하게 하는 행악자들은 두 마음을 품은 자들이다. 이에 반해 시인은 하나님의 법을 사랑하는 자이다. 하나님의 법을 사랑하는 자의 모습이 114절에서 자세히 묘사된다. 그는 하나님을 자신의 은신처와 방패로 여기며 하나님의 말씀을 바라는(야할) 자이다. 자신의 마음을 오직 하나님의 말씀으로만 향하게 했던 시인은 두 마음을 품게 하는 행악자들을 향하여 자신에게서 떠나라고 외치며 자신은 하나님의 계명들을 지키겠다고 다짐한다(115절). 그러고 나서 시인은 다시 한 번 하나님께 기도한다. "주의 말씀대로 나를 붙들어 살게 하시고 내 소망(세베르)이 부끄럽지 않게 하소서"(116절). 하나님의 말씀에 소망을 두고 그 말씀대로 살고자 하는 자신이 수치를 당치 않도록 기원하고 있는 것이다. 하나님의 말씀을 소망하는 삶도 하나님의 도우심이 없이는 이루어질 수 없음을 깨닫게 한다.

145-149절에 있는 말씀에 대한 소망도 시인의 기도 가운데 나타난다. 시인은 대적들의 위협과 핍박의 상황 가운데 노출되어 있다. 하나님의 구원이 아니면 대적들이 자신을 삼키게 될 것이다. 이런 상황에서 시인은 부르짖는다. 자신에게 응답하시고 자신을 구원해 달라고(145-146절). 이때 시인은 자신이 얼마나 하나님의 말씀을 소망했는지를 말한다. "내가 날이 밝기 전에 부르짖으며 주의 말씀을 바랐사오며(야할) 주의 말씀을 조용히 읊조리려고 내가 새벽녘에 눈을 떴나이다"(147-148절). 시인은 이렇게 어려운

곤경의 상황에서 하나님의 말씀을 사모하여 날이 밝기 전에 일어
난다. 하나님의 말씀에 소망이 있음을 알고 그 말씀을 묵상하기
위해 새벽에 일어난 것이다. 하나님의 말씀은 특별히 곤고한 때에
빛을 발한다. 어둠에서 빛이 제 기능을 하듯이 앞이 캄캄한 상황
에서 하나님의 말씀은 사모하는 자들에게 길과 빛이 된다.

　이러한 하나님 말씀의 의미가 있기 때문에 시편 130편에서는
야훼를 기다리는 것과 그의 말씀을 바라는 것이 동일시되어 있다.
"나 곧 내 영혼은 여호와를 기다리며 나는 주의 말씀을 바라는도
다"(5절). '깊은 곳'에서 부르짖는 시인은 야훼 하나님과 그분의
말씀이 임하는 것만이 자신의 살 길이며 거기에 자신의 구원과 속
량이 있음을 알고 있는 것이다.

3.3. 지혜가 소망이다.

　시편의 기도자들은 자신의 곤경과 어려움에 직면하여 자신들의
소망을 말하고 있으며 그래서 그들은 오직 하나님께로 향하는 모
습을 보여준다면, 지혜문헌에서는 잘못된 기대에 자신을 내어주지
않기 위해서 인간이 어느 정도나 자신의 미래를 대비할 수 있는
지를 숙고하고 논쟁한다.6) 잠언에서는 악인과 의인 사이에 있는
희망과 상실의 대조를 통해 지혜의 삶을 교훈한다. 지혜자는 "여
호와를 경외하면 장수하느니라. 그러나 악인의 수명은 짧아지느니
라"(잠 10:27)라고 교훈한다. 이러한 통찰은 다음과 같은 주장을 말
할 수 있게 한다. "의인의 소망(토헬렛)은 즐거움을 이루어도 악인
의 소망(티크바)은 끊어지느니라"(잠 10:28). 의인과 악인의 삶은
생명과 멸망의 삶으로 극명하게 나누어진다(잠 10:25). 그러기 때문
에 악인이 어떠한 소망을 품을지라도 그 소망은 이루어지지 못하

---

6) E.-J. Waschke, "תִּקְוָה", *ThWAT* VIII, 751.

고 헛된 것이 된다. 하지만 의인의 소망은 이루어지고 열매를 맺게 된다. 그러므로 소망이 중요한 것이 아니라 소망을 품는 자의 삶이 어떠냐가 중요하게 된다.

야훼를 경외하는 의인에게는 미래가 있다. 왜냐하면 하나님이 의인의 길을 인정하고 지켜주기 때문이다(시 1:1; 잠 11:8, 19; 12:28; 19:23). 그래서 지혜자는 야훼를 기다리라고 교훈한다. "너는 악을 갚겠다 말하지 말고 여호와를 기다리라(카바). 그가 너를 구원하시리라"(잠 20:22). 또한 다음과 같이 교훈한다. "네 마음으로 죄인의 형통을 부러워하지 말고 항상 여호와를 경외하라. 정녕히 네 장래가 있겠고 네 소망(티크바)이 끊어지지 아니하리라"(잠 23:17-18). 야훼를 경외하는 자는 자신이 앞서서 앙갚음하거나 죄인의 형통을 부러워하지 않는다. 이 모든 일을 감찰하고 계시는 하나님이 자신의 의를 이루실 것을 알기 때문이다.[7]

그래서 지혜자는 그 어떤 것보다 지혜를 얻으라고 교훈한다. "내 아들아 꿀을 먹으라. 이것이 좋으니라. 송이꿀을 먹으라. 이것이 네 입에 다니라. 지혜가 네 영혼에게 이와 같은 줄을 알라. 이것을 얻으면 정녕히 네 장래가 있겠고 네 소망(티크바)이 끊어지지 아니하리라"(잠 24:13-14). 지혜문헌에서 말하는 지혜는 한마디로 하면 '야훼 경외'이다. 야훼를 경외하는 것이 지혜의 근본이요 출발점이다(잠 1:7; 9:10; 욥28:28; 시111:10). 그러나 반대로 야훼 경외는 지혜의 목표이기도 하다. 지혜를 추구하는 삶은 결국 야훼 경외를 깨닫게 되는 데 이르기 때문이다(잠 2:5). 그것은 또한 악을 떠나는 것이며 공의와 정의, 정직의 길을 깨닫는 것이기도 하다

---

7) 이러한 상황 때문에 야훼를 경외하는 것과 그를 기다리는 것은 서로 평행되는 개념이 될 수 있다. 그래서 시편 147편에서는 다음과 같이 고백한다. "여호와는 자기를 경외하는 자들과 그의 인자하심을 바라는 자들을 기뻐하시는도다"(11절).

(잠 2:9; 8:13; 욥1:1; 28:28). 그래서 엘리바스는 욥을 향하여 그러한 지혜의 삶을 살았던 과거의 삶을 다음과 같이 말했다. "네 경외함이 네 자랑이 아니냐? 네 소망(티크바)이 네 온전한 길이 아니냐?" 과거에 그렇게 야훼 경외를 자랑으로 삼고 온전한 길을 소망으로 삼아 지내오던 그가 돌변하여 지혜롭지 못한 행동을 하고 있다고 지적한 것이다.

지혜자들은 지혜의 길을 깊이 탐구했다. 그런 후 그들이 내린 결론은 야훼 경외가 있는 지혜의 삶이 참된 소망이라는 것이다. 그것은 그러한 지혜를 가진 자들에게 지혜는 생명나무가 되기 때문이다(잠 3:18).

4. 두 가지 희망 이야기: 넬슨 만델라와 위르겐 몰트만

현대에도 살아있는 소망의 주인공들을 만날 수 있다. 두 사람을 소개하고자 한다. 한 사람은 26년이라는 긴 옥중생활에서도 자유와 정의의 삶에 대한 소망을 잃지 않고 끝까지 견디어 냄으로 남아프리카 공화국의 최초 흑인 대통령까지 된 사람이고, 다른 한 사람은 희망을 찾을 수 없는 비극적인 전쟁의 상황에서 하나님 말씀으로 위로와 치유를 받아 희망의 삶을 전하는 희망의 전도자가 된 독일 신학자이다.

넬슨 만델라는 그의 자서전 『자유를 향한 머나먼 길』(A Long Walk to Freedom)에서 처음으로 손녀를 보았을 때의 상황을 회상한다. 그는 수감생활을 시작한 지 14년이 지나서야 딸과 면회할 수 있었다. 어렸을 때 헤어진 이후 이젠 완전히 성숙한 여인이 되어버린 딸과 나눈 포옹은 믿기 어려운 일이었다. 뒤이어 딸은 태어난 지 얼마 안 된 아기, 즉 만델라의 손녀를 투박하고 거친 그의 손에 안겨 주었다. 만델라가 속한 부족에는 새로 태어나는 아이의 이름을 할아버지가 지어주는 관습이 있다고 한다. 그는 그 작고 무력한 아이를 안고 여러 가지 이름을 생각해 본 후 '희망'을 뜻하는 '자지웨'(Zaziwe)로 이름을 정했다. "그건 내게 특별한 의미가 있는 이름이었다. 왜냐하면 수감생활을 하는 동안, 나는 단 한 번도 희망을 버린 적이 없기 때문이다. 지금까지도 마찬가지다. 나는 그 아이가 인종차별 정책을 옛날 옛적의 아득한 기억 속으로 던져버린 상태의 남아프리카 공화국의 일원이 될 것이라 확신했다. 그것이 나의 꿈이었다." 하지만 결국 만델라는 자유를 얻기까지 그 후로도 13년의 세월을 더 기다려야 했다. 그러나 희망, 즉 자지웨가 언제나 그를 지탱해 주었다. 자유의 몸이 될 것 같은 징후가 거의 없는 상황 속에서도 그는 남아프리카 공화국의 인종 차별 정책이 언젠가는 없어질 거라는 믿음을 잃지 않았다. 자신의 생전이든 손녀 세대에든 언젠가는 전혀 새로운 정의가 실현되는 시대가 도래할 것이라는 믿음을 잃지 않았던 것이다.[8]

금세기 최고의 신학자인 위르겐 몰트만은 『하나님 체험』에서 자신이 어떤 여정을 거쳐 희망을 향해 나아갈 수 있었는지를 설명한다. 십대 때 제2차 세계대전에 징집된 그는 독일 전선에 투입되었다가 영국군의 포로가 되었다. 몰트만은 크리스마스 같은 절기를 기념한 것 외에 기독교적인 배경이 전혀 없었다. 그는 전쟁터에 나갈 때 두 권의 책, 괴테의 시집과 니체의 책만을 가지고 있었다. 하지만 그는 한 권의 책을 더 갖게 되는데 어떤 군목이 그에게 시편과 함께 묶인 신약 성경을 준 것이다. 그는 성경을 읽어나가면서 자신의 황폐한 마음을 완전히 사로잡는 구절들을 발견했다. "내가 하늘에 올라갈지라도 거기 계시며 스올에 내 자리를 펼

---

8) P. Yancey, 『아, 내 안에 하나님이 없다』, 차성구 옮김 (서울: IVP, 2011), 105-106.

지라도 거기 계시니이다"(시 139:8). "내가 잠잠하여 선한 말도 하지 아니하니 나의 근심이 더 심하도다... 여호와여 나의 기도를 들으시며 나의 부르짖음에 귀를 기울이소서. 내가 눈물 흘릴 때에 잠잠하지 마옵소서. 나는 주와 함께 있는 나그네이며 나의 모든 조상들처럼 떠도나이다"(시 39:2-12). 이런 말씀들을 통해 그는 하나님이 '아무리 철조망 뒤라 해도, 아니 다른 어떤 곳도 아닌 바로 철조망 뒤에 존재하신다'는 사실을 확신하게 되었다. 계속해서 성경을 읽어나가면서 몰트만은 시편 속에서 한 가지 새로운 것을 발견했다. 그것은 바로 희망이었다. 그는 밤마다 철조망 경계를 따라 걷는 운동을 하면서 예배당으로 사용하던 막사가 위치한 수용소 한복판의 작은 언덕 주위를 맴돌곤 한다. 그 막사는 몰트만에게 있어 하나님이 고통의 한가운데서 빛을 밝히시며 임재하신다는 상징이었고 그 상징에서부터 희망이 자라났다. 석방된 후 몰트만은 양자물리학을 공부하려 했던 애초의 계획을 포기하고 신학으로 방향을 틀어 '희망의 신학'이라는 운동을 전개해 나갔다.9)

5. 나가는 말

구약학자 볼프(H. W. Wolff)는 소망의 하나님이 주신 약속은 두 가지의 실망과 대결하는 전투라고 말한다.10) 하나는 피안에 소망을 걸고 살게 하다가 현재는 변화시킬 수 없는 절망적인 세상이라고 말함으로써 환멸에 빠지게 하는 것이고, 다른 하나는 완전한 구원의 하나님 나라를 자기 자신의 능력으로 실현할 수 있다고 사칭하다가 현재를 비인간적인 잔인한 세상으로 파멸시킴으로써 환멸에 빠지게 하는 것이다. 이와는 달리 참된 소망의 사람은 하나

9) P. Yancey, 『아, 내 안에 하나님이 없다』, 103-104.
10) H. W. Wolff, 『구약성서의 인간학』, 268-269.

님의 약속의 말씀을 믿으면서 미래를 향하여 걸어 나가는 사람이
다. 그는 완전히 새로운 것을 빈약하고도 비참한 혁신으로 축소시
키지도 않으며, 전능한 자만이 할 수 있는 일을 인간에게 부담시
켜 감당 못할 일을 떠맡게 하지도 않는다. 성서적 소망을 갖는 사
람은 인간 자신의 모든 가능성을 철저하게 초월하는 새로운 창조
를 약속하고 있는 하나님을 신뢰하는 사람이다. 미래의 희망은 인
간이나 환경에서가 아니라 미래를 이끌어 오시는 하나님의 약속에
서 발견되는 것이다. 그러한 의미에서 새로운 다짐으로 새해를 시
작하려는 사람은 다시 한 번 하나님의 약속의 말씀에 자신의 소망
의 근거를 마련하여야 할 것이다. "여호와의 말씀이니라. 너희를
향한 나의 생각을 내가 아나니 평안이요 재앙이 아니니라. 너희에
게 미래와 희망을 주는 것이니라"(렘 29:11).

지혜서에 나타난
'그리스도인, 세상의 소금과 빛'

1. 들어가는 말

구약성서에서 지혜서는 다양하게 규정된다. 학자에 따라서는 아가서나 예레미야 애가, 룻기, 에스더 등을 포함시키기도 한다. 하지만 일반적으로는 구약성서의 지혜서에 욥기, 잠언, 전도서로 한정한다. 필자도 이러한 일반적인 분류를 따라 구약성서의 지혜서를 욥기, 잠언, 전도서로 한정하고, 이 책에 나타난 지혜자들에 대한 고찰을 통해 세상의 소금과 빛인 그리스도인의 모습이 무엇인지 알아보고자 한다. 먼저 '너희는 세상의 소금과 빛'이라고 말씀하신 예수 말씀을 구약성서의 전통 속에서 고찰하여 그 의미를 되짚어 보고, 지혜자로서의 그리스도인의 모습과 지혜의 위기 속에서 지혜자가 대응하는 모습을 통해 세상의 소금과 빛이라는 그리스도인의 행동방식을 탐구하도록 한다.

2. 구약성서의 전통에서 본 예수 말씀

2.1. 구약성서에 나타난 소금과 빛

그리스도인의 정체성을 규정하는 '세상의 소금과 빛'이라는 예수 말씀을 이해하기 위해서는 소금과 빛에 대한 구약성서의 용례를 살펴보는 것이 필요하다. 왜냐하면 예수 말씀은 예수께서 '거룩한 하나님의 말씀'으로 여기고 인용하던 구약성서의 배경 속에서 더욱 분명하게 이해될 수 있기 때문이다. 구약성서에 나타난 소금과 빛의 의미는 무엇일까? 먼저 소금의 의미를 살펴보자. 구약성서에서 소금을 의미하는 <멜라흐>(מֶלַח)라는 낱말은 22번 등장하는데, 이 중 7번은 지명으로 나타난다. 그리고 3번은 아람어로, 4번은 동사형태로 사용되었다.[1] 소금은 우선 의약품으로 쓰인다. 여리고의 물을 고치는 엘리사의 일화에서 암시하듯이 소금은 치료제 역할을 한다(왕하 2:20f). 신생아를 소금으로 비벼 신생아가 병들지 않게 하였다(겔 16:4). 이뿐 아니라 소금은 정화제로 사용되었다. 이것은 소금이 의약품으로 쓰이는 것과 관련이 있다. 소금은 특별히 제의적인 영역에서 제의용품을 '정화하고 거룩하게' 하는데 사용되었다(출 30:35 참조). 또한 소금은 부패를 방지할 목적으로 사용되었다. 소제에는 반드시 소금을 뿌리도록 했다(레 2:13). 이때 소금이 '언약의 소금'으로 불리었다. 이는 소금이 정화하고 치료하여 제물이 변하지 않게 하는 역할을 하고 있음을 강조하는 것이다. 제물에 소금을 뿌리는 것이 후대에는 동물을 잡아서 드리는 희생 제사까지도 확대된다(겔 43:24). 이러한 소금의 기능은 '소금 언약'이라는 말로 신학화된다. '소금 언약'이라는 말은 영원히 변하지 않는 하나님과 맺은 언약을 표현한다(민 18:19; 대하 13:5). 이처럼 소금은 치료, 정화, 부패 방지용 등으로 사용되어 잘못된 것을 고치고 깨끗하게 하며 부패를 막는 수단으로 활용되었다.[2]

---

1) <멜라흐>의 용례에 관하여 H. Eising, מֶלַח, ThWAT IV, 911-913을 참조하라.
2) 하지만 소금 땅은 사해 인근의 황량하고 불모지가 된 지역을 가리키어 파괴와 불행을 의미하기도 한다. 특별히 소돔과 고모라를 유황과 소금 땅으로 만들어

다음으로 빛은 어떤가?3) 구약성서에서 빛은 우선 생명을 의미
한다. 이것은 자연의 빛과 관련이 있다. '빛을 본다'는 것을 살아
있다는 것을 의미한다(욥 3:20; 33:28). 죽어서 태어난 아이는 빛을
보지 못한 자이다(욥 3:16;시 58:9; 전 6:4f). 죽은 자는 더 이상 빛
을 볼 수 없다(시 49:20; 욥 33:28). 그래서 빛을 '생명의 빛'이라고
말하기도 한다(시 56:13; 욥 33:30; 시 36:10). 더 나아가 빛은 복과
번영을 상징한다(암5:18, 20; 욥17:12; 18:5f; 22:28; 잠13:9; 애3:2;
에8:16). 이것은 고난과 불행을 나타내는 어둠의 반의어로서 사용
된다(사8:22; 렘23:12; 암5:18, 20; 시23:4; 욥17:12; 29:3; 애3:2). 그
렇기 때문에 빛은 하나님이 주신 구원의 상징이 되기도 한다(사
9:1; 58:8; 시18:29; 36:10; 시43:3; 97:11; 욥29:3). 때때로 이러한
'빛'은 마찬가지로 복과 구원을 의미하는 등불로 대체되기도 한다
(시18:29; 삼하22:29; 잠13:9; 24:20; 욥18:6; 21:17; 29:3). 그리고
빛은 하나님 자신을 나타내기도 한다. 여러 곳에서 하나님을 빛으
로 표현하고 있다(시27:1 '나의 빛', 삼하22:29 '나의 등불', 사10:17
'이스라엘의 빛', 사60:1 '너의 빛', 미7:8 '나의 빛'). 이것은 하나님
이 사람들에게 도움과 구원이 되심을 고백하는 표현들이다.

　이러한 '빛'의 의미에 기초하여 생겨난 은유적이며 추상화된 표
현들이 생겨났다. 그 가운데 가장 대표적인 예로서 두 가지만 살
펴보자. 첫째로 '하나님의 빛 가운데 걸어간다'는 표현이다(사2:5).
이것은 3절에서 언급한 바와 같이 '그의 길로 행하는 것'을 의미
한다. 다시 말하면 그의 가르침대로 살아가는 것을 말한다. 이것은
'하나님의 면전에서 생명의 빛 가운데 사는 것'이라 말할 수 있다.
광야유랑 생활 가운데 불기둥으로 인도받은 것이 그러한 삶을 상

버린 하나님의 심판을 은유적으로 나타낸다(H. Eising, חֲלָמָה, *ThWAT IV*, 912).
　3) '빛'을 의미하는 <오르>의 용례에 관하여 S. Aalen, אוֹר, *ThWAT I*, 172-
177쪽을 참조하라.

징적으로 잘 보여준다(출13:21f; 시78:14; 105:39; 사42:16; 58:8; 느9:12,19). 둘째로, '빛을 비춘다'는 말은 '통찰을 얻고 깨닫게 하는 것'을 의미할 수 있다(시119:30). 그래서 빛은 지혜나 명철을, 반대로 어둠은 어리석음을 의미하기도 한다(전2:13f; 단5:11, 14; 또한 욥22:11-14; 37:19, 21; 38:2; 미3:6).

2.2. 예수 말씀: '너희는 세상의 소금과 빛'

위에서 살펴본 바와 같은 구약성서의 용례를 전제로 예수 말씀을 살펴보면 예수 말씀의 소금과 빛은 구약성서에 나타난 소금과 빛의 의미와 긴밀한 연관성을 가짐을 알 수 있다. 특별히 마태복음에 나타난 예수 말씀에서 그러한 연관성을 확인할 수 있다(마 5: 13-16). 이 말씀의 의미를 파악하기 위해서는 우선 이 말씀이 누구를 대상으로 하고 있는가를 밝혀야 한다. 예수께서 '너희는 세상의 소금이요 빛이라'고 말할 때 '너희'는 어떤 특정한 사람들이나 제자집단이 아니라 예수 제자 공동체 전체를 말한다. 그러므로 이 말씀은 그리스도인 모두에게 해당되는 일반적인 요구사항인 것이다.

그렇다면 예수께서 그리스도인 모두에게 요구하시는 소금과 빛의 역할을 무엇인가? 우선 소금은 다음과 같은 세 가지 중요한 기능을 한다. 음식의 맛을 내고, 오염된 것을 정화시키며, 썩지 않게 보존한다. 위에서 살펴본 것처럼 구약성서에 나타난 소금의 의미가 여기에 그대로 적용될 수 있다. 예수님께서는 제자들이 세상에서 이러한 소금의 역할을 자신들의 삶을 통해 증거해야 함을 말씀하신 것이다.4) 다음으로 빛의 의미는 무엇인가? 빛은 밝음이요

---

4) 여기에서 제자들의 삶은 구체적으로 그들의 지혜나 선포, 희생, 품행 등을 의미한다고 본다. 이 점에 대하여 U. Luz, *Das Evangelium nach Matthäus (Mt*

어둠을 밝히는 것을 말한다. 하지만 빛의 은유는 다양하게 해석될 수 있다.5) 하지만 예수 말씀에서 빛은 그 기능에 초점이 맞추어져 있다. 등불은 등경 위에 두어 집안 모든 사람에게 비치도록 해야 한다.6) 이는 빛의 존재가 가져다주는 유익과 결과를 강조한다. 이 렇듯 그리스도인들도 집안 모든 사람, 다시 말하면 세상에서 빛을 비추는 역할을 해야 한다. 빛은 비추는 대상들에게 생명과 구원을 가져오는 것이다. 빛을 보는 자들에게 소망을 주고 그들을 생명과 구원의 길로 인도하는 것이다. 궁극적으로는 이러한 과정을 통해 하나님께 영광을 돌리게 된다. 16절에서 이러한 빛과 소금의 역할 을 종합하고 있다. "이같이 너희 빛이 사람 앞에 비치게 하여 그 들로 너희 착한 행실을 보고 하늘에 계신 너희 아버지께 영광을 돌리게 하라"(마5:16).

이러한 예수 말씀에는 직설법과 명령법의 구분이 없다. 존재가 삶의 양식을 규정하는 말씀이다. 그러므로 "하나님에 의해서 약속 된 구원의 상태('소금', '빛')는 동시에 행동을 위한 요구"7)이다. 예수께서는 '세상의 소금과 빛'이라는 말씀(마 5:13-16)을 통해서 그리스도인들이 어떤 존재인가 그리고 어떤 과제를 가지고 있는가 하는 점을 동시에 밝혀 주고 있다.

1-7) (EKK1/1) (Zürich / Neukirchen-Vluyn: Benziger / Neukirchener Verlag, 1992), 222쪽을 보라. 하지만 소금이 맛을 잃고 제 기능을 하지 못하면 '밖에 버려 져 사람에게 밟힐 뿐'이라고 말씀하신다. 이러한 심판선언은 파괴와 불행을 의미 하는 소금의 부정적인 모습을 떠올리게 한다(각주 2번을 참조하라). 이것은 예수 말씀이 구약성서의 전통에 깊이 뿌리내리고 있음을 엿볼 수 있게 한다.

5) 유대교에서는 빛이 이스라엘, 의인, 교사, 토라, 하나님의 종 또는 예루살렘 등으로 해석된다. 이 점에 대하여 U. Luz, *Das Evangelium nach Matthäus (Mt 1-7)*, 224쪽을 보라.

6) 구약성서에서 '빛'이 자주 '등불'로 대체되듯이 예수 말씀에서도 빛의 기능 을 설명하면서 등불을 예로 들고 있다.

7) U. Luz, *Das Evangelium nach Matthäus (Mt 1-7)*, 225.

3. 지혜자로서의 그리스도인

예수 말씀에 들어있는 '소금'과 '빛'은 그리스도인의 존재와 과제를 동시에 밝혀주는 말씀임을 확인했다. 그렇다면 지혜서에서는 그러한 그리스도인의 모습이 어떻게 고찰될 수 있을까? 구약성서에서 그리스도인은 하나님의 택하심을 받고 하나님과 언약을 맺은 이스라엘 백성과 동일시된다. 이것은 구약성서에서 이스라엘을 부르던 명칭들이 신약성서에서 새 이스라엘의 모습으로 나타나는 교회 공동체에게 그대로 적용되고 있는 것을 통해 분명하게 나타난다(예컨대, 출애굽기 19장 5-6절에 나오는 '내 소유', '제사장 나라', '거룩한 백성' 등의 호칭이 베드로전서 2장 9절에서 그리스도인들을 향해 '택하신 족속', '왕 같은 제사장들', '거룩한 나라', '그의 소유' 등으로 불려진다).

그렇다면 지혜서는 언약의 백성 이스라엘이 어떠한 사람이 되어야 하고 어떠한 삶을 살도록 교훈하고 있는가? 지혜서는 무엇보다 '지혜로운 삶'이 무엇인가 가르쳐준다. 이 가르침은 내용뿐 아니라 형식에 있어서도 교훈적이다. 욥기의 외적인 형태는 이야기를 통해 간접적인 교훈의 형식을 취하고 있으나, 욥기 안에 나타나는 욥과 친구들의 발언이나 하나님의 응답은 직접적인 교훈의 형식을 띠고 있다. 잠언은 지혜교사가 '아들'이라고 부르는 자신의 제자에게 교훈하는 형식으로 구성되어 있다(1-9장; 22:17-24:34). 물론 그 아들은 부모가 자녀들에게 교훈하는 가정교육의 상황을 포함하기도 한다(잠 31:1). 전도서 또한 전체적인 구성의 관점에서 보면 무명의 지혜자('편집자')가 전도자의 말들(1:1-12:8)을 근거로 제자('아들')에게 교훈하고 있는 상황을 전제한다(전12:12). 이러한 지혜교육의 모습은 예수께서 제자들에게 교훈하는 것과 매우 유사하다. 예수께서는 하늘의 지혜자로서 제자들에게 지혜로운 삶이 무엇인가를 가르치신 것이다.

지혜서에 나타난 말씀들의 주제를 요약한다면 '두 가지 길에 대한 가르침'이라고 말할 수 있다.8) 특별히 잠언서에는 지혜자의 삶과 어리석은 자의 삶을 대비시켜 보여준다. 이 두 가지 삶은 의인과 악인의 삶으로 규정되고, 생명의 길과 사망의 길이라는 두 가지 길로 나타나기도 한다. 이러한 대비를 통해 지혜서는 독자와 청중들에게 지혜자의 삶을 배우게 한다.

이러한 지혜자의 삶을 알아보기 위해서 구약성서에서 말하는 '지혜'가 무엇인지 알아보고, 지혜자의 삶의 근간이 되는 '야훼 경외'와 '의로운 삶'에 대하여 고찰하도록 하자.

3.1. 구약성서에서의 '지혜'

지혜를 표현하는 말로 가장 폭넓게 쓰인 히브리어 낱말은 <하캄>(חָכָם, 지혜로운)과 <호크마>(חָכְמָה, 지혜)이다.9) 이 낱말의 기본적인 의미는 사변적이거나 추상적인 것이 아니라 실제적인 삶의 영역에서 비롯되었다. 그것은 어떤 일이나 활동에서 경험과 훈련을 통해 숙련되고 능숙해짐으로써 얻어진 노련한 이해능력, 숙련된 기술, 전문적 지식을 의미한다. 그래서 '지혜롭다'는 말은 수공업자(출36:8, 대하2:12f), 대장장이(왕상7:14; 렘10:9), 직조업자(출35:25f) 등 각종 장인들에게 적용될 수 있었으며, 외교 능력(왕상5:7)이나 통치능력(전4:13; 렘50:35)을 기술할 때도 사용되었다.10) 이것을 종

---

8) D. J. Estes, 『지혜서와 시편 개론』, (서울: 크리스챤다이제스트, 2005), 306.

9) 이외에도 '총명'이나 명철'로 번역되는 <테부나>(תְּבוּנָה)와 <비나>(בִּינָה), '훈계'로 번역되는 <무사르>(מוּסָר), '지식'으로 번역되는 <다아트>(דַעַת) 등이 지혜의 동의어들이다. 이에 대하여 G. von Rad, *Weisheit in Israel* (Neukirchen-Vluyn: Neukirchener Verlag, 1970), 75쪽을 보라.

10) 구약성서에 나타난 '지혜'의 의미에 대하여 다음 문헌들을 참조하라: M.

합하면 구약성서에서 지혜는 '전문적인 지식과 경험을 가지고 숙련되고 능숙하여 실제적인 삶에서 발생되는 문제와 과제들을 극복하는 능력'이라고 말할 수 있다.11)

하지만 이러한 지혜의 개념은 신학적인 차원으로 발전한다. 지혜 개념은 '윤리적 관련성 속에서 존재질서에 대한 탐구'(Erfassen einer Seinordnung mit ethischer Relevanz)로 나아가고, 이때 하나님은 '윤리적 존재질서의 보증자로서(als Garant der ethischen Seinordnung)' 이해된다.12) 지혜자들은 인간의 탐구 활동과 반성을 통하여 찾아낼 수 있는 하나님의 질서가 만물의 본질 속에 새겨져 있다고 믿었다. 이 질서와 조화를 이루어 사는 것은 선한 삶을 가능케 하지만, 그것에 맞서는 삶은 개인적인 재앙으로 귀결된다는 사실을 교훈한다.13)

본래 고대 이스라엘에서 지혜는 궁정 환경에 연관되어 있다. 관리와 외교관을 위한 교육으로서 지혜가 활용되었다. 그러나 왕정붕괴 이후 지혜의 고향이 달라진다. 성전이 새로운 지혜형성의 장소로 부각된다. 이러한 상황의 변화에 상응하여 지혜가 일상생활뿐만 아니라 제의적이며 시온신학적인 문제들도 다루게 된다(잠 3:9; 시 73:17; 128:5f). 이러한 변화 속에서 지혜신학도 발전한다.14) 한편으로는 윤리적인 존재질서에 대한 사고가 창조질서의 차원으로 발전되어 우주적인 차원을 얻게 된다(잠3:19-20; 8:22-31). 다른 한편으로 지혜가 토라와 깊은 관련성을 가지게 된다. 토라는 지혜

Sæbø, *THAT I*, 557-567; H.-P. Müller, *ThWAT II*, 920-964; H. D. Preuß, *Einführung in die alttestamentliche Weisheitsliteratur* (Stuttgart: Kohlhammer, 1987), 11; B. K. Waltke, *"Righteousness in Proverbs,"* WTJ 70 (2008), 228.

11) H. D. Preuß, *Einführung in die alttestamentliche Weisheitsliteratur*, 11.

12) A. Lange, "Weisheitsliteratur," *RGG 8*, 1366.

13) D. J. Estes, 『지혜서와 시편 개론』, 305에서 재인용.

14) A. Lange, "Weisheitsliteratur," *RGG 8*, 1367.

자가 의로운 삶을 위한 지침들을 발견할 수 있는 곳으로 이해된다
(잠 30:8-11; 시 1:2; 37:31; 119). 이러한 사상이 발전되어 마침내 지
혜는 시내산에서 계시된 토라와 동일시된다.15) 더 나아가 지혜는
의인화되어 야훼의 실체(Hypostase JHWHs)로서 나타나기도 한다
(잠 8:12-31; 9장).16)

이러한 지혜전통은 신약성서에서 다음과 같은 세 가지 모습으로 나
타난다: 1) 예수전승, 2) 지혜적 훈계, 3) 지혜 기독론.17) 이 가운데
지혜 기독론은 의인화되고 인간적인 혹은 신적인 성품으로서 실체
화된 신적 지혜를 말하던 구약의 유대적 지혜전통으로부터 수용되
어 그리스도에게 전이된 것이다. 이러한 지혜 기독론은 공관복음서
에서 지혜(의 전달자)로서 예수로 나타나고, 특별히 서신서에서 선
재 모티브와 창조의 중개자 모티브로 표현된다(예컨대, 고전 8:6;
10:1-4; 골1:15-20; 또한 요1:1-18).

이처럼 지혜 개념은 신학적인 차원으로 발전하고 꽃을 피운다.
일상생활 속에서 고찰된 숙련성과 능숙함에서 출발하여 피조세계
의 존재질서에 대한 탐구로 나아가고 마침내 야훼 하나님의 실체
로서 의인화되어 예수 그리스도에게 적용되기도 한다.

---

15) 지혜와 하나님 계명(율법)의 동일화의 예들은 다음과 같다. 렘8:8f; 신4:6
(여호와께서 명령하신 규례와 법도 - 이것이 너희의 지혜요 너희의 지식이다.); 스
7:25(참조. 시19:8; 119:98). 지혜와 토라의 동일시에 대한 대표적인 예는 시락서
24장이다(24:23).

16) 이러한 의미에서 구약성서의 지혜가 포괄하는 다양한 차원을 말할 수 있다.
그것은 지혜의 차원(현실 인식의 한 방법)과 윤리의 차원(자기 처신의 한 방법)과
종교의 차원(자신을 하나님께서 정하신 질서 내지는 하나님께 연결시키는 한 방
법)으로 분류할 수 있다. R. Clifford, *Proverbs* (Louisville: Westminster John
Knox, 1999), 19-20 (D. J. Estes, 『지혜서와 시편 개론』, 305쪽에서 재인용).

17) H. von Lips, "Weisheitsliteratur," *RGG 8*, 1371.

3.2. 야훼 경외로 나타나는 지혜자의 삶

'야훼 경외'는 구약성서의 중심사상으로서 자주 예증된다. 야훼 경외는 무엇보다도 야훼의 뜻에 대한 순종을 의미한다.[18] 구약성서의 지혜서 여러 곳에서 야훼 경외는 지혜의 '시작'이요 '근본'이라고 말한다(잠1:7; 9:10; 15:33; 시111:10; 욥28:28; 전12:13).[19] 야훼 경외가 지혜의 출발점이라는 말이다. 그것은 지혜를 얻을 수 있는 능력을 제공하며 지혜를 향한 삶을 살도록 한다.

잠언에는 많은 권유의 금언들이 있다. 이 모든 금언들에 대한 이유 설명에서 공통적으로 드러나는 것은 그러한 설명들이 철저히 경험에 의존하고 있다는 것이다(잠 22:25, 27; 23:21; 24:16; 잠 25:8, 17; 27:1, 24 등).[20] 그러나 잠언에는 다른 설명들도 있다. 그러한 현상들이 인과관계에서 자연적으로 드러나는 결과가 아니라 야훼 하나님의 판결과 그의 지배에서 비롯되었다는 것이다(잠 22:23; 23:11; 24:12, 18, 22; 25:22).[21]

언뜻 보면 두 가지 설명이 서로 다른 근거제시를 하는 것 같아 서로가 모순되어 보인다. 그런데 이러한 설명들이 어떻게 조화될 수 있을까? 그러한 설명들이 서로 조화될 수 있는 이유는 이러한 진술들 이면에 야훼의 내재성에 대한 확신이 있기 때문이다. 지혜자들은 하나님 자신이 인간으로 하여금 그러한 질서들 중에서 읽기를 배우고 경험들에 의거하면서도 견고한 윤리적 토대 위에 설

---

18) '야훼 경외'의 문제는 J. Becker, Gottesfurcht im Alten Testament, 1965 을 참조하라.

19) 여기에서 우리말 성경(개역개정)에서 '근본'과 '시작'으로 번역된 히브리말 <레쉬트>(רֵאשִׁית)나 <테힐라>(תְּחִלָּה)는 주요부분, 총계, 최상이라는 의미가 아니라 '시초'를 가리키는 말이다.

20) G. von Rad, *Weisheit in Israel*, 121-122.

21) G. von Rad, *Weisheit in Israel*, 122.

수 있도록 피조물 중에 현재하고 있다는 사실을 확신했다. 그러므로 "결국 인간이 마주 대할 수 있는 것은 역시 언제나 야훼 자신이었다."22) 이처럼 지혜자들은 인간이 언제나 어디에서나 직간접적으로 확실한 상대자로서 야훼 앞에 서 있다는 사실을 분명하게 인식하고 있었다.23)

그러기 때문에 야훼를 알 때 사람들은 비로소 삶의 질서들을 통찰할 수 있다.24) 야훼와 그의 지배에 관한 앎이 인간으로 하여금 세상에 있는 모든 대상들과의 올바른 관계를 갖게 하며, 더 나아가 갖가지 문제들에 적절한 대응과 해결을 모색할 수 있게 한다. 예컨대 악한 사람들은 무엇이 옳은지를 깨닫지 못하나 야훼를 찾는 자는 모든 것을 깨닫게 된다(잠 28:5). 이러한 이유로 지혜자들은 '야훼 경외'라는 계명이야말로 인간에게 주어진 최고의 의무를 가장 구체적이고도 포괄적으로 규정한 것으로 이해한다. 그것은 신앙의 신실성뿐만 아니라 이웃사랑까지도 포괄하는 것이다. 달리 말하면 그것은 계약과 창조를 하나로 묶어주며, 사회적인 책임성에 수직적인 차원을 더해주는 것이기도 하다.25) 이처럼 야훼 경외는 그 실천 여부에 따라 인간의 실존까지 결정하는 근본적인 문제이다.

---

22) G. von Rad, *Weisheit in Israel*, 126. 이런 사실을 잠언에서는 다음과 같이 진술한다. "여호와의 눈은 어디서든지 악인과 선인을 감찰하시느니라"(잠15:3, 11; 16:2; 욥31:4; 또한 대하16:9; 시139편 참조).

23) 잠언은 솔로몬의 잠언이라고 말하며 인간저자의 의미가 부각되지만(1:1; 2:6) 열왕기는 하나님이 지혜와 통찰을 주셨다고 말한다(왕상4:29-32). 하지만 하나님의 계시와 영감 없이는 지혜가 절대적 의미를 가지지 못한다. 그러기에 잠언 8장에서는 지혜가 의인화 되어 하나님의 실체로서 나타난다. 이 점에 관하여 B. K. Waltke, "*Righteousness in Proverbs*," WTJ 70 (2008), 228쪽을 보라.

24) G. von Rad, *Weisheit in Israel*, 94쪽을 보라.

25) D. J. Estes, 『지혜서와 시편 개론』, 307쪽을 보라.

지혜와 야훼 경외의 연관성은 잠언서의 구조를 통해서도 확실히 드러난다. 잠언서는 결국 '지혜롭고 경건한 사람'26) – 경건하기에 지혜롭고 지혜롭기에 경건한 사람– 을 만드는 것을 목표로 하고 있다: "다윗의 아들 이스라엘 왕 솔로몬의 잠언이라. 이는 지혜와 훈계를 알게 하며 명철의 말씀을 깨닫게 하며, 지혜롭게, 공의롭게, 정의롭게, 정직하게 행할 일에 대하여 훈계를 받게 하며..."(1:1-7). 이러한 잠언의 시작은 잠언 1-9장의 서론부일뿐만 아니라 잠언서 전체의 서론이기도 하다.

잠언서는 초반 9개 장(1-9장)을 통해 지혜와 어리석음에 대한 교훈을 상반되는 그림을 통해 보여준다. 이어지는 잠언 10-31장에서는 개별 격언들이 대체로 반의적 평행법의 구조에 따라 배열되어 있다.27) 잠언서 가운데 마지막 단락인 잠언 31장 10-31절의 알파벳 시는 야훼를 경외하는 여인을 칭송하는 것으로 잠언 1-9장과 더불어 수미쌍관 구조(inclusio)를 이루고 있다.28) 여기에서 그려지고 있는 '현숙한 여인'(<에쉐트 하일> אֵשֶׁת־חַיִל)은 잠언 1-9장에서 보여주는 의인화된 지혜의 구체화된 모습이다. 그러한 여인이 마지막에 가서는 지혜를 말하며 지혜를 가르치는 자일 뿐만 아니라(26절), '야훼를 경외하는 여자'로 칭송받는다(30절). 이와 같은 잠언의 구성과 연결은 지혜와 야훼 경외의 삶이 얼마나 서로 밀접한 관계에 있는가를 잘 보여준다.

---

26) R. N. Whybray, *Proverbs* (Grand Rapids: Eerdmans, 1994), 17 (D. J. Estes, 『지혜서와 시편 개론』, (서울: 크리스챤다이제스트, 2005), 303쪽에서 재인용).

27) 잠언서를 세분하면 다음과 같다: I. 다윗의 아들 이스라엘 왕 솔로몬의 잠언들(1-9장), II. 솔로몬의 잠언들(10:1-22:16), III. 지혜자들의 말들(22:17-24:22), IV. 지혜자 말들의 연속(24:23-34), V.   히스기야 시대의 수집물(25-29장), VI. 아굴의 잠언들(30장), VII. 르무엘의 잠언들(31장).

28) D. J. Estes, 『지혜서와 시편 개론』, 304쪽을 보라.

3.3. 정의로 나타나는 지혜자의 삶

지혜자의 삶은 다양한 모습으로 나타날 수 있다. 그 가운데 가장 분명하게 강조되는 바는 의로운 삶이다. 지혜로운 자는 의로운 삶을 산다는 사실이다. 지혜와 야훼 경외와의 관계를 넘어서 의로운 삶의 근본적인 관계를 잠언 2장 1-22절에서 확인할 수 있다. 지혜자는 자신의 아들에게 감추어진 보물을 찾듯이 지혜를 찾으라고 촉구한다(2:1-4). 그러면 '여호와 경외하기를 깨달으며 하나님을 알게 된다'(5절)고 말한 뒤 9-12절에서 지혜자가 경험하게 될 정의와 공의의 삶에 대해서 교훈한다: "그런즉 네가 공의와 정의와 정직 곧 모든 선한 길을 깨달을 것이라. 곧 지혜가 네 마음에 들어가며 지식이 네 영혼을 즐겁게 할 것이요, 근신이 너를 지키며 명철이 너를 보호하여, 악한 자의 길과 패역을 말하는 자에게서 건져내리라." 지혜를 찾는 삶은 결국 야훼 경외에 이르게 되고, 의로운 삶을 통해 하나님의 구원을 경험하게 될 것이라는 가르침이다.

구약성서에서 말하는 정의와 공의는 다음과 같이 두 가지 차원으로 정의할 수 있다. 첫째는 규범에 순종하는 것이요, 둘째는 사회적으로 용인될 수 있는 행동을 하는 것이다. 왈키(B. K. Waltke)는 이 두 가지 의미를 종합하여 정의란 "무엇이 올바른 행동인지를 규정한 하나님의 기준에 따라 사회적 관계에서 올바르게 행동하는 것"29)이라고 말한다. 이러한 구약성서의 정의 개념을 '의로운 자'(<차디크> צַדִּיק)에 대한 폰라트(G. von Rad)의 설명에서 더욱 분명하게 확인할 수 있다.

---

29) B. K. Waltke, "Righteousness in Proverbs," *WTJ* 70 (2008), 235. 또한 다음을 참조하라. H. H. Schmid, *Gerechtigkeit als Weltordnung* (Tübingen: Mohr, 1969), J. W. Olley, "'Rigtheous' and Wealthy? The Description of Ṣaddîq in Wisdom Literature," *Colloq* 22 (1990), 38-45.

"이스라엘은 공동사회가 제시한 요구들을 사람이 얼마나 실천했는
가에 의해 그를 평가했다. 말하자면 여기에 인간을 평가하는 규범이
있었던 것이다... 그가 당면한 일에서 공동체가 그에게 기대하는 것
을 바르게 처리했다면 그는 '의로움'에 해당했다. 그러나 히브리어
는 훨씬 더 포괄적이다. 그것은 법의 판결을 요구하는 '의'에만 한
정되지 않고 한 인간이 속해 있는 공동체가 그에게 요구하는 요구
들을 받아들이고 실천하는 곳에서는 어디서나 그는 '의인'이었기 때
문이다."[30]

잠언에서 정의와 공의는 무엇보다 지혜의 특징으로 나타난다.[31]
의인화된 지혜는 다음과 같이 말한다: "내 입의 말은 다 의로운즉
그 가운데에 굽은 것과 패역한 것이 없나니"(잠 8:8), "나로 말미암
아 왕들이 치리하며 방백들이 공의를 세우며, 나로 말미암아 재상
과 존귀한 자 곧 모든 의로운 재판관들이 다스리느니라"(잠 8:15-
16), "나는 정의로운 길로 행하며 공의로운 길 가운데로 다니나니"
(잠8:20). 그러한 의로운 자의 삶은 다양한 형태로 유익을 가져온
다. 공의와 정의는 죽음에서 건지고 정직한 자를 보호한다(잠 10:2;
13:6). 이뿐 아니라 좋은 평판을 얻게 하게도 하고 존중히 여김을
받게 한다(잠 16:13, 31). 무엇보다도 정의와 공의의 삶이 의미 있
는 것은 그것이 야훼를 기쁘시게 한다는 데에 있다. "악인의 길은
여호와께서 미워하셔도 공의를 따라가는 자는 그가 사랑하시느니
라"(잠15:9). 야훼께서는 단순한 신앙적인 행동보다 정의와 공의에
더 큰 관심을 가지고 계시기 때문이다. "공의와 정의를 행하는 것
은 제사 드리는 것보다 여호와께서 기쁘게 여기시느니라"(잠 21:3;

---

30) G. von Rad, *Weisheit in Israel*, 108.
31) 왈키(B. K. Waltke, "Righteousness in Proverbs," 233)는 지혜와 정의의 관
계를 다음과 같이 말한다: "지혜와 정의는 상관어(correlative term)다. 두 낱말은
의미영역이 다를 뿐 같은 것을 의미한다. 지혜는 지성의 영역에서, 정의는 윤리적
영역에서 규정된 것이다. 지혜로운 자는 의롭고 의로운 자는 지혜롭다."

삼상 15:22; 사 1:10-17; 호 6:6; 미 6:6-8). 이러한 의로운 삶의 결과
는 다음의 한 말씀을 통해 통렬하게 표현된다. "공의와 인자를 따
라 구하는 자는 생명과 공의와 영광을 얻느니라"(잠 21:21).32)

정의와 공의는 지도력의 기초를 이루는 것이기도 하다. "악을 행
하는 것은 왕들이 미워할 바니 이는 그 보좌가 공의로 말미암아 굳
게 섬이니라"(잠 16:12; 잠언 25:5). 잠언 31장 8-9절에서 르무엘은
약한 자들을 위해 싸우는 자가 되어 공의로 나라를 다스릴 것을 요
청받는다. 정의와 공의의 근본적인 특징은 그것이 편한 것보다는
올바른 것을 굳게 붙들고 있다는 점이다. 공의로운 지도자는 공동
체 안에 있는 강한 자들의 관심사에 굴복하는 것이 아니라 정당한
권리를 가지고 있으면서도 자신을 방어하지 못하는 자들을 위해
행동하지 않으면 안 된다(잠 31:8-9).33) 정의와 공의는 다른 사람
에게 구체적으로 유익을 끼치는 행동이다. 적이나 가난한 자에게
음식을 제공하는 것, 다른 사람의 명성을 지켜주는 것 등이 의로운
행동이다. 그러한 점에서 지혜서에서 말하는 정의와 공의는 모세
율법에서 말하는 이웃 사랑의 계명(레 19:18)과 동일하다고 말할
수 있다.34) 이처럼 구약성서 윤리에서 가장 중요한 부분을 차지하
는 의로운 삶은 지혜자의 삶의 모습에서 가장 특징적인 모습으로
나타날 뿐만 아니라 이웃사랑과도 동일시될 수 있는 근본적인 지
혜자의 윤리 덕목임을 확인케 한다.

---

32) 정의로운 삶에 대한 보상을 매우 비슷하게 들리는 두 낱말을 대비를 통해
강조되기도 한다. "악인의 삯은 허무(<쉐케르> שֶׁקֶר)하되 공의를 뿌린 자의 상
(<세케르> שֶׂכֶר)은 확실하니라. 공의를 굳게 지키는 자는 생명에 이르고 악을 따
르는 자는 사망에 이르느니라"(잠 11:18-19).

33) D. J. Estes, 『지혜서와 시편 개론』, 358.

34) B. K. Waltke, "Righteousness in Proverbs," 236.

4. 지혜자들의 위기

욥기와 전도서는 지혜자들의 위기를 다루고 있다. 특히 지혜의 핵심 주제 중의 하나인 의인과 악인의 행위화복관계(Tun-Ergehen-Zusammenhang)가 분명하게 드러나지 않는 때 그러한 위기가 나타난다. 지혜자는 이해할 수 없는 고난 가운데 있을 때 또는 하나님의 질서와 가치가 명백하지 않을 때 탄식하고 회의적인 마음을 갖기도 한다. 욥기와 전도서는 지혜의 위기 가운데 겪을 수 있는 지혜자의 모습들을 그대로 보여 준다. 그러나 욥기와 전도서에는 그러한 위기들을 극복하는 지혜자의 모습도 보여준다. 따라서 우리는 욥기와 전도서를 통해 지혜의 위기 가운데 극복하는 지혜자들의 지혜와 믿음을 배우게 된다.

4.1. 고난 가운데 있는 지혜자

욥기는 욥의 사례를 통해 지혜의 위기를 첨예화시킨다. 여기에는 경건한 자가 이해할 수 없는 고난을 당할 때 어떻게 반응해야 하는 문제도 동시에 제기된다. 욥기의 서막(1-2장)에서 욥은 이해할 수 없는 고난 속에서도 하나님에 대한 믿음을 굳건하게 지키며 자신의 상황을 수용하는 모습을 보여준다(1:21; 2:10). 하지만 욥-시문(3-31장)에서 욥은 이와 전혀 다른 모습을 보여준다. 그것은 자신의 상황에 대한 찬양이나 침묵이 아니라 탄식과 항변으로 하나님께 질문한다. 이러한 행동의 이면에는 이해할 수 없는 고난의 문제가 있다. 지금 자신이 당하는 고난과 같은 불행을 초래할 악을 행하지 않았음에도- 이러한 면에서 욥은 자신이 의롭다고 주장한다- 그러한 처지에 있는 것은 부당하다는 것이다(욥 10:7; 13:18; 27:5-6; 31:6). 이러한 문제의식은 욥에게 하나님이 통치하시는

세계질서에 대한 문제제기에 이르도록 하였다.35)

욥은 이해할 수 없고 평가가 불가능한 고난의 현실에 직면하여 자신의 상황을 "맹목적인 운명"으로 인정하지 않고, "사건의 주인"인 하나님께로부터 온 것으로 받아들인다(3:10, 23; 또한 1:21; 2:10 참조). 따라서 욥이 쏟아내는 탄식의 중심에는 줄곧 그에게 자의적이고 부자비하고 핍박과 강요를 일삼는 것으로 비춰지는 하나님의 행동이 자리 잡고 있다.36) 욥은 친구들과의 논쟁에서 친구들의 답변을 듣고 대답하지만, 궁극적인 응답은 오직 유일한 응답주무자인 하나님께로부터 올 수 있음을 알고 더 강렬하게 하나님을 향하여 탄식한다.37) 욥의 이러한 탄식(질문)은 현실의 주관자이신 야훼 하나님에 의해서만 답변될 수 있다.

욥의 도발적인 문제제기에 야훼 하나님(JHWH)은 수많은 수사학적인 질문과 반어적인 진술로 대답한다. 하나님은 모든 인간적인 지식을 뛰어 넘는 창조세계의 신비들을 눈앞에 보여줌으로써(38:4-38), 또한 사람에게 "혐오스럽게" 보이나 하나님의 배려와 질서에 상응하는 다채롭고 불가사의한 동물의 세계를 묘사함으로써(38:39-39:30), 더 나아가 "사람에게 적대적"이지만 하나님에 의해서 다스림을 받는 "신화-실제적인" 두 동물(베헤못과 리워야단)에 대한 묘

---

35) 이점에 관해서 "창조 모티브"가 나오는 욥의 발언을 참조하라(9:5-10; 10:8-12; 26장). 또한 이와 동일한 배경에서 "죽음에의 갈망"이 욥에 의해서 표현된다(6:8-13; 7:15-16; 10:18-22; 14:13-15; 17:11-16).

36) 이 점에 관하여 "하나님의 핍박모티브"가 나오는 욥의 발언을 참조하라(6:4; 7:11-14, 17-21; 9:17-18; 9:30-31; 10:16-17; 13:24-27; 16:7-14; 19:6-12). 물론 욥의 탄식은 하나님의 행동에 직접적으로 연관된 하나님의 영역에만 국한되지 않는다. 그 자신의 주변에 대한 관계도 다른 차원으로서 탄식의 대상이 된다. 그러나 그의 탄식에서 욥의 주변에 대한 관계가 하나님의 행동에 종속되어 있음이 분명하게 나타난다(예컨대 다음을 참조하라. 16:10-11; 19:13-19; 30:1-14).

37) 하나님을 향한 발언의 예는 다음과 같다. 7:7-21; 9:25-10:22; 13:20-14:22; 16:7-8; 17:3-5; 30:20-23; 31:35-37.

사를 통해(40:15-41:34), 자신이 운행하는 창조세계의 오묘한 질서와 악한 세력을 제압하시고 다스리는 창조주로서의 주권을 강조한다. 이러한 하나님의 발언은 친구들과는 달리 행위화복관계에서 드러나는 이 세계의 비합리성을 고수한 욥에게 그 정당함을 인정하면서도, 자신의 운명에 이 세계의 상태를 귀속시켜버린 그의 "자기(인간)-중심적인 세계관"에는 비판적인 하나님의 모습을 보여준다.

그러나 욥기 전체에서 볼 때 이 두 번의 발언은 하나님의 응답의 하나의 축으로 나타날 뿐이다. 다른 축은 욥의 발언을 "정당한 것"으로 인정하는 하나님의 판결(42:7)에 있다. 이로써 욥의 탄식은 "하나의 적법한 태도"로서 인정된다. 하나님의 이러한 이중적인 응답은 모순으로서가 아니라, 욥기의 신학적인 의도를 드러내는 하나님의 응답의 상반된 가치인정(Ambivalenz)이다.[38] 욥기는 욥과 같이 이해할 수 없는 고난 가운데 탄식하며 질문하는 것은 거부되고 부정되어야 할 것이 아니라 인간의 이성으로 다 파악할 수 없는 깊고 오묘한 차원에서 이 세계를 다스리시는 하나님을 만나게 하는 통로로서 인정되고 장려되어야 할 것으로 교훈한다.

4.2. 의심 가운데 있는 지혜자

전도서는 자신이 살던 시대의 부조리하고 뒤엉킨 불확실성의 사회 현실 속에서 가치의 진공 상태를 채워나가기 위해 몸부림친 한 '전도자'(<코헬렛> (קֹהֶלֶת)의 모습을 보여준다. 그는 믿음을 상실한 불신앙의 사람이 아니라, 하나님에 대한 믿음이 위기를 맞고 있을

---

38) 욥기의 신학적 의도와 주제에 관하여 많은 제안이 있었다. 예컨대, "고난의 상황에서 가져야 할 올바른 행동방식"; "성서내적인 신정론"; "개인과 우주의 구원(Erlösung) 문제" 등. 이에 관하여 다음을 참조하라. Jürgen Kegler, "Hauptlinien der Hiobforschung seit 1956," in: C. Westermann, *Der Aufbau des Buches Hiob* (Stuttgart ²1977), 20-24.

때, 이를 극복하기 위하여 고뇌한 "경건한 의심"의 사람이었다.39) 전도자는 자신의 핵심적인 논제로서 하나님 대 인간, 인간 대 인간의 양극성을 제시한다.40) 전자는 하나님의 능력과 인간의 무능함(2:25; 7:13), 하나님의 불가해성과 뒤틀린 인간 세계의 현실성(2:19; 3:21, 22; 6:12; 7:24; 10:14) 사이의 양극성을 강조하며, 후자는 계층 간의 긴장 속에서 지혜 대 지혜(8:1), 지혜자와 우매자(2:15; 3:21; 6:6; 6:8), 왕과 가신의 관계(8:4)의 양극성을 반영한다.

전도자가 강조하려는 것은 하나님의 "능력(활동)"과 지식은 인간의 지각이나 이해로는 완전하게 파악할 수 없으며, 결국 인간은 그에게 순응할 수밖에 없는 존재임을 깨닫게 하려는 것이다. 이러한 양극성의 구조에서는 인간의 모든 수고(행위)가 부정적인 평결을 받을 뿐이고, 사람이 할 수 있는 말은 "아, 모든 것이 헛되어 바람을 잡는 것과 같다"(1:14; 2:11; 또한 2:17, 26; 4:4, 16; 6:9)는 비유적인 선언이다.41) 전도자는 "무한의 절대부정"(infinite absolute negativity)을 통해 아무것도 남지 않을 때까지 모든 가치를 부정하여 모든 것을 허무하게 만든다. 이러한 아이러니 효과를 극대화시키는 용어가 바로 인간의 모든 수고는 무익하다는 사실을 상징적으로 나타내는 <헤벨>(הֶבֶל)이다(2:15, 19; 5:10, 15). 저자는 이러한 아이러니를 사용함으로써 독자/청중들로 하여금 의미의 표면적인 (하부)구조를 거부하게 하며, 저자가 일축해버린 가치나 의미의 세계(상부 구조)도 아울러 파괴한다.42)

---

39) 최창모, "전도서의 수사적 질문과 헤벨(הבל)의 상징적 기능에 관한 연구," 『신학사상』(1999년 봄), 144.

40) James A. Loader, *Polar Structure in the Book of Qohelet* (Berlin: Walter de Guyter, 1979), 65-66.

41) 최창모, "전도서의 수사적 질문과 헤벨(הבל)의 상징적 기능에 관한 연구," 136.

42) 최창모, "전도서의 수사적 질문과 헤벨(הבל)의 상징적 기능에 관한 연구,"

302 말씀 안에 계신 하나님

이러한 전도서의 신학은 전통적인 지혜와는 크게 다른 것이다. 전통적인 지혜는 세상의 "종말"에 대해 주의 깊게 생각하라고 권고하면서 세상의 "종말"에 대한 지혜가 있으면 생명을 얻는다고 확신한다. 그러나 전도서는 "종말"에 관한 이 질문이야말로 아무런 희망도 갖지 못한 채 좌절해 있는 인간의 모습을 폭로하는 길이라고 생각한다. 그렇다고 해서 전도서 기자를 진정한 의미의 회의론자라고 말할 수는 없다. 왜냐하면 그는 자신이 제기하는 모든 질문들 위에는 가치있는 실재이자 모든 일을 주관하시는 하나님이 계시다는 사실을 전혀 의심하지 않고 있기 때문이다. 전도서에서 분명하게 드러나고 있는 사실은 하나님이 이런 창조신학의 틀 안에서 부족한 모든 사람과 모든 시간과 우연히 일어나는 모든 일의 주님이라는 사실이다.43)

그렇다면 전도자가 제안하는 무상한 삶을 탈출할 수 있는 방법은 무엇인가? "해 아래에서"의 삶은 <헤벨>이라는 결론을 피할 수 없다. 진정한 해결은 "해 위로" 이동하는 것일 것이다. 그러나 전도자는 "해 아래에서" 사람이 제 "몫"("분복")을 찾고 그로써 하나님의 행하시는 바 가운데서 제 자리를 차지할 수 있는 길을 제시한다. 그것은 다음 두 가지로 압축된다: 첫째는 하나님을 경외하는 것(3:14; 5:7; 7:18; 12:13)이며, 둘째는 삶 가운데서 하나님께서 주신 좋은 것을 기뻐하며 누리는 것(2:10; 3:12-13; 5:18; 9:9)이다.44)

전도자의 의심과 고민을 압축적으로 대변하는 말이 <헤벨>이었다. 그러나 그것은 전도자의 마지막 말이 아니다. 그것은 진정한 삶의 의미와 긍정의 삶을 찾기 위한 부정이다. 이 부정을 통해서 모

139.

43) W. Zimmerli, 『구약신학』, 김정준 역 (서울: 한국신학연구소, 1991), 213-214.

44) "전도서 안내," 『독일성서공회해설성경』, 927.

든 것을 주관하시고 가능하게 하시는 하나님을 바라볼 수 있다("하나님 경외"). 그러한 의미에서 전도서의 결론(12:13-14)은 전도자의 결론이기도 하다. 또한 각자에게 주어진 삶의 "분복"을 즐거워하며 누리는 것이 "해 아래에서" 사람이 할 수 있는 최상의 삶임을 가르쳐 준다. 전도서는 여전히 분명치 않고 변화무쌍하며 혼돈의 요소로 가득 찬 세계 속에서 살아가는 우리들에게 나아갈 방향과 자세를 가르쳐주는 빛나는 지혜와 통찰로 변함없이 남아있는 것이다.

5. 나가는 말

지혜서의 교훈은 모두를 향한 것이다. 지혜서에 기술된 지혜와 교훈들은 어떤 특정한 사회적 계층을 겨냥하고 있는 것이 아니라 원칙적으로 모든 사람에게 적용된다는 사실을 전제한다.45) 지혜서의 교훈은 두 가지로 압축될 수 있다. 그것은 야훼 경외와 의로운 삶이다. 이 모두가 지혜로운 삶의 결정체이다. 이것은 예수님이 "너희는 세상의 소금과 빛이다"라고 그리스도인을 규정하신 말씀과 그 맥이 통한다. 그러한 지혜자의 삶에도 위기가 찾아온다. 이해할 수 없는 고난의 상황 속에서 그리고 가치와 질서를 찾아볼 수 없는 혼돈의 상황 속에서 그러한 위기를 경험할 수 있다. 그럼에도 불구하고 지혜자들은 살아계신 하나님에 대한 신뢰와 신앙으로 그러한 위기를 극복하는 모습을 보여준다. 이러한 지혜자들의 삶과 교훈은 오늘날 우리에게도 여전히 신앙의 모범으로서 남아 있다.

---

45) G. von Rad, 『구약성서신학 3 - 이스라엘의 지혜의 신학』, 98.

참고문헌

강성열.『현대인을 위한 창세기 강해』. 서울: 한국장로교출판사, 1998.

김근주.『이사야가 본 환상』. 서울: 비블리카아카데미아, 2010.

김회권.『이사야 1』(대한기독교서회 창립 100주년 기념 성서주석). 서울: 대한기
독교서회, 2010.

박동현.『구약성경과 구약학』. 서울: 장로회신학대학교출판부, 1999.

박동현.『예언과 목회 3』. 서울: 한국장로교출판사, 1995.

박해령. "구약성서의 죄개념과 사유의 하나님."『신학논단』57 (2009), 7-25.

왕대일.『다시 듣는 토라』. 서울: 한국성서학, 1998.

장일선.『삶을 위한 지혜: 히브리 지혜문학 연구』. 서울: 대한기독교서회, 2000.

정석규.『구조로 읽는 창세기』. 서울: 프리칭아카데미, 2006.

차준희.『창세기 다시 보기』. 서울: 대한기독교서회, 1998.

천사무엘.『구약외경의 이해』. 서울: 한국신학연구소, 32003.

최창모. "전도서의 수사적 질문과 헤벨(הבל)의 상징적 기능에 관한 연구."『신학
사상』(1999년 봄), 112-145.

하경택. "'세계의 어머니'로서의 시온 – 시편 87편에 대한 주석적 연구."『장신논단
』47/2 (2015.6), 13-40.

하경택. "시편 82편의 해석과 적용."『구약논단』33 (2009. 9), 49-66.

하경택.『정경적 관점에서 본 창세기 1 (1-12장)』. 서울: 장로회신학대학교출판부,
2013.

하경택.『질문과 응답으로서의 욥기 연구: 지혜, 탄식, 논쟁 안에 있는 '신-학'과 '인
간-학'』. 서울: 한국성서학연구소, 2006.

한동구. "잠언, 그 동양적 지혜-잠언과 논어의 언어관."『기독교사상』604. 대한기
독교서회, 2009, 42-53.

Aalen, S. "אוֹר". In: ThWAT I, 172-177.

Albertz, R. "הֶבֶל". In: THAT I, 467-469.

Albertz, R.『포로시대의 이스라엘』. 배희숙 옮김. 서울: 크리스챤다이제스트 2006.

Biddle, Mark E. Deuteronomy (Smyth & Helwys Bible Commentary). Macon,
Georgia: Smyth & Helwys Publishing, 2003.

Blenkinsopp, J.『에스겔』. 박문재 역. 서울: 한국장로교출판사, 2002.

Bright, J.『예레미야』(국제성서주석). 서울: 한국신학연구소, 1985.

Bright, J. 『이스라엘 역사』. 박문재 옮김. 서울: 크리스챤다이제스트, 1995.

Brueggemann, W. 『창세기』. 강성열 역. 서울: 한국장로교출판사, 2008.

Butler, R. C. Joshua (WBC). Waco, TX: Word Books, 1983.

Carroll, R. P. Jeremiah 1-25 (OTL). London: SCM Press 1986.

Charlesworth, James H. "Pseudepigrahie I." In: TRE 27, 639-640.

Clements, R. E. Deuteronomy. The New Interpreter's Bible: A Commentary in Twelve Volumes. Vol. II. Nashville, TN: Abingdon Press, 1998.

Clifford, R. Proverbs. Louisville: Westminster John Knox, 1999.

Coote, R. B. "The Book of Josua," The New Interpreter's Bible: Vol. II. Nashville, TN: Abingdon Press, 1998.

Craigie, Peter C. The Book of Deuteronomy (NICOT). Grand Rapids, Michigan: Eerdmans Publishing, 1976.

Crenshaw, James L. 『구약지혜문학의 이해』. 강성열 역. 서울: 한국장로교출판사, 1993.

Davidson, A. B. The Theology of the Old Testament. New York: Scribners, 1910.

Dreytza, M. 외 공저. 『구약성서연구방법론』. 하경택 옮김. 서울: 비블리카아카데미아, 2005.

Eising, H. "xl;m,". In: ThWAT IV, 911-913.

Estes, D. J. 『지혜서와 시편개론』. 강성열 역. 서울: 크리스챤다이제스트, 2007.

Estes, D. J. 『지혜서와 시편개론』. 강성열 역. 서울: 크리스챤다이제스트, 2007.

Fretheim, T. E. Jeremiah (Smyth & Helwys). Macon, Ga.: Smith & Helwys Pub., 2002.

Gowan, D. E. 『구약성경의 종말론』. 서울: 기독교문서선교회, 1999.

Greenberg, M. Hezechiel 1-20 (HThKAT). Freiburg/Basel/Wien: Herder, 2001.

Holladay, W. L. / Hanson, P. D. Jeremiah 2: A Commentary on the Book of the Prophet Jeremiah, Chapters 26-52 (Hermeneia). Minneapolis: Fortress Press, 1989.

Holladay, W. L. Jeremiah 1 (Hermeneia). Philadelphia: Fortress Press 1986.

Japhet, S. 2 Chronik (HThKAT). Freiburg/Basel/Wien: Herder 2003.

Keown, Gerald L. / Scalise, Pamela J. / Smothers, Thomas G. Jeremiah 26-52 (WBC). Waco, Texas: Word Books, 1995.

Knierim, R. P. "Sünde II." In: TRE 32.

Koch, K. Spuren des hebräischen Denkens: Beiträge zur alttestamentlichen Theologie. Bd. 1. Gesammelte Aufsätze. B. Janowski und M. Krause (Hrsg.). Neukirchen-Vluyn: Neukirchener 1991.

Lenchak, Timothy A. "Choose Life!" A Rhetorical-Critical Investigation of Deuteronomy 28,69-30,20 (AnBib 129). Roma: Editrice Pontificio Istituto Biblico, 1993.

Loader, James A. Polar Structure in the Book of Qohelet. Berlin: Walter de Guyter, 1979.

Longman III, T. 『어떻게 잠언을 읽을 것인가?』. 전의우 옮김. 서울: IVP, 2005.

Luz, U. Das Evangelium nach Matthäus (Mt 1-7) (EKK1/1). Zürich/Neukirchen-Vluyn: Benziger / Neukirchener Verlag, 1992.

Metzger, B. M. 『외경이란 무엇인가? 신구약중간기 문학』. 민영진 옮김. 서울: 컨콜디아사, 1979.

Myers, J. M. 『역대기하』 (국제성서주석). 서울: 한국신학연구소 1991.

Noth, M. 『이스라엘 역사』. 박문재 역. 서울: 크리스챤다이제스트 1996.

Oswalt, J. N. The Book of Isaiah. Chapters 1-39 (NICOT). Grand Rapids: W. B. Eerdmans Publishing Co., 1986.

Preuß, H. D. Einführung in die alttestamentlische Weisheitsliteratur. Stuttgart: Kohlhammer, 1987.

Rad, G. von, Das fünfte Buch Mose. Deuteronomium (ATD). Göttingen: Vandenhoeck & Ruprecht, 1968.

Rad, von, G. Weisheit in Israel. Neukirchen-Vluyn: Neukirchener Verlag, 1970.

Rad, von, G. 『구약성서신학: 이스라엘의 지혜의 신학』. 허혁 역. 왜관: 분도출판사, 1976.

Rad, von, G. 『창세기』 (국제성서주석). 서울: 한국신학연구소, 1981.

Rendtorff, R. 『구약정경신학』. 하경택 옮김. 서울: 새물결플러스, 2009.

Ringgren, H. 『잠언, 전도서』 (국제성서주석). 서울: 한국신학연구소, 1993.

Sarna, N. M. Genesis (The JPS Torah Commentary). Philadelphia: Jewish Publication Society, 1989.

Seybold, K. "lb,h,". In: ThWAT II, 334-343.

Soggin, J. A. Joshua (OTL). London: SCM Press, 1971.

Thompson, J. A. The book of Jeremiah (NICOT). Grand Rapids: Eerdmans, 1980.

Vries, de, S. J. "Sin, Sinners." IDB Vol. 4. New York: Abingdon, 1962, 361-376.

Waltke, B. K. "Righteousness in Proverbs." WTJ 70 (2008), 225-237.

Waltke, B. K. The Book of Proverbs Chapters 15-31 (NICOT). Grand Rapid: William B. Eerdmans Publishing Company, 2005.

Waltke, B. K. The Book of Proverbs Chapters 15-31 (NICOT). Grand Rapids, Michigan/Cambridge, U. K.: W. B. Eerdmans Publishing Company, 2005.

Waschke, E.-J. "hw'q.Ti". In: ThWAT VIII, 746-753.

Westermann, C.『구약신학의 요소』. 박문재 옮김. 서울: 크리스챤다이제스트, 1999.

Wildberger, H. Jesaja. Kapitel 1-12 (BK). Neukirchen Vluyn: Neukirchener Verlag, 1972.

Wolff, H. W.『구약성서의 인간학』. 문희석 옮김. 왜관: 분도출판사, 1976.

Woudstra, M. H. The Book of Joshua (NICOT). Grand Rapids: William B. Eerdmans Publishing, 1981.

Wright, G. E. God Who Acts. London: SCM, 1952.

Yancey, P.『아, 내 안에 하나님이 없다』. 차성구 옮김. 서울: IVP, 2011.

Zimmerli, W.『구약신학』. 김정준 역. 서울: 한국신학연구소, 1991.

편집된 글의 출처

제1부 본문연구

1. "꿈꾸는 요셉과 애굽으로 팔려간 요셉(창 37:1-4, 12-28)," 『교회력에 따른 2014 예배와강단』(서울: 기독교문사, 2013), 625-641.

2. "생명을 택하라(신 30:15-20)," 『교회력에 따른 2013 예배와강단』(서울: 기독교문사, 2012), 667-682.

3. "모세의 죽음(신 34:1-12)," 『교회력에 따른 2009 예배와강단』(서울: 기독교문사, 2008), 782-790.

4. "여호와만 섬기라(수 24:1-2a, 14-18)," 『교회력에 따른 2012 예배와강단』(서울: 기독교문사, 2011), 572-585.

5. "역대하를 어떻게 설교할 것인가2 - 유다의 임금들: 여호람, 아하시야, 요아스(대하 21-23장)," 『그 말씀』 208 (2006), 18-25.

6. "지혜의 삶에 대한 아버지의 교훈(잠 4:1-9)," 『교회력에 따른 2008 예배와 강단』(서울: 기독교문사, 2007), 439-444.

7. "사람은 꾀하고 하나님은 이룬다(잠 16:1-9)," 『교회력에 따른 2010 예배와 강단』(서울: 기독교문사, 2010), 169-176.

8. "한 아기가 우리에게 났고(사 9:2-7)," 『교회력에 따른 2011 예배와강단』(서울: 기독교문사, 2010), .

9. "예루살렘의 회복(사 62:6-12)," 『교회력에 따른 2010 예배와강단』(서울: 기독교문사, 2009), 811-818.

10. "예레미야서를 어떻게 설교할 것인가2 - 무화과 환상과 예언(렘 24-25장)," 『그 말씀』 210 (2006), 60-67.

11. "너희는 전파하며 말하라(렘 31:7-14)," 『교회력에 따른 2015 예배와강단』(서울: 기독교문사, 2014), 169-186.

12. "에스겔서를 어떻게 설교할 것인가1 - 온 땅의 통치자이신 하나님(겔 17-18장)," 『그 말씀』 203 (2006), 93-101.

제2부 구약과 기독교 신앙

1. "구약에 나타난 절기 이해 (1): 안식일이 아닌 주일을 지키는 이유," 『현대종교』

442 (2012.1), 118-121.

2. "구약에 나타난 절기 이해 (2): 유월절을 지키는 것이 구원의 조건인가?", 『현대종교』 443 (2012.2), 130-133.

3. "구약에 나타난 질병 이해: 모든 질병의 원인은 귀신인가?", 『현대종교』 445 (2012.4), 142-145.

4. "구약에 나타난 예언 이해: 오늘날 예언은 존재하는가?", 『현대종교』 446 (2012.5), 122-125.

5. "구약에 나타난 계시 이해: 오늘날 계시는 존재하는가?", 『현대종교』 447 (2012.6), 118-121.

6. "구약에 나타난 회개 이해: 한번 구원 받은 사람은 회개할 필요가 없는가?", 『현대종교』 448 (2012.7-8), 146-149.

7. "구약에 나타난 율법 이해: 율법 준수 여부가 구원의 조건인가?", 『현대종교』 449 (2012.9), 116-119.

8. "구약에 등장하는 동방은 어디인가?", 『현대종교』 451 (2012.11), 132-135.

9. "구약에 나타난 죄 이해: 성경에서 말하는 죄에 대한 올바른 이해," 『현대종교』 451 (2012.12), 142-145.

10. "구약에 나타난 하나님 이해: 어머니 하나님은 성경적인가?", 『현대종교』 444 (2012.3), 108-110.

제3부 주제연구

1. "구약의 위경 어떻게 볼 것인가?," 『성서마당』 79 (2006), 9-18.

2. "잠언에 나타난 말" (그 말씀 주제별 설교 시리즈: 말, 어떻게 설교할 것인가?), 『그 말씀』 279 (2012. 9), 22-35.

3. "전도서의 <헤벨>(הֶבֶל) 연구," 『어떻게 전도서를 설교할 것인가?』 (서울: 두란노아카데미, 2009), 89-98.

4. "지혜 문학에 나타난 재물 사상," 『그말씀』 256 (2010), 50-63.

5. "시가서에 나타난 소망," 『그말씀』 283 (2013), 39-49.

6. "지혜서에 나타난 '그리스도인, 세상의 소금과 빛'," 『그리스도인, 세상의 소금과 빛』, 대한예수교장로회총회교육자원부 편 (서울: 한국장로교출판사, 2011), 65-84.

말씀 안에 계신 하나님
설교자와 성경공부 인도자를 위한 성경연구

지은이 | 하경택
발행일 | 2015년 11월 25일
발행인 | 이영근
발행처 | 비블리카
주 소 | 서울시 광진구 아차산로78길 44
　　　　크레스코빌딩 102호
전 화 | (02)456-3123 팩스 | (02)456-3174
홈페이지 | www.biblica.net
전자우편 | biblica@biblica.net
신고번호 | 제2013-8호 (2013년 2월 15일)

ISBN 979-11-956637-0-5 93230